ANÁLISE AMBIENTAL: UMA VISÃO MULTIDISCIPLINAR

ANÁLISE AMBIENTAL: UMA VISÃO MULTIDISCIPLINAR

ORGANIZADORES
SÂMIA MARIA TAUK-TORNISIELO
NIVAR GOBBI
HAROLD GORDON FOWLER

2ª EDIÇÃO
(REVISTA E AMPLIADA)

3ª REIMPRESSÃO

Editora UNESP

Direitos de publicação reservados à:
Fundação Editora da UNESP (FEU)

Praça da Sé, 108
01001-900 – São Paulo – SP
Tel.: (0xx11) 3242-7171
Fax: (0xx11) 3242-7172
www.editoraunesp.com.br
www.livrariaunesp.com.br
feu@editora.unesp.br

Dados Internacionais de Catalogação na Publicação (CIP)
(Câmara Brasileira do Livro, SP, Brasil)

Análise ambiental: uma visão multidisciplinar/ organizadores Sâmia Maria Tauk-Tornisielo, Nivar Gobbi, Harold Gordon Fowler. – 2. ed. rev. e ampl. – São Paulo: Editora da UNESP, 1995. – (Natura Naturata).

Bibliografia.
ISBN 85-7139-099-1

1. Desenvolvimento econômico – Aspectos sociais 2. Ecologia – Brasil – Aspectos sociais 3. Impacto ambiental – Estudos 4. Política ambiental I. Tauk-Tornisielo, Sâmia Maria. II. Gobbi, Nivar. III. Fowler, Harold Gordon. IV. Série.

95-2712 CDD-304.20981

Índices para catálogo sistemático:
1. Brasil: Ecologia e desenvolvimento: Sociologia 304.20981
2. Brasil: Política ambiental: Ecologia: Sociologia 304.20981

Editora afiliada:

Asociación de Editoriales Universitarias de América Latina y el Caribe

Associação Brasileira de Editoras Universitárias

SUMÁRIO

PREFÁCIO

Em 1990 foi realizado o I Simpósio Nacional de Análise Ambiental, na UNESP, Campus de Rio Claro, SP, que foi coordenado pelo Centro de Estudos Ambientais, Departamento de Ecologia do Instituto de Biociências, e pela Sociedade de Ecologia do Brasil (SEB). Após, foram editados os textos nele apresentados que abordaram os aspectos da investigação científica e os avanços tecnológicos da análise ambiental.

Em 1992, esta obra recebeu da Câmara Brasileira do Livro o Prêmio Jabuti de melhor livro na área de Ciências, e teve sua tiragem rapidamente esgotada, como resultado do reconhecimento de seu valor pela comunidade científica.

Nesta segunda edição, mostrou-se essencial uma revisão do texto, na tentativa de acompanhar o avanço do discurso das ações ambientais e o aumento da consciência ambiental pela comunidade.

Na prática, a interdisciplinaridade das questões ambientais não foi ainda alcançada, e muito menos a transdisciplinaridade. As vozes de comando ávidas pelo poder e os ciúmes das lideranças são os fatores que mais se destacam nessa contribuição negativa para o crescimento das ações ambientais.

Por isso, a presente edição se faz necessária, pois este livro ainda se destaca pela contribuição na difusão dos pensamentos e ações de profissionais que atuam na área ambiental. Também, a literatura ainda escassa em obras nacionais de análise ambiental motivou esta nova edição.

Aproveito este momento para parabenizar a todos que colaboraram com a realização deste livro.

Sâmia Maria Tauk-Tornisielo
Professora Titular do Departamento de Ecologia,
Diretora do Centro de Estudos Ambientais da UNESP
e Presidente da Sociedade de Ecologia do Brasil

I SIMPÓSIO NACIONAL DE ANÁLISE AMBIENTAL

Promoção:
Sociedade de Ecologia do Brasil
Centro de Estudos Ambientais da UNESP
e Departamento de Ecologia da UNESP

28 a 31 de maio de 1990
Centro Cultural da Prefeitura de Rio Claro – SP

Comissão Organizadora

Sâmia Maria Tauk-Tornisielo
(Coordenadora)
Antenor Pasqual
Eneas Salatti
Fausto Foresti
Flávio Henrique Mingante Schilittler
João Antonio Galbiatti
José Galizia Tundisi
Nivar Gobbi
Sérgio Luiz de Carvalho
Silvio Carlos Santos Nagy

Comissão de Apoio

Dércio Simões
Maria José de Oliveira Campos
Maria Inez Pagani
Marilene G. Bertanha
Adriana M. R. F. Freitas
Maria Gleide L. Rodrigues
Elizabete M. Antunes
Eleni Nadai Malagutti
Sandra A. V. Cândido
Cleonice M. Veloso
Sérgio L. Nazareth
Carlos F. Sanches
Nozor Paulo O. Pinto
Sueli Ap. Marangon

1 A IMPORTÂNCIA DA AVALIAÇÃO AMBIENTAL

*Ricardo Kohn de Macedo**

Desde 1972, a partir da Conferência de Estocolmo, muitos esforços vêm sendo desenvolvidos na esfera do setor do ambiente no sentido de estabelecer uma base metodológica para o desenvolvimento de estudos ambientais. Envolveram-se nesse desafio as universidades, as empresas de consultoria e projetos, os institutos de pesquisa, os órgãos públicos, as associações ambientalistas, os profissionais liberais de diversas áreas e os organismos internacionais, como o Banco Internacional de Reconstrução e Desenvolvimento (BIRD), o Banco Interamericano de Desenvolvimento (BID), a Organização das Nações Unidas para a Agricultura e Alimentação (FAO) e o Programa das Nações Unidas para Desenvolvimento (PNUD).

Sem dúvida, muito foi realizado. Contudo, de uma forma similar ao ocorrido no setor da informática: da explosão do desenvolvimento de máquinas espetaculares, mas que eram incapazes de falar entre si, à eclosão de tecnologias para suporte dos estudos ambientais, desperta agora a consciência de que, em muitas oportunidades, seus autores não estavam sequer falando a respeito do mesmo assunto, e de que muitos esforços de teorização ou de compilação e migração teóricas haviam sido dirigidos para soluções específicas, com óticas às vezes reducionistas, e por conseguinte eram incapazes de atender a quadros mais gerais. Esse foi o primeiro impasse a que se chegou: a dificuldade de adotar

* Consultor independente – Rio de Janeiro, RJ.

uma abordagem metodológica capaz de responder a realidades ambientais distintas e às diversas naturezas dos estudos requeridos: zoneamento ambiental, ordenamento territorial, estudos de impacto ambiental, projetos de ecodesenvolvimento regional e outros.

Ao analisar magníficos trabalhos já desenvolvidos, percebe-se claramente que, ainda assim, não existe uma abordagem teórico-conceitual consagrada, capaz de realizar Estudo de Impacto Ambiental (EIA) e Relatório de Impacto do Meio Ambiente (Rima) para empreendimentos de qualquer natureza ou avaliar quaisquer processos de transformação ambiental (deve ser dada especial atenção ao estudo realizado na Bacia do Baixo Mekong, em abril de 1982 – Nam Pong Environmental Management Research Project, patrocinado pela Fundação Ford, conduzido pelo comitê interino que investigava a referida bacia). A situação torna-se ainda mais precária quando o objeto dos trabalhos envolve, além de estudos de impacto ambiental, zoneamento ambiental, gerenciamento ambiental ou ecodesenvolvimento regional.

No desenvolvimento de métodos e técnicas, um aspecto que chama a atenção refere-se, em muitos casos, à "teimosia operacional" de alguns autores. Continuam a confundir metodologia com plano de trabalho ou, do espanhol, *guia metodológica*, admitindo que é razoável programar o que deve ser feito em uma determinada situação sem antes considerar, teoricamente, como são tratadas as situações daquela natureza. A grande maioria dos métodos ditos espontâneos, *ad hoc*, decorrem desse tipo de engano. Talvez esse quadro expresse o hiato sistemático que parece sempre haver existido entre teoria e prática, entre a base conceptual geral e a capacidade de sua aplicação em situações específicas. Acredita-se, contudo, que a teoria somente será diferente na prática, caso os teóricos nunca a tenham praticado ou caso os práticos não a percebam adequadamente quando tentam utilizá-la.

Considerando tão somente os países latino-americanos, com base em documentação da Oficina Regional de la FAO para la América Latina y el Caribe acerca desse tema, observa-se que, em maior ou menor intensidade, as questões relacionadas à avaliação ambiental básicas: 1. para a ocupação ordenada dos espaços territoriais; 2. para a planificação regional e 3. para a escolha de alternativas técnico-econômicas de desenvolvimento sofrem de problemas similares. E, em síntese, esses problemas podem ser assim enunciados: inexistência de um arcabouço teórico-conceptual, metodologicamente estruturado, que capacite o desenvolvimento de estudos ambientais e a implementação eventual de medidas de conservação necessárias; inexistência de uma consciência ecopolítica em diversos e importantes níveis de decisão, tanto públicos quanto da própria sociedade civil, impedindo que o ecodesenvolvimento seja devidamente suportado por uma legislação compatível; relativa fragilidade orgânica e funcional do setor do meio ambiente, especialmente quando comparado a outros setores econômicos já consolidados; certa fragilidade dos mecanismos de educação e aculturação ambiental, aos quais, e unicamente aos quais, cabem as possibilidades de mudança estruturada do quadro existente até a virada do século; reduzida disponibilidade e gerenciamento inadequado de recursos humanos, técnicos, logísticos e econômicos, dificultando aos órgãos ambientais a vulgarização das discussões do setor.

Acredita-se que o esforço para o desenvolvimento de uma metodologia unificada demanda um razoável investimento e, além disso, o atendimento a objetivos bem delineados, dentre os quais devem ser ressaltados os seguintes: conhecer, examinar e analisar as principais experiências de avaliação e gestão ambiental; mobilizar organizações, instituições, especialistas e acadêmicos para sistematizar e integrar o conhecimento já realizado, assim como desenvolver estudos sobre os aspectos essenciais à estabilidade ambiental de regiões tidas como nobres do ponto de vista ecológico: Amazônia continental, Pantanal, Grande São Paulo, grandes centros urbanos em geral, litoral brasileiro e outros; subsidiar o desenvolvimento e a adequação da legislação ambiental pertinente, a fim de estabelecer os requisitos mínimos necessários à proposição de financiamentos, projetos e implantação de atividades produtivas, assim como de normas unificadas para os países latino-americanos no que concerne aos estudos ambientais requeridos para avaliação, aprovação e licenciamento dessas mesmas atividades, produzir guias metodológicos específicos, destinados à avaliação de impactos ambientais, ao desenvolvimento de planos de proteção e conservação ambiental, ao desenvolvimento de projetos de zoneamento ambiental e a programas de gerenciamento ambiental; e, por fim, promover o treinamento e a formação de quadros técnicos capacitados, livres de marcas políticas e desejos desenfreados de autoafirmação, de modo a assegurar a manutenção e o aprimoramento dos alvos estabelecidos.

A IMPORTÂNCIA DA AVALIAÇÃO AMBIENTAL

É evidente que se trata da mais ampla atividade analítica que se pode realizar acerca de um objeto qualquer do conhecimento. Para avaliar este objeto ambientalmente, no sentido *lato sensu*, significa compreendê-lo e mensurá-lo segundo as relações mantidas entre seus elementos e aspectos físicos, bióticos, econômicos, sociais e culturais, desde que esse objeto seja assim constituído. Além disso, pressupõe que o enfoque a ser adotado não se resuma cartesianamente e não se conclua de forma reducionista e mecanicista. Muitas propriedades e características dos sistemas vivos transcendem essas abordagens, porquanto eles se comportam holisticamente, por necessidades nem sempre conhecidas, mas reais e concretas e em virtude do acaso. Instrumentos da abordagem cartesiana devem e precisam fazer parte da avaliação ambiental. No entanto, é desejável que outras ferramentas sejam realizadas e aplicadas para globalizar suas conclusões e resultados.

Por outro lado, não se deve confundir estudo ambiental com o desenvolvimento de enciclopédias ou de teses acadêmicas. Sua principal finalidade é tão somente capacitar o homem, por intermédio de conhecimentos adquiridos e dominados, para a ação e a pró-ação sobre uma dada região, quaisquer que sejam as suas dimensões, conteúdo, dinâmica e localização. Como fonte e depositária de conhecimentos científicos, a avaliação ambiental de uma região permite que se identifiquem suas potencialidades de uso (inclusive o não uso), de ocupação, suas vulnerabilidades e seu desempenho futuro estimado. Dessa maneira, ela possibilita que se otimizem decisões ligadas à sua preservação, conservação e ecodesenvolvimento. É básica e fundamental, portanto, para realizações autossustentadas. É vacina contra planos de cunho paternalista, porquanto municia os segmentos antrópicos envolvidos com informações e ferramentas que lhes permitam organizar a si próprios.

A avaliação ambiental, quando adequadamente desenvolvida, precisa estabelecer uma medida de comparação entre situações alternativas. Avaliar pressupõe mensurar e comparar. Dessa forma, é fundamental a utilização dos conceitos de cenários ambientais, temporal e especialmente distintos, de modo a que se proceda a avaliação entre situações concretas e potenciais diversas, porém essencialmente comparáveis. Por conseguinte, um dos principais produtos de uma avaliação ambiental é o cenário ambiental futuro da região sob estudo que se deseja atingir, ou seja, o seu cenário-alvo. Esse cenário é o fundamento para o desenvolvimento de um plano ambiental integrado para a região, que buscará garantir níveis compatíveis de qualidade ambiental e de vida para todos os fatores ambientais nela ocorrentes, satisfazendo-lhes a dinâmica das relações de que necessitam e desejam manter entre si. Por fim, a finalidade de um processo de avaliação ambiental é o balizamento dos processos de gerenciamento e monitoramento ambientais que mereçam ser realizados, tendo como base de comparação o cenário-alvo pretendido, em todas as suas versões temporalmente atualizadas mediante o conhecimento sistemático e gradativo da realidade.

CONCEITOS BÁSICOS

A avaliação ambiental, para ser devidamente realizada, requer a utilização de equipe multi e interdisciplinar. Naturalmente essas situações apresentam algumas dificuldades de gerenciamento, em virtude da diversidade de culturas e especializações envolvidas. Cada analista tende a enfocar o quadro típico de sua especialidade, oferecendo ao grupo os fatores e as relações condicionantes da transformação ambiental a ser avaliada segundo uma ótica específica. Em síntese, pode-se dizer que há uma grande possibilidade para que o geólogo (*geologue*), o pedólogo (*pedologue*), o biólogo (*biologue*), o economista (*économiste*), e assim por diante. Como integrá-los holisticamente? Esta é a questão que se impõe. Sabe-se que não é simples efetuar a comparação de um fenômeno ambiental mensurado em mg/l com outro medido em R$ e um outro medido em m^3/s. É curioso, mas situações desse tipo normalmente redundam em discussões extravagantes e inócuas: "O meu OD é mais importante do que a tua receita! A minha vazão sofre mais do que a tua renda *per capita*", e assim por diante.

Muitas soluções têm sido propostas para resolver esse impasse. A mais comum, sem dúvida, tem sido negar que ele existe, realizando a avaliação ambiental com base exclusivamente na intuição de um gerente sênior. Embora os resultados dessa prática possam até mesmo revelar, em alguns casos, a acuidade profissional de um decisor isolado (o gerente sênior), os riscos associados são grandes e o produto da avaliação, no mais das vezes, não resiste à menor crítica, porquanto decorre mais de opiniões isoladas do que de conhecimentos específicos comprovados e justificáveis a partir de premissas cientificamente estruturadas. Para tentar equacionar uma proposta razoável, modelada, para a avaliação ambiental, torna-se necessário apresentar alguns conceitos básicos que ora foram tomados por empréstimo de outras áreas do conhecimento, ora foram criados para a finalidade desse modelo. Esses conceitos têm por objetivo conformar a estrutura de abordagem do modelo, de forma a situá-lo como uma ferramenta para a avaliação de transformações ambientais de qualquer natureza. Referem-se a três dimensões distintas e complementares: relativos ao ambiente; relativos às atividades transformadoras; e relativos às relações entre ambos.

Relativos ao ambiente

Qualidade ambiental e de vida

A qualidade ambiental de um ecossistema expressa as condições e os requisitos básicos que ele detém, de natureza física, química, biológica, social, econômica, tecnológica, cultural e política, de modo a que os fatores ambientais que o constituem, em qualquer instante, 1. possam exercer efetivamente as relações ambientais que lhes são naturalmente afetas, necessárias à manutenção de sua dinâmica e, por conseguinte, da dinâmica do ecossistema de que fazem parte, bem como 2. detenham a capacidade complementar de autossuperação, que os permita desenvolver novas estruturas relacionais e promover, aleatoriamente, desdobramentos ordenados da complexidade do ecossistema. Em suma, a qualidade ambiental é o resultado da dinâmica 1. dos mecanismos de adaptação e 2. dos mecanismos de autossuperação dos ecossistemas. Assim, com base na teoria sistêmica da evolução, a qualidade ambiental é o resultado da ação simultânea da necessidade e do acaso.

A qualidade de vida, para o modelo, expressa a qualidade ambiental específica ao fator ambiental HOMEM, estabelecendo os requisitos e as condições mínimas que um ecossistema deve oferecer, de natureza física, química, biológica, social, econômica, tecnológica, cultural e política, de modo que, na sociedade humana de que participa, possa realizar as relações ambientais que lhes são inerentes, com vistas à sua manutenção, evolução e autossuperação.

Indicador ambiental

São variáveis, específicas a cada fator ambiental, que permitem a aferição das oscilações de comportamento e/ou de funcionalidade do fator, tornando-se o elemento mais adequado para a análise qualitativa e quantitativa das variações da qualidade ambiental de um ecossistema. Todo e qualquer fator ambiental possui comportamento e funcionalidade típicos, de acordo com as requisições dos ecossistemas de que faz parte. Esses atributos representam as funções e a relevância do fator no contexto ambiental. A variação deles exprime, em maior ou menor grau, a variação da qualidade ambiental dos ecossistemas. Dessa forma, ao estimar ou aferir as oscilações de um indicador ambiental, em escala apropriada, fica estabelecida a própria medida da intensidade de um impacto ambiental, ou pelo menos torna-se conhecido um valor dela resultante, com consistência e aptidão suficientes para representá-la em um estudo analítico-comparativo.

Meio ambiental

Constitui-se em uma subdivisão teórica e arbitrária do ambiente, segundo conjuntos afins de segmentos ambientais, de acordo com o tipo de abordagem e de ação que se deseja imprimir em uma dada região. As pesquisas e os estudos ambientais, para efeito de abordagem, organização de dados e estruturação da grande quantidade de conhecimentos específicos que podem envolver, organizam o espaço ambiental em conjuntos de subespaços afins, de modo a facilitar sua compreensão. A par da diversidade de possíveis composições para um mesmo espaço ambiental, uma subdivisão ampla e reconhecidamente utilizada é a seguinte: meio físico, meio biótico e meio antrópico. Não significa, no entanto, que o ambiente seja estruturado via conjuntos estanques de segmentos. Ao contrário, as relações entre os meios, mesmo assim organizados, são sistemáticas, sendo indesejável qualquer tratamento metodológico que não contemple esse fato.

Compartimento ambiental

Consiste em qualquer uma das partições ou segmentos afins em que se subdividem os meios ambientais, de acordo com a abordagem do estudo a ser realizado e de conformidade com as características do meio a que se refere. Dessa forma, um compartimento detém todos os conjuntos de fatores ambientais de mesma natureza.

Fator ou bem ambiental

Todo e qualquer elemento constituinte da estrutura de um ecossistema. O que se torna fundamental é a compreensão de que os fatores ambientais, conforme conceituados, constituem-se em uma unidade conceitual de que o modelo se utiliza para operacionalizar a avaliação ambiental. Sob nenhuma hipótese devem ser entendidos como se fossem componentes mecânicos de um ecossistema, ou uma unidade básica de suas estruturas, ou mesmo uma unidade de sobrevivência.

Um fator ambiental é um sistema em si mesmo que sobrevive em uma estrutura de ordem estratificada mediante as relações que mantém com outros fatores, isoladamente, e com a totalidade do ecossistema do qual faz parte. Tem-se, dessa forma, níveis sistêmicos estratificados que interagem e mantêm essa disposição de vida através das imposições da estrutura ordenada do todo sistêmico que os contém. Esses níveis podem ser observados sob diversos ângulos, devolvendo ao observador distintas morfogenias do espaço ecológico ou ambiental. Duas formas de abordar esse espaço, porém, interessam diretamente ao modelo, uma vez que determinaram a sua ótica a respeito dos níveis básicos dos ecossistemas.

Representação funcional do ambiente

A primeira forma de abordar esse espaço enquadra a estrutura funcional dos ecossistemas e a representa pelos seguintes níveis estratificados, do menos complexo para o mais complexo: Nível 1. Coleções de fatores ambientais; Nível 2. Coleções de relações ambientais; Nível 3. Coleções de ciclos ecológicos; e Nível 4. Coleções de ecossistemas. Cada nível se realiza pela organização e pela integração dos elementos constituintes do nível antecedente de menor complexidade. O nível inferior, representado pelas coleções de fatores ambientais, todavia, realiza-se por intermédio de duas capacidades intrínsecas que se complementam: a de autoafirmação dos fatores, que os individualiza física e funcionalmente, e a de integração, que os submete à ordem dos demais níveis. Dessa forma, se existe uma unidade de sobrevivência, ela é, sem dúvida, expressa pela relação do fator ambiental com o ecossistema de que faz parte.

Representação estrutural do ambiente

A segunda abordagem enquadra a estrutura orgânica do ambiente e a representa pelos seguintes níveis estratificados, do menos complexo para o mais complexo: Nível 1. Fatores ambientais; Nível 2. Compartimentos ambientais; Nível 3. Meios ambientais; e Nível 4. Ambiente. Um conjunto de fatores ambientais, por definição, é um conjunto de elementos iguais, em natureza e espécie, conformando um nível sistêmico estratificado. Um compartimento ambiental pode deter *n* conjuntos de fatores ambientais, conformando um nível sistêmico estratificado superior, mais complexo. Seguem os níveis 3 e 4, obedecendo aos mesmos critérios orgânicos.

Em ambos os enfoques, o funcional e o estrutural, fica claro que todos os níveis sistêmicos são interagentes e interdependentes. Desse modo, as propriedades e as capacidades de um nível inferior também serão encontradas no seu nível subsequente, diferenciando-se apenas no grau de ordem e de complexidade que apresentam. Por esse motivo, todos os conceitos apresentados nesse item que tenham vinculação com a dinâmica ambiental, embora estejam associados a um determinado nível, desde que sofram as devidas adaptações, podem ser constatados nos demais níveis.

Relação ambiental

Consiste na troca sistêmica (transações) de energia entre os fatores ambientais que compõem um ecossistema, fornecendo-lhe poder de auto-organização e complexidade crescentes, numa tendência de redução de sua entropia. As relações ambientais apresentam três propriedades que expressam a dinâmica aleatória dos ecossistemas. A primeira é caracterizada pela multiparidade das relações mantidas entre conjuntos de fatores ambientais. Um indivíduo de um dado conjunto Y de fatores pode, simultaneamente, relacionar-se com K indivíduos de diversos outros N conjuntos de fatores. A segunda propriedade caracteriza-se pela natureza das relações mantidas entre indivíduos de diversos conjuntos de fatores, a saber: relações de ordem, relações de oportunidade e relações de integração.

As relações de ordem expressam a forma por meio da qual fatores ambientais se relacionam, em decorrência do estágio de organização funcional do ecossistema a que pertencem e da natureza dos próprios fatores. Essas relações podem ser hierárquicas, simétricas e recursivas. Uma relação entre dois fatores de qualquer natureza é dita hierárquica quando ocorre univocamente, isto é: A cede algum tipo de energia a B em um dado momento; mas B, no mesmo intervalo de tempo, não transfere qualquer energia ao fator A. Uma relação entre dois fatores de naturezas distintas é considerada simétrica quando ocorrem transações de energia simultâneas e biunívocas entre A e B, isto é, no mesmo intervalo de tempo, muito embora possam ser diversas em sua essência. Por fim, uma relação ambiental de ordem é dita recursiva quando ocorre a transação de energia entre dois fatores de mesma natureza. Todas as relações recursivas, portanto, também são simétricas.

Por sua vez, as relações ambientais expressam-se segundo oportunidades aleatórias. Significa que a transação de energia entre dois fatores somente ocorre se ambos estiverem ocupando determinados lugares no espaço e no tempo. Essa propriedade estabelece a probabilidade da ocorrência das relações ambientais, demonstrando que elas não são determinísticas, mas acontecem ao acaso, especialmente quando pelo menos um dos fatores que se relacionam é móvel.

Assim, pode ser explicada a dinâmica dos ecossistemas e a pluralidade de suas relações internas. Cada fator ambiental pode deter, segundo a natureza de suas demandas ecológicas e de suas competências de resposta, uma infinidade de chances de relação, cada qual se realizando de uma forma ou de outra. Especialmente no homem esse fato é bem mais nítido, assim como em todas as relações em que ele estiver envolvido, ou melhor, nos fatores que com ele se relacionarem.

Pode-se assumir, portanto, que a cada fator ambiental identificado está associada uma matriz de relações probabilísticas de ordem *n*. Assim, ao transitar pelo espaço ecológico, um fator qualquer tem a probabilidade de se relacionar parcial ou totalmente, em algum lugar e em determinado instante, durante todo o ciclo de sua existência, com outros fatores, também portadores de matrizes de relações associadas. A sucessão natural dos ecossistemas está implícita nesse processo como uma decorrência natural e imutável, embora sem a previsão do tempo requerido por essa transformação.

A terceira propriedade das relações ambientais refere-se às vinculações orgânicas entre a sua essência *versus* os resultados delas derivados, no âmbito do ecossistema em que se realizam. A essência de um conjunto de relações ambientais reflete a natureza do desempenho funcional e comportamental dos fatores envolvidos em face das circunstâncias ambientais em que procedem suas transações de energia. Isso significa que essas transações, que são probabilísticas, representam respostas funcionais circunstanciais à realidade ambiental interna e externa que se lhes apresenta. Tal fato leva à conclusão de que um ecossistema qualquer e o meio ambiente a ele externo efetuam um processo integrado de coevolução, na medida em que seus desempenhos funcionais estão intimamente relacionados e são interdependentes e complementares, qualquer que seja o estado da natureza que "supervisiona" essa integração.

De acordo com esta abordagem, três novas categorias de relações ambientais podem ser identificadas: relações de adaptação, relações de transcendência e relações de ruptura. As relações de adaptação entre fatores ambientais de qualquer natureza caracterizam-se pela realização dos potenciais funcionais desses fatores, estabelecendo transações, isto é, são relações que envolvem tão somente processos de manutenção, regeneração e renovação dos seus fatores constituintes. Essas relações ocorrem quando o ecossistema não é submetido a pressões críticas ou extremas, ou seja, interferências ou solicitações do ambiente a ele externo incompatíveis com sua funcionalidade natural estabelecida.

As relações de transcendência entre fatores ambientais de qualquer natureza caracterizam-se pela capacidade do ecossistema, por meio de seus fatores constituintes, em estabelecer transações de energia, de início aleatórias e imprevisíveis, organizando sua estrutura de forma nova e criativa, de modo a responder a interferências externas que o hajam conduzido a um estado crítico de estabilidade. As relações de transcendência fazem que o ecossistema se autossupere, em ordem e complexidade, de maneira a apreender novas formas de transação de energia e, portanto, de comportamento e funcionalidade.

As relações de ruptura entre fatores ambientais de qualquer natureza caracterizam um estado de iminente rompimento das transações de energia que naturalmente deveriam suceder em um dado ecossistema. Nelas, as trocas ocorrem em um nível aquém ou além do nível normal adaptativo, o que significa dizer que há uma ameaça à estabilidade do ecossistema, uma vez que alguns de seus fatores constituintes ou estão "operando" com insumos de energia menores do que os demandados por seus requerimentos mínimos, ou estão recebendo demandas acima de suas competências funcionais de resposta, o que pode determinar a exaustão de suas reservas e o consequente congelamento de suas capacidades de relação ou a supremacia indesejável de um determinado segmento, em detrimento dos demais. Essas relações caracterizam, ao contrário das relações de transcendência, a incapacidade de um ecossistema em "escolher" e promover um novo estado de ordem e de complexidade para fazer face a interferências externas de qualquer natureza.

As relações de adaptação, transcendência e ruptura não ocorrem de forma isolada e absoluta em um ecossistema, mas simultânea e relativamente. Ou seja, na totalidade das relações mantidas entre os indivíduos dos N conjuntos de fatores ambientais constituintes de um ecossistema podem estar acontecendo, ao mesmo tempo, adaptações, transcendências e rupturas. Haverá, no entanto, uma dominância que poderá ser constatada no comportamento global do ecossistema, caracterizado pelo seu estado de ordem e pelos seus níveis de complexidade.

As relações ambientais são responsáveis pela realização da qualidade ambiental dos ecossistemas. Se elas não ocorressem, os fatores ambientais seriam estáticos e não ultrapassariam o nível de abstrações materializadas; portanto, não apresentariam qualquer tipo de comportamento ou função. Consequentemente, seriam dispensáveis, por não exercerem qualquer papel ambiental que não fosse o de sua realização espacial e física. Assim sendo, a contextura de um ecossistema é decorrente das relações mantidas entre seus fatores ambientais constituintes, que ora se integram, ora se alteram, ora se contrapõem, sempre buscando estados dinâmicos de ordem e organização que lhes são próprios, em razão de seu potencial de relações e do acaso. Um fator ambiental isolado, por isso mesmo, não possui qualquer serventia ou significado ambiental. Suas propriedades só podem ser observadas e caracterizadas por meio das relações que mantêm com outros, de mesma natureza ou não. Em suma, cada fator ambiental é, funcionalmente, o resultado dos demais fatores com que se relaciona.

Ciclo ecológico

Consistem nos sistemas dinâmicos e naturalmente integrados, homeostáticos, de relações físicas, químicas, biológicas, sociais, econômicas, tecnológicas, culturais e políticas, mantidas, no mínimo, por pares de fatores de qualquer natureza, em um dado ecossistema. De início é essencial discutir o conceito de homeostase. Esse termo foi utilizado pelo neurologista Walter Cannon para caracterizar a tendência dinâmica dos organismos vivos de se manterem, autonomamente, em um estado de organização interna. Os ciclos ecológicos, por meio de suas relações constituintes, efetuam a autorregulação da qualidade ambiental total dos ecossistemas.

Por isso, um ecossistema definido pode ser observado pelos diversos ciclos ecológicos que nele se realizam. O termo ciclo não pressupõe uma série finita de eventos ocorrendo em uma sequência preestabelecida, mas um período de tempo variável, em virtude da natureza e da quantidade dos processos que nele se desenvolvem, em que se sucedem fatos ecológicos entre fatores ambientais, determinando uma permanente transformação do ecossistema de que fazem parte. Dessa forma, um ciclo ecológico representa um conjunto de ocorrências realizadas em um intervalo de tempo, determinado por fatos ecológicos: coleções de fatores que nele interagem, potencialidades comportamentais e funcionais desses fatores, exigências ambientais recíprocas de cada fator em relação aos demais, nível de troca de energia que se estabeleceu no ciclo que o antecedeu e probabilidade de ocorrência de relações ambientais.

Durante o ciclo ecológico os fatores ambientais têm suas relações passíveis, em parte, de identificação. A emergência de um novo ciclo, portanto, ocorre em virtude da modificação: relativa nas intensidades das relações preexistentes; nas naturezas das mesmas relações; e quantitativa e qualitativa da coleção de fatores. É importante observar que, a par da necessidade de obtenção de conhecimentos a respeito dos ciclos ecológicos, as teorias e as experimentações científicas ainda não dispõem dos meios e informações capazes de identificá-los totalmente. Nessa medida, há que se satisfazer com as características passíveis de realização, que, embora parciais e limitadas, prestam-se às finalidades dos estudos ambientais, no mínimo, pelo fato de se constituírem em bases para novos conhecimentos.

Por esse motivo, seria menos determinístico e mais sério, do ponto de vista científico, conceituar os ciclos ecológicos da seguinte forma: consistem nos sistemas dinâmicos e naturalmente integrados, homeostáticos, de relações físicas, químicas, biológicas, sociais, econômicas, tecnológicas, culturais, políticas e ignoradas, mantidas, no mínimo, por pares de fatores de qualquer natureza, em um dado ecossistema.

Estabilidade ecológica

Representa a propriedade dos ciclos ecológicos de um dado ecossistema que expressa a tendência de plenitude nas relações entre seus fatores constituintes, por meio da integração das exigências de cada fator em relação às efetivas respostas comportamentais e funcionais daqueles com que interage, uma vez que, em um ecossistema estável, todas as relações ocorrem dentro do intervalo de homeostase dos fatores envolvidos. A estabilidade de um ecossistema, portanto, representa um processo de não equilíbrio, posto que nele se verifica a tendência das relações ambientais em busca de auto-organização. Quanto maior o grau de estabilidade de um ecossistema, maior seu poder de auto-organização e, consequentemente, sua complexidade relativa. Duas propriedades dos sistemas vivos podem ser, em geral, observadas nos ecossistemas. Elas expressam sua capacidade de auto-organização e, em decorrência, sua tendência natural para a estabilidade ecológica. Consistem na flexibilidade e na plasticidade dos ciclos ecológicos.

Plasticidade ecológica

A plasticidade ecológica decorre da constatação de que existem infinitas alternativas de estruturação de ciclos ecológicos de mesma natureza, isto é, envolvendo os mesmos gêneros de fatores ambientais. Para facilitar o entendimento, sejam os conjuntos de fatores ambientais A, B, . . ., N, assim representados: A = (A1, A2, . . ., Ai, . . ., An); B = (B1, B2, . . ., Bi, . . ., Bn); N = (N1, N2, . . ., Ni, . . ., Nn). Os ciclos conformados que caracterizam a plasticidade ecológica seriam do tipo: A1:B1: . . .: N1; A2:B2: . . .: N2; Ai:Bi: . . .: Ni; An:Bn: . . .: Nn. Nesta coleção de ciclos de mesma natureza, no entanto, cada um será diverso dos demais, uma vez que seus fatores ambientais constituintes, embora sejam do mesmo gênero (A, B, . . ., N), não serão os mesmos indivíduos, por isso mesmo detendo cada qual distintas autoafirmações.

Flexibilidade ecológica

A flexibilidade ecológica, por sua vez, decorre da constatação de que, em dois ciclos ecológicos de mesma natureza, apresentando, portanto, a mesma constituição orgânica e de relações, ainda que seus fatores constituintes, individualizados, apresentem desempenhos distintos e singulares (ou seja, autoafirmados), a ordem e a funcionalidade do ecossistema como um todo não serão comprometidas. Isso pode significar que, não havendo qualquer tipo de intervenção externa em um ciclo ecológico, as relações realizadas por seus fatores ambientais ocorrerão no intervalo de uma faixa de transação de energia, com amplitude peculiar, natural aos tipos de fatores relacionados, variando entre um limite mínimo e um limite máximo, sem transformar a natureza do ecossistema envolvido, mas apenas seu desempenho.

A flutuação das transações de energia entre os fatores é permanente. Enquanto ocorrerem nesses intervalos naturais, os fatores ambientais realizam suas demandas básicas de sobrevivência e sustentam sua capacidade conjunta de auto-organização interna. Esse estado é conceituado como homeostático e é garantia da qualidade ambiental do ecossistema. A amplitude da faixa de transação de energia, por sua vez, denomina-se intervalo de homeostase. Deriva da estabilidade a propriedade de autorrenovação da estrutura de um ecossistema, que exprime sua capacidade interna de evolução, desde que não seja afetado por agentes externos.

Relativos às atividades transformadoras

Atividade transformadora

Constitui-se em qualquer processo, oriundo ou não da ação humana, capaz de alterar um ecossistema em qualquer um dos seus níveis, ou seja, coleções de fatores ambientais, relações ambientais e ciclos ecológicos, afetando, por esse motivo, sua estabilidade e suas autocapacidades.

Fator de ameaça

Fator de ameaça de uma atividade transformadora consiste em qualquer unidade, instrumento ou processo que lhe seja peculiar, capaz de causar adversidades ambientais, ou seja, ruptura de relações ambientais, não em razão de características da região em que será inserido, mas pelo potencial de impactos negativos que lhe é inerente.

Fator de oportunidade

Fator de oportunidade de uma atividade transformadora consiste em qualquer unidade, instrumento ou processo que lhe seja peculiar, capaz de causar benefícios ambientais, ou seja, fortalecer ou incrementar as autocapacidades ambientais de sua região de inserção, não em decorrência dela própria, mas do potencial de impactos positivos que detém.

Empreendimento

Constitui-se em um conjunto dinâmico e integrado de recursos de diversas naturezas, apoiados em tecnologias apropriadas, decorrentes dos tipos de bens e serviços que objetiva produzir, física e economicamente organizados, a fim de cumprir um processo produtivo estabelecido. Todo e qualquer empreendimento constitui-se em uma atividade transformadora do ambiente. No entanto, a recíproca não é verdadeira, porquanto atividades que o degradam não podem ser conceituadas, ambientalmente, como produtivas. Ao ser implementada uma atividade transformadora em uma dada região, pode-se prever algumas modificações nos ecossistemas existentes: 1. recursos naturais serão utilizados como insumos construtivos e produtivos; 2. recursos ambientais serão transformados pela ocupação territorial; 3. fatores ambientais próprios das atividades serão introduzidos, temporária ou permanentemente; 4. novas demandas de relações ambientais serão estabelecidas; 5. relações ambientais preexistentes serão modificadas.

Em síntese, é garantido que a implementação e a operação de uma atividade transformadora, entendida como ações do meio externo, causam modificações na ordem e na complexidade dos ecossistemas que sejam suscetíveis à sua presença, direta e indiretamente. Decorrem dessa constatação os conceitos de intervenção ambiental, alteração ambiental e fenômeno emergente, a seguir apresentados.

Relativos às relações entre ambos

Intervenção ambiental

Trata-se de toda e qualquer ação ou decisão que envolva a introdução, concreta ou virtual, permanente ou temporária, de pelo menos um fator ambiental em um dado ambiente, capaz de gerar ou induzir o remanejamento de fatores existentes no ambiente. É importante observar que este conceito é genérico, ou seja, refere-se a qualquer tipo de atividade que venha a ser instalada em uma dada região.

Alteração ambiental

Consiste no remanejamento, espontâneo ou induzido, físico ou funcional, de conjuntos de fatores ambientais da área de influência de atividades transformadoras, em decorrência de pelo menos uma intervenção ambiental. Uma alteração determina, portanto, uma nova configuração do ambiente em que ocorre, reorganizando compartimentos e meios ambientais a partir da realização de relações antes inexistentes entre seus fatores constituintes ou da supressão de outras que até então se realizavam.

Fenômeno emergente

Consiste na transformação do comportamento e/ou da funcionalidade preexistentes de um ou mais fatores ambientais, em decorrência de pelo menos uma alteração ambiental. De outra forma, um fenômeno emergente se manifesta quando um fator ambiental é, de alguma forma, impedido de exercer suas relações primitivas ou, ao contrário, passa a exercer novas relações antes inexistentes.

Atributos de um fenômeno ambiental

Constituem-se nos elementos específicos de eventos dessa ordem, capazes de caracterizá-los qualitativa e quantitativamente. Dentre os mais importantes destacam-se: intensidade, distributividade, cumulatividade, sinergia, probabilidade, duração, reversibilidade e carência.

Intensidade. Caracteriza a magnitude do impacto ambiental distribuído, acarretado pela ação de um fenômeno ambiental dos fatores ambientais que afeta e das mudanças que impõe a ciclos ecológicos razoavelmente identificáveis.

Distributividade. Caracteriza a amplitude de manifestação de um fenômeno ambiental em termos de: a) sua presença em regiões geoeconômicas que compõem a área do estudo; b) número de compartimentos ambientais que impacta diretamente; c) quantidade de relações que mantém com eventos ambientais de igual ordem.

Cumulatividade. Caracteriza a propriedade de um fenômeno ambiental tornar-se mais ou menos intenso pela continuidade de ação das mesmas fontes que lhe deram origem.

Sinergia. Caracteriza a capacidade de dois ou mais fenômenos ambientais, em interação, gerarem eventos ambientais resultantes, com impacto ambiental vinculado potencializado em intensidade e/ou diverso em termos de sua natureza. Em situações específicas, uma relação sinérgica pode induzir ou acarretar espontaneamente uma alteração ambiental secundária, da qual decorrem outros fenômenos emergentes. A sinergia é uma propriedade comum também às alterações ambientais.

Probabilidade. Caracteriza a chance de ocorrência de um fenômeno ambiental, a partir da ocorrência de pelo menos uma atividade transformadora. O modelo não contempla matematicamente esse atributo, uma vez que adota, para efeito da elaboração de qualquer tipo de plano ambiental, a efetiva manifestação de cada fenômeno identificado. Esta premissa, na prática, implica adotar probabilidade igual a 1 (um) para todos os eventos considerados.

Duração. Caracteriza o tempo de ação de um fenômeno sobre os fatores ambientais que afeta.

Reversibilidade. Caracteriza a chance de neutralização natural de um fenômeno pelo retorno do comportamento e da funcionalidade dos fatores afetados ao seu estado primitivo.

Carência. Caracteriza o diferencial de tempo entre a manifestação de uma atividade transformadora e a manifestação de seus efeitos sobre a estabilidade ecológica dos ciclos que afeta através de um fenômeno.

Relevância global. Representa a importância do fenômeno perante sua área de influência em termos de sua distributividade, duração e carência.

Valor potencial de impacto

Representa a medida estimada, em unidades de qualidade ambiental, das variações da estabilidade ecológica de um ecossistema, a partir das manifestações de um fenômeno, comparando as alternativas oferecidas pelos cenários tendencial e de sucessão. Ao longo do texto, sempre que não houver necessidade de identificar especificamente os conceitos de atividade transformadora, intervenção, alteração e fenômeno, eles serão tratados simplesmente por eventos ambientais. Eles são ainda categorizados segundo a sua ordem de ocorrência nos ciclos de intervenção ambiental. Assim sendo, as atividades transformadoras são eventos de 1ª ordem; as intervenções, de 2ª ordem; as alterações, de 3ª ordem; e, por fim, os fenômenos, que são de 4ª ordem.

Ciclo de intervenção ambiental

Caracteriza a transitividade da energia de geração do impacto ambiental, desde a sua origem, nas atividades transformadoras, até as alterações e fenômenos delas derivados no ambiente. Constitui-se em um elemento teórico que configura a imagem das relações entre os eventos ambientais. Cada intervenção possui o seu ciclo, de tal maneira que qualquer atividade transformadora, na sua relação com o meio, pode ser ambientalmente analisada pelo conjunto de ciclos que acarreta, os quais se integram de acordo com os fatores que afetam simultaneamente. Os ciclos de intervenção expressam os riscos e os potenciais a que o ecossistema estará sujeito.

Impacto ambiental

Consiste no resultado da variação da quantidade e/ou da qualidade de energia transacionada nas estruturas aleatórias dos ecossistemas diante da ocorrência de um evento ambiental capaz de afetá-las, quer ocasionando eventos derivados, quer modificando a natureza e a intensidade do comportamento e/ou da funcionalidade de pelo menos um conjunto de fatores ambientais, beneficiando-os ou prejudicando-os nas relações que mantêm entre si e com outros fatores a eles vinculados. Para o modelo, as atividades transformadoras "produzem" impacto ambiental resultante, que pode ser estimado por um vetor que integre seus impactos positivos e negativos; as intervenções ambientais, que as compõem, produzem impacto ambiental, capaz de determinar alterações ambientais. Estas, por sua vez, acarretam a ocorrência de fenômenos emergentes, por meio do impacto ambiental distribuído que delas decorre. Por fim, os fenômenos emergentes geram impacto ambiental distribuído, capaz de modificar as relações ambientais existentes entre fatores que pertencem à sua área de manifestação.

Considerando a estrutura conceitual até agora apresentada, o impacto ambiental constitui-se em qualquer modificação dos ciclos ecológicos em um dado ecossistema. Nessa linha de abordagem, a ruptura de relações ambientais normalmente produz impactos negativos, a não ser que essas relações já refletissem o resultado de processos adversos. Por analogia, o fortalecimento de relações ambientais estáveis constitui-se em um impacto positivo. Por fim, tem-se os casos que representam a introdução de novas relações ambientais em um ecossistema. Neles há de ser efetuada a análise de todos os seus efeitos, de modo a enquadrá-los, um a um, como benefícios ou adversidades. Em suma, os impactos ambientais afetam a estabilidade preexistente dos ciclos ecológicos, fragilizando-a ou fortalecendo-a.

Cenários ambientais

Consiste na representação modelada de um qualquer espaço biogeofísico, por meio dos elementos essenciais que o constituem e da dinâmica que apresentam em decorrência das relações que mantêm entre si, de acordo com uma finalidade de conhecimento e de decisão previamente estabelecida.

Cenário atual

Refere-se ao quadro ambiental diagnosticado na área a que se destinam os estudos ambientais, envolvendo a compreensão de suas estruturas orgânica e funcional, dos eventos delas derivados, de modo a permitir o estabelecimento de suas tendências de desempenho, de acordo com um horizonte temporal previamente estabelecido.

Cenário tendencial

Refere-se ao prognóstico do cenário atual sem considerar a implementação de medidas de otimização da qualidade ambiental e de vida, mas apenas as transformações a que a região estará propensa, decorrência da ação natural e/ou de interferências ambientais provenientes de atividades antrópicas existentes na região.

Cenário de sucessão

Refere-se ao prognóstico do cenário atual sem considerar a implementação de medidas de otimização da qualidade ambiental e de vida, mas contemplando, além das transformações a que a região está propensa, as alterações ambientais que se sucederão em decorrência de projetos vistos e aprovados para a região.

Cenário-alvo

Constitui-se em uma depuração do cenário tendencial, ou seja, no conjunto de alvos que se deseja atingir e que podem ser atingidos pela aplicação do plano ambiental. Esses alvos representam o montante de benefícios desejáveis e de adversidades aceitáveis para a área do estudo, para cada um dos compartimentos ambientais analisados e para cada conjunto de fatores identificados. O que deve ficar claro é o fato de que o cenário-alvo corresponde à alternativa desejada para a região, porquanto o cenário tendencial não será mais realizável. Dessa forma, o plano ambiental passa a ser a única ferramenta capaz de realizá-lo.

Avaliação ambiental

O ato de avaliar pressupõe três elementos: um padrão de medida; a mensuração do objeto a ser avaliado segundo esse padrão; e uma nota que represente o desvio relativo entre o valor apropriado ao objetivo e o padrão previamente estabelecido. O modelo proposto segue esse mesmo critério: afere e analisa a qualidade ambiental da área em estudo, diagnosticando a situação existente, que adota como padrão básico de desempenho, efetua prognósticos do comportamento e da funcionalidade ambientais da região do estudo, em face da continuidade das atividades transformadoras existentes, bem como o de outras que venham a ser inseridas na região, e mensura e analisa os desvios entre esses prognósticos pela da aferição de indicadores ambientais.

Potencialidade ambiental

Uma potencialidade ambiental consiste em qualquer conjunto de fatores de mesma natureza que, diante de atividades ocorrentes ou que venham a se manifestar, será beneficiado, favorecendo a qualidade ambiental resultante da região em que ocorre.

Vulnerabilidade ambiental

Uma vulnerabilidade ambiental consiste em qualquer conjunto de fatores ambientais de mesma natureza que, diante de atividades ocorrentes ou que venham a se manifestar, poderá sofrer adversidades e afetar, de forma vital ou total ou parcial, a estabilidade ecológica da região em que ocorre.

Área de influência (AIN)

Consiste no conjunto das áreas que sofrerão impactos diretos e indiretos decorrentes da manifestação de atividades transformadoras existentes ou previstas, sobre as quais serão desenvolvidos os estudos: AIN = AIT + AID + AII.

Área de intervenção (AIT)

Consiste no conjunto das áreas em que serão introduzidos, temporária ou permanentemente, os fatores ambientais que compõem cada uma das atividades transformadoras previstas e a infraestrutura por elas demandadas.

Área de influência direta (AID)

Consiste no conjunto das áreas que, por suas características, são potencialmente aptas a sofrer impactos diretos da implantação e da operação de atividades transformadoras, ou seja, impactos oriundos de fenômenos diretamente decorrentes de alterações ambientais que venham a suceder. Este conceito admite, portanto, que um dado fenômeno possa dar origem a outros fenômenos (fenômenos primários e fenômenos secundários), constituindo assim uma cadeia de eventos, que será tão grande quanto mais variadas forem as relações ecológicas entre os fatores ambientais diretamente impactadas pelo fenômeno inicial e pelos que com eles se relacionam.

Área de influência indireta (AII)

Consiste no conjunto das áreas, normalmente limítrofes à área de influência direta, potencialmente aptas a sofrer impactos provenientes de fenômenos secundários.

2 EQUÍVOCOS E PROPOSTAS PARA A AVALIAÇÃO AMBIENTAL

*Ricardo Kohn de Macedo**

EQUÍVOCOS COMETIDOS

Há um hábito corrente na avaliação ambiental, em especial no EIA/Rima, que se materializa em diversos procedimentos, mas que se constitui em uma séria ameaça aos resultados dos estudos: os cenários ambientais que subsidiam a avaliação são retratos de momentos distintos de realidades ambientais também distintas. Evidentemente, levam os analistas a conclusões nem sempre corretas, prejudicando o processo decisório decorrente. Em consequência, o planejamento ambiental fica sujeito a informações básicas incompletas, às vezes inverídicas, o que induz à proposição de medidas viabilizadoras desnecessárias e até mesmo indesejáveis.

A tendência mais comum consiste em efetuar o prognóstico das situações de impacto, com a presença da atividade transformadora (cenário de sucessão) diretamente sobre o cenário atual. A fragilidade desse procedimento reside no fato de que, em ambientes instabilizados pela ação de agentes desvinculados da atividade em estudo (e isso ocorre em qualquer estudo ambiental que envolva regiões já ocupadas, no todo ou em parte), uma vez que o estudo de viabilidade ambiental antecede a obra e a operação do empreendimento, pode resultar que as condições diagnosticadas, após um relativo espaço de tempo, venham a

* Consultor independente – Rio de Janeiro, RJ.

divergir das condições futuras, à época da implantação ou da operação da nova atividade transformadora. Fica claro que, se tal fato ocorrer, os estudos desenvolvidos terão sua validade afetada ou mesmo anulada. No mais das vezes, esse procedimento está vinculado à falta de prazo, de dados e de informações adequados para a realização dos estudos relativos ao diagnóstico ambiental, dos quais deriva a formulação do cenário atual. O tempo e os recursos dedicados aos estudos de caracterização ambiental, quando exíguos, tendem a provocar, e até mesmo a induzir, esse tipo de solução: ausência de prognóstico ambiental do cenário existente. Trata-se de uma prática desaconselhável, pela pequena margem de segurança a que estão sujeitos todos os agentes envolvidos, a não ser em casos singulares, em que a implementação da atividade ocorre imediatamente após a aprovação dos estudos ambientais.

Outra situação preocupante, menos comum e mais desastrosa, consiste em comparar o cenário atual com o cenário de sucessão. Ora, é evidente que a avaliação decorrente dessa prática é espúria, uma vez que compara duas conjunturas essencialmente distintas com temporalidades também distintas. Os ecossistemas identificados no cenário diagnosticado podem ser totalmente diversos dos ecossistemas prognosticados com a presença da atividade. Os conjuntos de fatores serão alterados e também as relações mantidas entre eles. Os ciclos conformados obrigatoriamente apresentarão desempenho distinto e, consequentemente, ter-se-ão ecossistemas com novas conformações e tendências de sucessão.

Por outro lado, caso o ambiente, segundo o diagnóstico efetuado, apresente uma tendência de degradação, essa ótica estará imputando à atividade proposta um impacto negativo resultante que não lhe cabe. A situação poderá ser ainda mais agravada com a inviabilidade sumária do projeto, dado que com ele, pelo menos em tese, devem ser implementadas medidas de proteção e reabilitação ambientais, uma vez que a atividade realizada ficará sujeita a eventuais respostas indesejáveis de sua área de influência. Nesses casos, caberá ainda definir qual a quantidade de ameaças e adversidades que essa área estará exposta e poderá suportar (impactos negativos ocorrentes + impactos negativos prognosticados), de forma a que os ecossistemas e as comunidades nela envolvidos não sofram efeitos vitais.

UMA PROPOSTA PARA A AVALIAÇÃO AMBIENTAL

Diagnóstico ambiental

Objetivo

A finalidade básica de um diagnóstico ambiental é a identificação do quadro físico, biótico e antrópico de uma dada região, mediante seus fatores ambientais constituintes e, sobretudo, as relações e os ciclos que conformam, de modo a evidenciar o comportamento e as funcionalidades dos ecossistemas que realizam.

Os diagnósticos ambientais deverão, obrigatoriamente, caracterizar as potencialidades e as vulnerabilidades da região em estudo ante as atividades transformadoras que nela ocorrem, assim como de novas atividades que eventualmente venham a ser instaladas.

Abordagem

Um diagnóstico ambiental, desenvolvido segundo o presente modelo, apresenta as seguintes fases de trabalho: determinação da área a ser diagnosticada; identificação das atividades transformadoras ocorrentes, bem como das alterações e fenômenos ambientais delas derivados; identificação dos fatores ambientais impactados e respectivos indicadores ambientais de comportamento e funcionalidade, e formulação do cenário atual.

Diretrizes

Diretriz 1: efetuar tão somente a caracterização dos fatores ambientais associados, direta ou indiretamente, aos fenômenos ambientais identificados.

Diretriz 2: mensurar ou aferir, sistemática e controladamente, os indicadores ambientais selecionados.

Diretriz 3: caracterizar gradativamente as relações ambientais essenciais que expressam e conformam os ciclos ecológicos relevantes ao estudo.

Diretriz 4: atualizar sistematicamente o elenco de fenômenos ambientais preliminarmente identificados, bem como seus atributos caracterizados.

Diretriz 5: atualizar sistematicamente a arquitetura dos ciclos de intervenção ambiental.

Diretriz 6: desenvolver o diagnóstico analítico dos fatores ambientais inventariados, bem como o diagnóstico integrado dos ciclos ecológicos encontrados e das relações ambientais que os expressam, organizando o cenário existente da área de influência do empreendimento.

Projetos de caracterização ambiental

Para a realização de um diagnóstico ambiental deverão ser programados projetos visando a cada compartimento de interesse, observando pelo menos os seguintes aspectos:

1 Introdução: envolvendo o conhecimento básico preliminar adquirido sobre o compartimento enfocado e a duração do projeto.

2 Sumário de trabalho: contendo a descrição sucinta dos fenômenos que poderão afetar a estabilidade do referido compartimento, os fatores ambientais envolvidos com cada evento e os indicadores relativos a cada fator.

3 Objetivos: definição dos alvos complementares e alternativos do projeto, com respectivos prazos para serem atingidos.

4 Levantamento de dados: caracterização, quantificação e localização dos pontos de levantamento de dados de informações, assim como a cronologia prevista para os trabalhos de levantamento.

5 Metodologia: apresentação objetiva da abordagem metodológica a ser utilizada nos trabalhos de caracterização compartimental.

6 Plano de trabalho: constando do fluxograma de atividades, cronograma físico humano de escritório e de campo, carga horária mensal, infraestrutura e serviços de suporte às atividades de escritório e de campo, equipamentos, material permanente, material de consumo, itens de custeio, serviços de terceiros e cronograma de desembolso.

7 Cronograma de produtos e responsabilidades.

Cenário atual

O cenário atual ou diagnosticado de uma dada região deve, segundo o modelo, apresentar os seguintes elementos: cartas temáticas referidas aos aspectos físicos, bióticos e de ocupação da região do estudo; composição dos meios ambientais adotados na abordagem à região; compartimentalização ambiental de cada meio estabelecido; discriminação das alterações ambientais ocorrentes na região, por força de processos de transformação já existentes; discriminação de fenômenos ambientais ocorrentes na região, por força de processos de transformação já existentes; inventário e identificação dos fatores ambientais que se relacionam, direta e indiretamente, com os eventos identificados; arquitetura do fluxo relacional dos eventos ambientais ocorrentes na região; caracterização dos ciclos ecológicos de interesse, com análise de seus desempenhos e de suas propriedades básicas; aspectos relevantes da dinâmica ambiental identificada na região; discriminação dos indicadores ambientais utilizados; discriminação das potencialidades e vulnerabilidades ambientais diagnosticadas na região; elementos singulares de qualquer ordem identificados nas áreas do estudo.

Prognóstico ambiental

Objetivo

A finalidade básica dos prognósticos ambientais é permitir a visualização, ainda que aproximada e incompleta, dos cenários ambientais alternativos da região, considerando as seguintes hipóteses: cenário ambiental caracterizando as tendências das atividades transformadoras que já se manifestam na região do estudo; cenário ambiental caracterizando as consequências de novas atividades transformadoras previstas para implantação na região.

Abordagem

De acordo com o modelo, os prognósticos ambientais devem ser tratados de modo a retratar realidades ambientais alternativas, estruturadas com base na manifestação dos mesmos eventos, de sorte a se tornarem qualitativamente comparáveis. Assim sendo, a partir do cenário atual, diagnosticado no intervalo de tempo $[t_A; t_1]$, é estimado o cenário tendencial, no intervalo $[t_1; t_{n+k}]$. Sobre esse cenário são "implementadas" as novas atividades previstas para a região, constituindo-se uma expressão do cenário de sucessão.

Avaliação ambiental

Objetivo

A avaliação ambiental objetiva, essencialmente, fundamentar e otimizar processos decisórios envolvendo atividades transformadoras, antrópicas ou não. As decisões envolvidas estarão orientadas para o desenvolvimento de planos capazes de otimizar o desempenho ambiental dessas atividades, minimizando adversidades e maximizando os benefícios delas decorrentes.

Abordagem

Teoricamente, o modelo contempla duas abordagens distintas e complementares para a avaliação ambiental, a saber: avaliação estrutural e avaliação temporal.

A avaliação estrutural é efetuada sobre os cenários tendencial e de sucessão. Busca, assim, aferir e comparar impactos ambientais decorrentes de cenários qualitativamente distintos e alternativos em termos de estrutura de suas relações ambientais, em um mesmo intervalo de tempo, numa dada região.

A avaliação temporal, por sua vez, afere e compara impactos referentes a dois cenários (atual e tendencial), que detêm, basicamente, a mesma estrutura de relações ambientais, embora analisada e avaliada em instantes distintos.

Por meio dessas abordagens, o modelo permite que a avaliação ambiental identifique não apenas o montante de impactos decorrentes das tendências das atividades transformadoras existentes, mas o impacto ambiental a que uma dada região estará submetida, caso sejam implementadas novas atividades previamente conhecidas.

Instrumentos da avaliação

Cenário tendencial. O cenário tendencial, de acordo com a ótica do modelo, deve conter os seguintes elementos: cartas temáticas referidas aos aspectos físicos, bióticos e de ocupação da região do estudo; discriminação do desempenho futuro das alterações ambientais diagnosticadas na região, bem como de outras que possam ocorrer por força da manifestação de novas atividades transformadoras; discriminação do desempenho futuro dos fenômenos ambientais diagnosticados na região, bem como que porventura possam manifestar-se, por força de novas alterações a que a região seja submetida; arquitetura do fluxo relacional de eventos ambientais prognosticados para a região, com base nos eventos acima discriminados; perspectiva futura do desempenho dos ciclos ecológicos diagnosticados na região, com análise de suas propriedades; aspectos prioritários da dinâmica ambiental prognosticada para a região; projeção das bases de dados dos indicadores aferidos; valoração dos impactos ambientais dos eventos previstos; priorização dos eventos de mesma ordem segundo valor estimado dos impactos a eles associados; caracterização das potencialidades e vulnerabilidades previstas em virtude das manifestações prognosticadas para os eventos considerados; caracterização das ameaças e oportunidades potenciais para a região.

Cenário de sucessão. O cenário de sucessão, de acordo com a ótica do modelo, deve conter os seguintes elementos: cartas temáticas referidas aos aspectos físicos, bióticos e de ocupação da região; discriminação do comportamento das alterações ambientais prognosticadas para a região do estudo, com a introdução de novas atividades transformadoras; discriminação do desempenho futuro dos fenômenos ambientais do cenário natural, com base na introdução de novas atividades transformadoras; arquitetura do fluxo de eventos ambientais prognosticados para a região, de acordo com os eventos anteriormente discriminados; desempenho dos ciclos ecológicos prognosticados para a região, com análise de suas propriedades, a partir da introdução de novas atividades transformadoras; aspectos prioritários da dinâmica ambiental prognosticada para a região, de acordo com as novas condições previstas; projeção das bases de dados referentes aos indicadores aferidos, valendo-se do cenário tendencial; valoração dos impactos ambientais dos eventos acima discriminados; priorização dos eventos de mesma ordem, segundo o valor estimado de seus impactos; caracterização das potencialidades e vulnerabilidades ambientais da região; caracterização das ameaças e oportunidades potenciais para a região.

Fluxo relacional de alterações ambientais. Esse fluxo configura as relações mantidas entre as alterações, permitindo que sejam classificadas em três grupos, segundo sua temporalidade e responsabilidade no desencadeamento da reordenação ambiental: 1. alterações intermediárias, direta e exclusivamente provenientes de atividades transformadoras; 2. alterações intermediárias, às quais estão vinculados eventos de ordem igual ou inferior (respectivamente, alterações e fenômenos); 3. alterações terminais, das quais derivam apenas eventos de ordem inferior, ou seja, fenômenos ambientais.

A elaboração desse instrumento de avaliação toma por base as informações geradas pelos cenários atual, tendencial e de sucessão, especialmente os fluxos relacionais de eventos e o cadastro de identificação das alterações ambientais, em que estão caracterizadas suas relações com eventos de igual ordem.

A imagem proporcionada por esse instrumento reflete globalmente as reorganizações biogeofísicas da área de influência de atividades transformadoras, permitindo estimar as relações ambientais que poderão ocorrer em decorrência dos manejos de fatores ambientais. Dessa forma, associando a cada alteração considerada os conjuntos de fatores afetados, tornam-se possíveis, fisicamente, as novas posições relativas entre os fatores manejados, favorecendo assim a avaliação dos quadros alternativos das relações ambientais passíveis de ocorrência. Após a quantificação dos impactos proporcionados pelos eventos ambientais constantes dos cenários atual, tendencial e de sucessão, o fluxo relacional de alterações pode incorporar esses valores e ampliar sua capacidade de avaliação. O resultado será a visão da relevância quantitativa de cada alteração, por meio da análise das relações que mantém com eventos de igual ordem e dos impactos ambientais.

Matrizes de eventos ambientais. As matrizes de eventos dos cenários atual, tendencial e de sucessão apresentam, por meio dos cruzamentos de linhas (fenômenos) e colunas (alterações), as relações de causa entre eventos ambientais (alteração/fenômeno). Essas relações são expressas por meio de símbolos distintos, de modo a propiciar a imagem integrada de transformação ambiental prognosticada com o conhecimento de suas naturezas. Devem ser observadas, pelo menos, as seguintes naturezas: alteração gera fenômeno; alteração intensifica fenômeno; alteração ameniza fenômeno; fenômeno afeta positivamente alteração; fenômeno afeta negativamente alteração; fenômeno gera alteração.

Em um par qualquer alteração/fenômeno pode estar ocorrendo simultaneamente relações de várias naturezas, que deverão ser devidamente grafadas nas matrizes. Além dos tipos de relação identificados, outros poderão vir a ser caracterizados e naturalmente integrados às matrizes, caso sejam do interesse dos analistas envolvidos nos estudos. A comparação entre as matrizes de eventos dos cenários atual, tendencial e de sucessão propicia a identificação dos pontos e processos em que se diferenciam dois quadros de transformação ambiental de uma mesma região, considerados em um mesmo intervalo de tempo, dado o fato de estarem sujeitos a ações distintas do meio externo. É importante que os valores estimados para os impactos dos eventos façam parte das matrizes, de modo a permitir a identificação dos ciclos mais intensos da transitividade do impacto ambiental, sobre os quais, certamente, deverão incidir medidas otimizadoras.

Matrizes de benefícios e adversidades. Esses instrumentos, desenvolvidos para os cenários abordados pela avaliação estrutural, consolidam a quantidade de impacto que incide sobre cada compartimento e meio ambiental. Em razão do conceito de transitividade da energia de transformação adotado pelo presente modelo, o impacto ambiental distribuído de uma alteração ambiental é igual ao somatório dos impactos dos eventos de 4ª ordem (fenômenos) dela decorrentes. Da mesma forma, o impacto ambiental de uma atividade transformadora é dado pelo somatório dos impactos provenientes das alterações que motiva.

As matrizes de benefícios e adversidades propiciam uma imagem quantitativa integrada da transformação ambiental prognosticada, constante dos cenários atual, tendencial e de sucessão. A partir delas torna-se necessário calcular os desvios entre os quadros alternativos da região em estudo, de modo a subsidiar a avaliação dos efeitos decorrentes de cada evento envolvido. Em síntese, esse instrumento fornece à avaliação ambiental, junto com o conhecimento já então consolidado, as seguintes facilidades analíticas: priorização dos benefícios decorrentes da manifestação de atividades transformadoras, apontando os eventos responsáveis e os processos de oportunidades ambientais deles derivados; priorização das adversidades ambientais decorrentes da manifestação de atividades transformadoras, apontando os eventos responsáveis e os processos de ameaças ambientais deles derivados; identificação dos meios e compartimentos ambientais afetados, através da quantidade de impacto prevista para cada um deles, apontando os eventos ambientais responsáveis e os processos de oportunidades e de ameaças ambientais deles derivados; quantificação e qualificação dos desvios associados às informações acima, considerando as alternativas entre os cenários atual, tendencial e de sucessão.

Cronologia dos eventos ambientais. A cronologia dos eventos permite a avaliação de suas ocorrências no tempo, possibilitando aos analistas ambientais a imagem dos períodos em que eventos críticos se manifestarão simultaneamente. Sua elaboração é simples, uma vez que os eventos, no caso, alterações e fenômenos, têm data de início e data de término estimadas. Nessa medida, elaborar um cronograma representando os eventos prognosticados torna-se uma atividade trivial.

Plano ambiental

Considerações preliminares

Objetivo. A finalidade básica de um plano ambiental consiste em estabelecer os meios necessários e suficientes para proceder à estabilidade ambiental de uma região ou à viabilização ambiental das atividades transformadoras nela ocorrentes ou previstas, em vista das potencialidades e vulnerabilidades ambientais dos ecossistemas existentes, de modo a garantir níveis desejáveis de qualidade ambiental e de vida.

Para cumprir essa tarefa, o desenvolvimento de um plano ambiental deverá responder a diversos itens, dentre os quais se destacam: estabelecimento de sua missão; definição dos aspectos mais relevantes a serem abordados pelos instrumentos de ação que conformam o plano; escolha das orientações gerais que serão impostas ao desenvolvimento e à aplicação do plano; estabelecimento do cenário a ser atingido pelo plano, o qual norteará as decisões por ele demandadas, assim como balizará sua própria atualização, de acordo com a evolução do cenário ambiental sobre o qual se aplica; estabelecimentos de alvos gerais e específicos a serem atingidos; estabelecimento de ações de curto, médio e longo prazos demandadas para atingir as metas estabelecidas.

Abordagem e conceitos

Missão do plano. A missão de um plano de qualquer natureza, inclusive um plano ambiental, tem por finalidade estabelecer o que será realizado, quando será realizado e para quem será realizado. Nessa medida, para os casos de estudos ambientais, a missão do plano deverá abordar os seguintes elementos: o limite mínimo de benefícios esperados e o limite máximo admissível de adversidades suportáveis pelos fatores ambientais impactáveis ocorrentes na região do estudo; a listagem ou identificação sumária dos fatores ambientais impactados, organizados segundo os compartimentos e meios ambientais a que pertencem; o intervalo máximo de tempo requerido e passível de atendimento para que o plano cumpra suas finalidades; a quantificação das medidas e ações, por natureza, que compõem o plano, ou seja, quantos programas, projetos, ações imediatas e recomendações estão nele envolvidos; a clientela do plano.

Fatores de sucesso. Constituem-se nos atributos operacionais que deverão estar disponíveis para que o plano ambiental logre sucesso. Esses atributos são de diversas naturezas e decorrem dos tipos das atividades transformadoras envolvidas, assim como das características ambientais da região em que se manifestam. Outro aspecto importante a ser focalizado refere-se ao domínio dos fatores de sucesso, ou seja, quem deverá apresentar esses atributos. Basicamente, os fatores de sucesso deverão estar disponíveis, simultaneamente, nos empreendedores de atividades transformadoras, no órgão ambiental envolvido com o licenciamento de atividades e nas comunidades que os receberão, ou seja, as que estejam circunscritas ao perímetro da região. Como exemplos de fatores de sucesso podem ser citados: domínio tecnológico, integração dos empreendedores com políticas setoriais, planos e programas existentes, capacidade de mobilização de recursos, integração com as comunidades afetadas e outros.

Variáveis ambientais críticas. As variáveis ambientais críticas dividem-se em dois grupos distintos: variáveis endógenas e variáveis exógenas à região dos estudos. As primeiras referem-se aos indicadores ambientais que explicam a variação do comportamento e da funcionalidade dos fatores ambientais impactados pelos eventos considerados críticos, ou seja, aqueles que expressam as adversidades e os benefícios que afetam de maneira decisiva a qualidade ambiental da região em estudo. As variáveis exógenas, por sua vez, referem-se a processos externos, que independem dos fatores ambientais envolvidos, mas que, em virtude de seus desempenhos, podem favorecer ou comprometer a realização da missão do plano e, consequentemente, a estabilidade ecológica dos ecossistemas circunscritos à região.

Diretrizes globais. As diretrizes globais de um plano ambiental são os elementos balizadores e orientadores de suas decisões, de tal forma que nenhuma ação será desencadeada sem que fique clara a estrita observância das diretrizes estabelecidas. Depreende-se assim que as diretrizes funcionam também como elementos restritos, definindo os limites e as naturezas dos programas, projetos, ações imediatas e recomendações constantes do plano.

Objetivo global. Constitui-se no alvo máximo ou estratégico de um plano ambiental, que resulta da síntese de todas as demandas e potenciais de qualidade ambiental do ambiente como um todo, de cada um dos seus meios e compartimentos constituintes, assim como de cada conjunto homogêneo de fatores ambientais nele envolvidos. Em síntese, o objetivo global expressa o alvo final a ser atingido para que sejam mantidos níveis adequados de qualidade ambiental e de vida para a região. Em decorrência da abordagem preconizada pelo modelo, para que um objetivo global seja alcançado, torna-se necessário que todos os objetivos compartimentais também o sejam.

No entanto, resta ainda uma imposição que também é básica: uma vez que atingir o objetivo de qualquer alvo de um plano ambiental significa alcançar um nível quantificado preestabelecido de benefícios e adversidades, torna-se essencial que atingir o objetivo se dê segundo uma trajetória também viável. Em outras palavras, do cenário atual até o cenário-alvo, a relação em estudo (atividades transformadoras decorrentes da ocupação territorial *versus* o espaço biofísico em que ocorrem) não poderá gerar impactos negativos resultantes fora de uma faixa identificada, a qual expressa os limites de variação das transações de energia entre os atores ambientais envolvidos, para que não ocorram relações de ruptura.

Objetivos compartimentais. Os objetivos compartimentais expressam, por sua vez, o alvo a ser atingido em cada segmento ambiental para que sejam realizados todos os potenciais e demandas de qualidade ambiental de cada um dos compartimentos envolvidos pelo estudo. Analogamente, para que um objetivo compartimental qualquer seja atingido, torna-se imprescindível que todas as metas ambientais vinculadas a fenômenos ambientais que impactam o referido compartimento também o sejam, mantida ainda a restrição da trajetória de impactos viável, do cenário atual para o cenário-alvo.

Programas compartimentais. Um programa compartimental representa conjuntos de projetos, ações e recomendações integrados, visando conduzir o vetor de impactos associado a um dado compartimento para um valor igual ou maior àquele estabelecido pelo objetivo compartimental a ele referido.

Metas ambientais. As metas ambientais estão associadas a fenômenos ambientais. Atingi-las objetiva, invariavelmente, a otimização dos impactos decorrentes da manifestação dos eventos a que estão vinculadas, quer maximizando e diversificando benefícios, quer minimizando e até impedindo a ocorrência de adversidades. Cada fenômeno ambiental terá, pelo menos, uma meta ambiental a ele associada. No entanto, uma mesma poderá estar vinculada a mais de um fenômeno. Nesse contexto, por conseguinte, tendo atingido um desses alvos, haverá casos em que diversos fenômenos serão simultaneamente otimizados.

Projetos ambientais. Um projeto ambiental consiste em um conjunto de atividades programadas, com início e fim preestabelecidos, envolvendo recursos humanos, técnicos e logísticos escassos, com a finalidade de realizar pelo menos uma meta ambiental, otimizando os efeitos das manifestações dos fenômenos a ela vinculados. Os projetos ambientais destinados à realização e manutenção da qualidade ambiental de ecossistemas afetados por atividades transformadoras podem apresentar cinco naturezas distintas:

1 projetos de monitoramento ambiental;
2 projetos de controle ambiental;
3 projetos de manejo ambiental;
4 projetos de usos múltiplos;
5 projetos especiais.

A estrutura programática de um projeto ambiental deve, pelo menos, apresentar os seguintes elementos: finalidade do projeto; metas complementares; metodologia utilizada; plano de trabalho; equipe alocada; responsabilidades por resultado.

Ações imediatas. Em todas as fases do desenvolvimento e da aplicação de um plano ambiental, medidas específicas, envolvendo tarefas de curto prazo, poderão ser demandadas, de forma que seja criada a ambiência necessária para a realização adequada da fase. A essas medidas dá-se o nome de ações imediatas. A utilização impõe que os gestores do plano ambiental tomem suas decisões por meio de documentos próprios, que, no conjunto, fornecerão um histórico completo do andamento e dos resultados do plano. Esses documentos podem ser assim estruturados: número de ação imediata; data de sua emissão; motivos e finalidades; fases contempladas do plano; recursos demandados; responsável pela execução; resultado final esperado; e prazo de execução.

3 LEGISLAÇÃO

LEGISLAÇÃO BRASILEIRA DO ESTUDO DE IMPACTO AMBIENTAL

*Helita Barreira Custódio**

ASPECTOS GERAIS DA PROBLEMÁTICA AMBIENTAL

A avaliação de impacto ambiental, direta ou indiretamente relacionada com a preservação do meio ambiente e a proteção da saúde, da segurança, da tranquilidade e do bem-estar da população, constitui instrumento de real importância e atualidade, diante das graves e crescentes repercussões negativas, decorrentes, sobretudo, da execução de projetos de serviços, construções ou obras de interesse público ou particular; da realização de atividades industriais ou comerciais; da exploração ou utilização de recursos naturais; da ocupação do solo; da aplicação de praguicidas e agrotóxicos na agricultura e nos alimentos em geral, além de outras atividades efetivas ou potencialmente poluidoras, sem as medidas preventivas ajustáveis, com iminentes riscos e danos ao patrimônio ambiental e, consequentemente, à saúde pública.

Entre nós, causa-nos crescente preocupação saber que o Brasil é reconhecido, pelas investigações alienígenas e nacionais, como o maior exemplo de destruição de recursos naturais, notadamente de áreas verdes, na América

* Sociedade Brasileira de Direito do Meio Ambiente – São Paulo, SP.

Latina. Especificamente se tratando de substâncias químicas de ação ambiental, lamentavelmente nosso país vem se destacando, de forma especial, pelo uso inadequado de agrotóxicos, como "o terceiro maior consumidor do mundo". Nesse sentido, adverte-se que "os países subdesenvolvidos, entre os quais o Brasil, absorvem 20% dos agrotóxicos no mundo", salientando-se que esses países, "ao mesmo tempo, são responsáveis por 75% das intoxicações com agrotóxicos". O resultado da aplicação indiscriminada e excessiva de produtos contaminantes e altamente tóxicos é uma elevadíssima taxa de veneno no sangue da população brasileira, com preocupante perigo imediato à saúde pública. Sob este aspecto, e com base nos dados da *Revista Brasileira de Saúde Ocupacional*, Antenor Ferrari observa que, enquanto "os ingleses têm 14,4 ppb (partes por bilhão) de veneno no sangue, os americanos, 22,7 ppb, os argentinos, 43,3 ppb", os brasileiros têm a impressionante taxa de "572,6".

Nessa ordem de considerações, não é supérfluo relembrar que, mais do que nunca, as advertências e as denúncias se multiplicam, não só por parte de juristas, cientistas, técnicos, especialistas e intelectuais em geral, mas também por parte da imprensa e de todos os que se conscientizam dos graves problemas da devastação dos recursos naturais e da consequente deterioração do patrimônio ambiental natural e cultural do país. Evidenciam-se, dentre os fatos notórios: a especulação imobiliária; a falta de planejamento e de fiscalização dos recursos naturais (ar, águas, solo, subsolo, flora, fauna); o zoneamento industrial tendencioso e incompatível com as peculiaridades locais e a ação social; os loteamentos irregulares ou aprovados sem a devida cautela, os faraônicos e improvisados projetos urbanísticos e construtivos, de execução acelerada, sob pressões de enormes interesses particulares e políticos em jogo; a abertura ou o prolongamento de rodovias ou ferrovias sem planejamento adequado; os arrojados empreendimentos hidrelétricos, ocasionando o desaparecimento, na paisagem brasileira, de recursos naturais de riqueza e beleza incomparáveis (como a extinção do magnífico Parque Nacional de Sete Quedas, no Paraná); os desmatamentos irracionais em todos os estados brasileiros e as graves catástrofes da flora e da fauna decorrentes de gigantescos e mal planejados projetos de represas hidrelétricas e outros grandes empreendimentos; o perigo iminente de destruição da Floresta Amazônica, vítima de ação predatória em proporções alarmantes e constituindo séria advertência às autoridades em geral; as doações, vendas ou alienações de milhões de hectares de terras públicas ou devolutas da Amazônia Legal e de outras regiões do país, mediante títulos simulados, a latifundiários e a estrangeiros; além das incontroladas posses, ocupações, invasões e "grilagens" de propriedades públicas e privadas, com o emprego de todo tipo de fraude, fato agravado pela conivência irresponsável dos respectivos órgãos controladores e outros.

Nos últimos anos, a poluição do ambiente como fator negativo do progresso vem assumindo uma dimensão enorme, alarmante e preocupante, o que impõe a necessidade da instituição de medidas urgentes e adequadas à conciliação de interesses (privados, sociais e públicos) ao justo equilíbrio entre os fatores positivos do desenvolvimento científico e tecnológico atual e seus inevitáveis efeitos prejudiciais à saúde e à própria vida.

Evidentemente, o instrumento de avaliação de impacto ambiental de atividades comprovadamente prejudiciais, no intuito de proteger a natureza e salvaguardar a saúde humana e a vida em geral, constitui uma das inovações mais importantes da realidade social no momento, uma vez que proporciona convenientes decisões e controle por parte da autoridade competente.

AVALIAÇÃO DE IMPACTO AMBIENTAL

Considerando-se a abrangência e a complexidade do assunto, para melhor compreensão na avaliação de impacto ambiental, torna-se oportuno o estudo de impacto ambiental, com alternativas que devem ir desde a não realização da proposta de localização, metodologia, monitoramento e outros.

Inicialmente, o termo *impacto* ou *impacte*, do latim *impactus* (do verbo *impingere* – atirar, lançar, quebrar uma coisa na outra, com a noção de "impelido contra", "arremessado com ímpeto para outro"), tanto em seu sentido próprio como no figurado, significa choque de um corpo contra outro corpo, algo que se quebra violentamente em decorrência de uma "colisão", com efeitos evidentemente danosos.

Na terminologia do Direito Ambiental, adotou-se a palavra impacto com sentido, também, de choque ou de colisão de substâncias (sólidas, líquidas ou gasosas), de radiações ou de formas diversas de energia, decorrentes da realização de atividades ou da execução de projetos de serviços ou obras, alterando o meio ambiente natural, cultural, social ou econômico de forma danosa, em decorrência da contaminação do ar, das águas, do solo, do subsolo, dos alimentos, da poluição sonora, da deterioração da paisagem, do desequilíbrio ecológico, com sério prejuízo à qualidade ambiental e, consequentemente, ao interesse público, de forma especial à saúde pública.

Como definição técnica, considera-se impacto ambiental o conjunto das repercussões e das consequências que uma nova atividade ou uma nova obra, quer pública quer privada, possa ocasionar ao ambiente. Como definição legal, merece destaque a prevista no artigo 29 da Lei Regional Italiana de Veneto, n.33, de 16.4.85, segundo a qual o impacto ambiental constitui cada alteração, qualitativa ou quantitativa, de forma alternada ou simultânea, do meio ambiente, compreendido como sistema de relações entre os fatores humanos, físicos, químicos, naturalísticos, climáticos e econômicos, em consequência da realização de projetos relativos a obras particulares ou intervenções públicas.

Para nós é oportuno salientar a definição dada pelo Conselho Nacional do Meio Ambiente (Conama), segundo a qual: "Considera-se impacto ambiental qualquer alteração das propriedades físicas, químicas e biológicas do meio ambiente, causada por qualquer forma de matéria ou energia resultante das atividades humanas que, direta ou indiretamente, afetam:

1 a saúde, a segurança e o bem-estar da população;
2 as atividades sociais e econômicas;
3 a biota;
4 as condições estéticas e sanitárias do meio ambiente;
5 a qualidade dos recursos ambientais" (artigo 1º da Resolução do Conama n.1, de 23.1.86). A vastidão e a complexidade das atividades que perigosamente alteram o meio ambiente, envolvendo questões e soluções diversas, impõem novas técnicas jurídicas, tanto repressivas ou reparatórias dos danos causados como preventivas para os danos potenciais ou iminentes.

O estudo de impacto ambiental constitui novo instrumento preventivo e controlador imposto pelas exigências sociais contemporâneas, aparecendo como inovação profunda e ajustável à solução da problemática da deterioração ambiental. Trata-se de nova técnica de identificação de risco e de informação prévia, a fim de permitir ou facilitar a avaliação dos impactos sobre o meio ambiente de quaisquer ações ou omissões que comprometam, danosamente, a qualidade ambiental, visando eliminar, reduzir ou compensar seus efeitos desfavoráveis, no interesse público.

O estudo de impacto ambiental constitui a fase preliminar, que precede a avaliação e resulta em um relatório fundamentado com a descrição de todas as repercussões e consequências prováveis ou seguras da realização da atividade projetada e a prevenção aos interessados sobre os riscos iminentes ao meio ambiente. O relatório, resultante de criterioso estudo de impacto, com análises comparativas e ponderadas dos diversos elementos, devidamente instruído com todas as peças esclarecedoras sobre as circunstâncias positivas ou negativas, será submetido à avaliação para a escolha, ou não, de alternativa, dentre as existentes, e consequente decisão, por parte da autoridade competente, acolhendo ou rejeitando o projeto ou a atividade. O processo de avaliação proporciona ao público interessado a oportunidade de participar de decisões com influência no ambiente humano.

Com estas observações, torna-se patente que o estudo de impacto ambiental, caracterizado pela natureza identificativa dos riscos e preventiva no sentido de preservar a qualidade da vida ambiental no interesse público, além de constituir novo instrumento jurídico oportuno e ajustável à realidade socioeconômica do momento, marca uma etapa fundamental do Direito do Meio Ambiente.

Finalmente, no tocante à avaliação de impacto ambiental, observa-se a importância da acepção do termo avaliação, cujo significado, na linguagem jurídica do Direito Público e Privado, não se confunde com a noção específica do Direito Ambiental. Assim, enquanto na linguagem do Direito Público e Privado a palavra avaliação significa o ato que determina o valor, o preço ou o merecimento de alguma coisa ou de algum trabalho, na terminologia do Direito Ambiental avaliação significa o ato que determina os riscos que uma atividade possa ocasionar ao meio ambiente e à saúde pública. Enquanto a finalidade da avaliação, na primeira hipótese, é determinar exatamente o justo valor de um bem ou de um trabalho, concretizando num "laudo", para que se cumpra certa imposição legal; a finalidade da avaliação no Direito do Meio Ambiente, prevenindo, reduzindo e controlando os riscos definidos no relatório do estudo de impacto, se resume na escolha da melhor alternativa, que servirá de base à melhor decisão governamental, para a proteção do patrimônio ambiental.

No Direito Positivo

No Brasil, o estudo de impacto ambiental, e consequente avaliação, já era previsto, embora implicitamente, destacando-se, dentre outras, por estas normas: 1. O Estatuto da Terra que, assegurando a todos a oportunidade de acesso à propriedade imóvel, condiciona o exercício do seu direito ao uso racional do solo e à conservação dos recursos naturais, em face de sua função social (Lei n.4.504, de 30.11.64, artigo 2º, § 1º, c; 2º, b; artigo 18, c). 2. O Código Florestal, definindo as florestas e as demais formas de vegetação como bens de interesse comum a todos os habitantes do país, condiciona o uso da propriedade correlata às limitações previstas na legislação geral e especial, evidenciando-se a obrigatoriedade do seu uso racional para a preservação dos recursos naturais de interesse público (Lei n.4.771, de 15.9.65, artigos 1º a 5º, 7º, 9º, 10, 14, 15, 16, 19). 3. O Decreto-Lei n.1.413, de 14.8.75, dispondo sobre o controle da poluição do meio ambiente, adota uma política preventiva, obrigando os interessados à promoção de medidas necessárias para prevenir ou para corrigir os inconvenientes e prejuízos da poluição e da contaminação do ambiente (artigos 1º, 3º, 4º e respectivo Decreto Regulamentar n.76.389, de 3.10.75, artigos 2º, 3º, 4º e parágrafo único).

Expressamente, o estudo de impacto ambiental foi introduzido em nosso Direito Positivo pela Lei n.6.803, de 2.7.80, sobre as diretrizes básicas para o zoneamento industrial nas áreas críticas de poluição. De acordo com essa lei, a aprovação de zonas de uso estritamente industrial, destinadas à localização de polos petroquímicos, cloroquímicos, carboquímicos e a instalações nucleares, será precedida de estudos especiais de alternativas e avaliações de impacto, que permitam estabelecer a confiabilidade da solução a ser adotada (artigo 10, § 3º c/c § 2º).

Inicialmente restrito às áreas críticas de poluição, o estudo de impacto ambiental foi posteriormente confirmado e ampliado de forma extensiva a todas as áreas suscetíveis de atividades poluentes pela Lei n.6.938, de 31.8.81. Trata-se da lei que estabeleceu a Política Nacional do Meio Ambiente, definiu seus fins e mecanismos de formulação e aplicação, além de outras oportunas providências. Considerada como relevante marco à proteção do meio ambiente brasileiro, a Lei n.6.938, de 31.8.81, define, dentre os instrumentos básicos da Política Nacional do Meio Ambiente, o estudo e a respectiva avaliação de impactos ambientais de projetos públicos e privados, referentes a atividades efetivas ou potencialmente poluidoras, visando a adequadas alternativas relacionadas com a preservação ambiental (artigo 9º, III, c/c artigo 8º, II).

A competência para determinar a realização de estudos de impacto, relacionados com a verificação de possíveis consequências ambientais decorrentes da realização de projetos ou atividades públicas ou privadas, é do Conselho Nacional do Meio Ambiente (Conama). No exercício de suas atribuições, o Conama poderá requisitar as informações indispensáveis ao exame da matéria projetada aos órgãos federais, estaduais ou municipais e a entidades privadas (artigo 8º, II). Posteriormente, dentre as normas notáveis, destacam-se: o Decreto n.88.351, de 1.6.83,* que, regulamentando a Lei n.6.938, de 31.8.81, dentre outras normas, estabelece, no Capítulo IV, do Licenciamento das Atividades (artigo 18), regras sobre os estudos de impacto ambiental, para fins de licenciamento de atividades relacionadas com construção, instalação, ampliação e funcionamento de estabelecimentos de atividades utilizadoras de recursos ambientais, consideradas efetivas ou potencialmente poluidoras, bem como com empreendimentos capazes, sob qualquer forma, de causar degradação ambiental.

A Resolução n.1, de 23.1.86, do Conama, definindo impacto ambiental, estabelece os critérios e as diretrizes gerais, relacionados com a adequada aplicação das normas do artigo 18 do Decreto n.88.351, de 1.6.83, sobre o estudo e consequente avaliação de impacto ambiental, como um dos instrumentos da Política Nacional do Meio Ambiente. Definindo o âmbito de aplicação das normas correlatas, dispõe o artigo 2º que dependerá da elaboração de Estudo de Impacto Ambiental (EIA) e respectivo Relatório de Impacto Ambiental (Rima), para aprovação por parte do órgão estadual competente e da Secretaria Especial do Meio Ambiente (Sema) atualmente Ibama – em caráter supletivo, o licenciamento de atividades modificadoras do ambiente, como:

1 estradas de rodagem com duas ou mais faixas de rolamento;
2 ferrovias;
3 portos e terminais de minério, petróleo e produtos químicos;

* O Decreto n.99.274, de 6.6.90, dispondo sobre o assunto, revogou o Decreto n.88.351, de 1º.6.83.

4 aeroportos, conforme definição do inciso I, do artigo 48, do Decreto-Lei n.32, de 18.11.66;

5 oleodutos, gasodutos, minerodutos, troncos coletores e emissários de esgotos sanitários;

6 linhas de transmissão de energia elétrica, acima de 230 kV;

7 obras hidráulicas, para exploração de recursos hídricos, como: barragem para fins hidrelétricos, acima de 10 MW, de saneamento ou irrigação, abertura de canais para navegação, drenagem ou irrigação, retificação de cursos d'água, abertura de barras e embocaduras, transposição de bacias, diques;

8 extração de combustível fóssil (petróleo, xisto, carvão);

9 extração de minério, inclusive os da classe II, definida no Código de Mineração;

10 aterros sanitários, processamento e destino final de resíduos tóxicos ou perigosos;

11 usinas de geração de eletricidade, qualquer que seja a fonte de energia primária, acima de 10 MW;

12 complexo de unidades industriais e agroindustriais (petroquímicos, siderúrgicos, cloroquímicos, destilarias de álcool, hulha, extração e cultivo de recursos hídricos);

13 distritos industriais e Zonas Estritamente Industriais (ZEI);

14 exploração econômica de madeira ou de lenha, em áreas acima de 100 hectares ou menores, quando atingir áreas significativas em termos percentuais ou de importância do ponto de vista ambiental;

15 projetos urbanísticos, acima de 100 hectares ou em áreas consideradas de relevante interesse ambiental, a critério da Sema e dos órgãos municipais e estaduais competentes;

16 qualquer atividade que utilize carvão vegetal, em quantidade superior a 10 toneladas por dia.

O EIA desenvolverá, no mínimo, atividades técnicas relacionadas com:

1 diagnóstico ambiental da área de influência do projeto, com descrição e análises dos recursos ambientais e suas interações, considerando o meio físico (solo com seu subsolo, águas, ar, clima), o meio biológico e os ecossistemas naturais (fauna e flora), o meio socioeconômico (uso e ocupação do solo, os usos da água e a socioeconomia);

2 análise dos impactos ambientais do projeto e de suas alternativas, com a discriminação dos impactos positivos e negativos, diretos ou indiretos, imediatos ou a médio e longo prazos, além de outros aspectos;

3 definição de medidas mitigadoras dos impactos negativos;

4 elaboração do programa de acompanhamento e monitoramento dos impactos positivos e negativos, com os esclarecimentos necessários (artigo 6º).

Além de outras normas aplicáveis, salienta-se que o EIA será realizado por equipe multidisciplinar habilitada, não dependente direta ou indiretamente do proponente do projeto (artigo 7º). Todas as despesas e todos os custos referentes à realização do referido estudo, como: coleta e aquisição de dados e informações, trabalhos e inspeções de campo, análises de laboratório, estudos técnicos e científicos, acompanhamento e monitoramento dos impactos, elaboração do Rima, fornecimento de, no mínimo, cinco cópias, correrão por conta do proponente do projeto (artigo 8º). O Rima será acessível ao público, respeitado o sigilo industrial, desde que solicitado e demonstrado pelo interessado, suas cópias permanecendo à disposição dos interessados, nos centros de documentação ou nas bibliotecas da Sema e do órgão estadual de controle ambiental correspondente, mesmo durante o período de análise técnica (artigo 11).

A Resolução n.6, de 24.1.86, do Conselho Nacional do Meio Ambiente, aprovando modelos de publicação de licenciamento em quaisquer de suas modalidades, expede instruções a respeito, evidenciando-se, dentre as exigências dos Modelos 1 e 2 para Publicação de Requerimento de Licença em Periódico ou em Diário Oficial, a formalidade de constar se "foi determinado estudo de impacto ambiental" ou "não foi determinado estudo de impacto ambiental".

Posteriormente, o Decreto n.92.752, de 5.6.86, aprovando o Programa de Ações Básicas para a Defesa do Meio Ambiente, com ementas para 1986-1987, previu, no capítulo sobre "Preservação, controle e recuperação do meio ambiente", Estudos de Impacto Ambiental e Levantamento de Qualidade Ambiental em diversos itens dos Subprogramas, Subprojetos e dos Anexos II e III, relacionados com atividades altamente poluentes em seus diversos aspectos. Todavia, tratando-se dos Programas dos capítulos 2 e 3, respectivamente sobre "Ecologia humana e saúde" e "Proteção ao patrimônio natural e suas relações com a cultura", observam-se a omissão do Programa e das Metas no tocante à previsão de estudo de impacto ambiental, estudo este de importância fundamental, particularmente para a proteção e para a defesa da saúde pública.

A Lei n.7.486, de 6.6.86, aprovando as diretrizes do Primeiro Plano Nacional de Desenvolvimento (PND) da Nova República, para o período de 1986-1989, estabelece, dentre as prioridades de ação: a sistematização e a obrigatoriedade da realização de estudos sobre o impacto ambiental no planejamento de qualquer projeto de vulto, considerando as conclusões desses estudos durante a seleção das alternativas existentes; a reavaliação de programas de colonização e ocupação agropecuária da Amazônia, dos cerrados e de outros ecossistemas ecologicamente importantes, atentando para os impactos ambientais deles decorrentes; e o reexame do Programa Nuclear, visando garantir a preservação da qualidade ambiental e a segurança da população (Parte VI – "Política Ambiental").

A Resolução n.5, de 6.6.87, do Conama, aprovando o Programa Nacional de Proteção ao Patrimônio Espeleológico, prevê a obrigatoriedade de elaboração de EIA nos casos de empreendimentos potencialmente lesivos ao referido Patrimônio Espeleológico Nacional.

A Resolução n.6, de 16.9.87, do Conama, estabelece normas especiais, a par das normas gerais da Resolução Conama n.1/86, sobre o licenciamento ambiental de obras de grande porte relacionadas com a energia elétrica, evidenciando a obrigatoriedade do EIA, quando da solicitação da Licença Pública (LP), no início do estudo de viabilidade da usina.

O Decreto n.95.733, de 12.2.88, prevê recursos destinados a prevenir ou corrigir prejuízos por impactos de natureza ambiental, cultural e social.

A Resolução n.15, de 7.12.89, do Conama, determina à Petrobrás a apresentação de EIA, do devido ao uso do metanol como combustível em veículos automotores no Território Nacional.

A Resolução n.19, de 7.12.89, do Conama, constitui Câmara Técnica de Estudos sobre os Aspectos Ambientais Relacionados com a Fabricação e Uso do Carvão Vegetal, requisitando-se o EIA e respectivo Rima em poder dos órgãos estaduais de meio ambiente sobre o assunto.

A Resolução n.1, de 4.1.90, do Conama, institui cobrança no fornecimento de Licença Ambiental (Licença Prévia (LP), Licença de Instalação (LI), Licença de Operação (LO)), incluindo o licenciamento de atividade degradadora dependente de Estudos de Impacto Ambiental.

A nova Constituição Brasileira, promulgada em 5.10.88, consagrando importantes normas de caráter potencial ao meio ambiente em seu contexto, define, de forma inovatória e ajustável à realidade atual, a competência do Poder Público (União, Estados, Distrito Federal e Municípios) para, dentre outras atribuições, exigir EIA para a realização de obra ou atividade potencialmente causadora de significativa degradação do meio ambiente, dando-se publicidade. O explorador de recursos minerais fica obrigado a recuperar o ambiente degradado, de acordo com a solução técnica exigida pelo órgão público competente, na forma da lei (Constituição, artigo 225, § 1°, IV e § 2°).

Com estas observações sobre a legislação diretamente relacionadas com o estudo e a respectiva avaliação de impacto ambiental, é oportuno destacar ainda, pela importância de suas disposições à solução judicial de questões ambientais em todos os seus aspectos, os seguintes textos:

A Lei n.7.347, de 24.7.85, disciplina a ação civil pública de responsabilidade por danos causados ao meio ambiente, ao consumidor, a bens e aos direitos de valor artístico, estético, histórico, turístico e paisagístico. Além da natureza repressiva inerente à importante lei, evidencia-se, ainda, seu caráter preventivo ao facultar o ajuizamento de ação cautelar, com o objetivo de evitar danos ambientais (artigo 4°).

O Decreto n.92.302, de 16.1.86, que regulamentando o Fundo para Reconstituição de Bens Lesados de que trata a Lei n.7.347, de 24.7.85, dispõe sobre o destino do referido Fundo para a reparação dos danos causados ao ambiente, ao consumidor, a bens e aos direitos de valor artístico, estético, histórico, turístico e paisagístico (artigo 1º). O Fundo em apreciação será constituído pelas indenizações decorrentes de condenações por danos ao ambiente e de multas advindas de descumprimento de decisões judiciais (artigo 2º).

No âmbito estadual, dentre os textos notáveis, destacam-se os seguintes: no Estado de Minas Gerais, a Lei n.7.772, de 8.9.80, define a competência da Comissão de Política Ambiental (Copam) para "aprovar relatórios sobre impactos ambientais" (artigo 5º, IV). O Decreto Regulamentar n.21.228, de 10.3.81, dispõe sobre "exame de impacto ambiental" para instalação, construção, ampliação ou funcionamento de fonte de poluição. No Estado do Maranhão, o Decreto n.7.921, de 10.11.80, regulamentando a Lei n.4.154, de 11.1.80, prevê os impactos ambientais sobre a realização de estudos especiais, constituídos, em princípio, de: inventários e avaliações de sua disponibilidade em recursos naturais; zoneamento ecológico do Estado; estabelecimento de matrizes de impacto; fixação de usos alternativos do seu espaço, buscando melhorar o bem-estar da população maranhense, reduzir os impactos decorrentes de atividades econômicas e atingir as condições sociais das populações atuais e futuras do Maranhão. No Estado do Rio Grande do Sul, merece destaque a importante Lei n.7.747, de 1982, que, dispondo sobre o controle de agrotóxicos e outros biocidas, implicitamente prevê o estudo e a respectiva avaliação de impacto ambiental. Trata-se de relevante norma de controle do comércio, da manipulação e do uso de produtos altamente tóxicos e contaminantes, objetivando a proteção sobretudo dos recursos vegetais, dos alimentos e da saúde pública, no âmbito estadual, já sendo adotada por diversos estados brasileiros.

O estudo de impacto ambiental, de forma compatível com a Constituição Federal, foi consagrado pelas Constituições Estaduais, como dentre outros Estados-membros: Alagoas (C, artigos 217, IV, 220); Amazonas (C, artigos 230, IV, 235, 236, § 3º); Bahia (artigo 14, IV); Ceará (C, artigo 264); Espírito Santo (C, artigos 187, 188, § 1º); Maranhão (C, artigos 241, VIII, 248); Mato Grosso (C, artigos 263, par. ún., IV, 267, III, 289); Minas Gerais (C, artigo 214, § 2º, § 4º); Pará (C, artigo 255, IV, § 1º); Paraná (C, artigo 207, § 1º, V, VI, VII); Rio Grande do Sul (C, artigo 251, § V); Rio de Janeiro (artigo 258, § 1º, X); Rondônia (C, artigos 219, VI, 221, 222); Santa Catarina (C, artigo 182, V); São Paulo (C, artigos 192, § 2º, 194); Sergipe (C, artigo 232, § 1º, IV) e outros.

No âmbito municipal, merece destaque a Lei n.2.434, de 13.3.81, do município de Piracicaba, segundo a qual a licença, para a realização de projetos ou atividades de natureza poluente, deve ser requerida mediante "apresentação de estudos de alternativas e de avaliação de impacto". Tais estudos e avaliações deverão ser realizados por pessoas físicas ou jurídicas independentes do interessado e da Administração Pública, sendo as despesas pagas pelo interessado. Esses estudos e avaliações serão acessíveis ao público.

Outro texto importante neste âmbito é o Decreto n.8.183, de 7.3.83, do município de Porto Alegre, que, regulamentando a Lei Complementar n.65, de 22.2.81, institui o Plano de Avaliação do Impacto Ambiental com os respectivos procedimentos administrativos, visando à prevenção e ao controle da poluição do município de Porto Alegre. O texto do Regulamento gaúcho é de evidente importância, compreendendo normas sobre: conceituações e disposições preliminares (artigos 1° e 3°); competências (artigo 4°); autorizações (artigos 5° a 18); cadastramento das atividades efetivas ou potencialmente poluidoras (artigos 19 a 22); fiscalização (artigos 23 a 41) e disposições gerais (artigos 42 a 45), além dos Anexos I e II, respectivamente, sobre atividades efetivas ou potencialmente poluidoras e atividades reais ou potencialmente poluidoras. Convém observar que as normas legais e regulamentares do município de Porto Alegre, em matéria de estudo e consequente avaliação de impacto ambiental, pela importância de seu conteúdo e de seu alcance, pela técnica legislativa adotada, constituem texto exemplar, servindo de modelo para legislações brasileiras correlatadas não apenas no âmbito federal, mas também nas esferas estaduais e municipais.

No município de São Paulo, merece destaque a Lei n.10.365, de 23.9.87, sobre o corte e a poda de vegetação de porte arbóreo, que, embora implicitamente, prevê o estudo de impacto ambiental (artigo 6°). A Lei Orgânica do município de São Paulo, de 5.4.90 (artigos 159, 160, § 2°), consagra expressamente o impacto de vizinhança e o estudo de impacto ambiental.

Tratando-se do conteúdo mínimo do Rima, salienta-se que as diretrizes vigentes (Resolução Conama n.1/86, artigo 9°) referem-se somente aos impactos ambientais (naturais e culturais), omitindo adequada medida expressa relacionada com os relevantes impactos sociais e econômicos. Tal omissão, diante dos graves efeitos socioeconômicos de projetos de empreendimentos danosos à integridade física e psíquica da pessoa humana, de custos elevadíssimos, geralmente com desperdícios e prejuízos incalculáveis, impõe a imediata reflexão para a elaboração de normas ajustáveis, também à proteção socioeconômica, além da preservação ambiental (natural e cultural) do país.

Tratando-se da competência para a determinação da execução do EIA, observa-se que a regulamentação federal se reporta, de forma preferencial, ao órgão estadual competente ou à Sema (órgão federal), omitindo ou deixando, sistematicamente, o município para o segundo plano, com a expressão "ou quando couber, o município" (Resolução Conama n.1, de 23.1.86, artigo 5°, parágrafo único, artigo 6°, parágrafo único, artigos 10 e 11).

CONSIDERAÇÕES FINAIS E RECOMENDAÇÕES

Não obstante a adoção expressa do estudo e da avaliação de impacto ambiental no Direito Brasileiro, há mais de nove anos, observa-se que, lamentavelmente, na prática, pela própria notoriedade dos fatos, é patente a inaplicação das normas legais e regulamentares correlatas diante da permanência e do evidente agravamento da deterioração de nosso patrimônio ambiental, tanto no âmbito nacional como nas esferas estaduais e municipais. Enquanto em outros países, como nos Estados Unidos da América, a política ecológica de conservação ambiental é objeto de permanente e crescente preocupação, entre nós o que se verifica é a progressiva execução de uma política antiecológica, visando apenas ao desenvolvimento econômico, sob a orientação de notórios grupos de pressão de entidades nacionais e multinacionais, com a criminosa conivência de certos políticos, administradores, profissionais, técnicos ou funcionários inescrupulosos, o que vem contribuindo para a galopante deterioração da qualidade de vida nas cidades, em regiões inteiras e em todo o país.

Assim é que advertências, denúncias e inquietações, mais do que nunca de forma agravante e preocupante nos dias atuais, já se firmaram como rotina na realidade brasileira, particularmente no tocante às violações das normas da legislação vigente, tanto sobre o planejamento e a realização de ambiciosos e polêmicos projetos, tendenciosamente sigilosos, como sobre a produção, comercialização e utilização de substâncias altamente venenosas, de evidentes interesses pessoais, políticos, governamentais, ou de poderosas empresas nacionais e multinacionais, além de explorações irregulares ou clandestinas de recursos naturais (notadamente solo, subsolo, água, flora, fauna).

Nos últimos tempos, além dos sérios efeitos negativos da realização de projetos ecologicamente destrutivos, sem qualquer estudo de impacto ambiental, e evidente prejuízo ao interesse público, a situação se agrava, notadamente com a incontrolada exploração de recursos minerais, de forma especial pelo uso excessivo de mercúrio, contaminando e matando sua flora e fauna, como o próprio ser humano, direta ou indiretamente por meio da cadeia alimentar.

Sempre é oportuno salientar os funestos e notórios efeitos do metil-mercúrio "que matou e deixou inválidos centenas de habitantes de Minamata, no Japão". Dentre os estados com áreas já problemáticas, destacam-se: Mato Grosso, Goiás, Rondônia, Pará. Para o cientista Heitor Segundo Guilherme Medina: "É uma coisa terrível o que está acontecendo no Brasil. Estão matando a natureza", sendo preocupante o "progressivo envenenamento dos rios brasileiros". Os efeitos do mercúrio, de outros metais e de agrotóxicos nos peixes constituem séria ameaça à saúde da população.

Esta inquietante realidade vem agravar, ainda mais, os crimes contra a saúde pública com o emprego excessivo e generalizado de praguicidas, fertilizantes e outras substâncias contaminantes na agricultura e nos alimentos em geral. O crescente uso de agrotóxicos, estimulado por milionárias campanhas publicitárias, tendenciosamente manipuladas, vem alarmando cientistas e técnicos, evidenciando que, enquanto o número de produtos registrados no Departamento de Defesa Sanitária e Vegetal do Ministério da Agricultura, em 1964, era de 1.261 produtos, posteriormente passou para 4 mil a 4.500 produtos. Nesse sentido, confrontando-se o relatório com 113 produtos agrotóxicos proibidos ou de uso limitado em vários países, divulgado pela Organização Mundial da Saúde (OMS) em 1984, com a Portaria n.10/DISAD, de 12.3.85, que estabelece o emprego de cada produto, "o resultado foi alarmante: 29 agrotóxicos proibidos ou restritos em outros países têm uso permitido no Brasil", tratando-se de substâncias tóxicas iminentemente perigosas à saúde pública. "Diariamente milhões de pessoas, ao se alimentarem, estão expostas aos riscos de envenenamento, em virtude da presença de resíduos de agrotóxicos nos alimentos. Inquietante já é o 'impacto de praguicidas no Brasil' ", salientando-se que só no Estado do Rio Grande do Sul se utiliza 50% do volume total dos agrotóxicos consumidos no país. Esses agrotóxicos são responsáveis pela morte de várias pessoas, milhares de animais domésticos e toneladas de peixes, o mesmo ocorrendo em outros estados, notadamente em São Paulo e Paraná. A influência do *lobby* das multinacionais é enorme, denunciando-se que o Ministério da Agricultura e Ministério da Saúde não têm estrutura para exercer atividades de controle nessa situação, permitindo assim um campo aberto e livre ao arbítrio e à voracidade das multinacionais. Além da "máfia dos pesticidas", dos rios contaminados, das florestas devastadas, da "terra envenenada". Outra grave questão é a liberação para consumo público do leite contaminado por radioatividade devido ao acidente de Chernobyl, importado da Irlanda do Norte, ação que foi considerada "perigosa, ingênua, irresponsável e inadmissível" pela comissão de cientistas do Rio de Janeiro e de São Paulo, que acompanhou membros dos Ministérios Públicos para uma visita de inspeção ao Instituto de Radioproteção e Dosimetria.

Evidentemente, diante das graves denúncias e advertências, sobretudo da comunidade científica brasileira, as conclusões do presidente do II Tribunal do Júri de São Paulo são adequadas e ajustáveis à realidade atual. Prefaciando o importante livro *Relatório ORION* – Denúncia médica sobre os perigos dos alimentos industrializados e agrotóxicos, essa autoridade declara convictamente que a obra "prova estarmos sendo vítimas de um crime de genocídio, silencioso e progressivo, no espaço e no tempo, cujos autores deviam ser julgados por um novo Tribunal de Nuremberg".

Além dos graves fatos denunciados, a situação ambiental do país torna-se mais preocupante com o "Programa Nuclear Brasileiro", tanto para fins energéticos como militares, diante da temeridade das convictas e impetuosas declarações de autoridades responsáveis por regularizar o funcionamento e pela segurança das usinas nucleares correlatas. A execução de tal programa vem caracterizando-se pela subestimação dos riscos advertidos (notadamente pela comunidade científica e pelos especialistas em geral), pela localização imprópria, pelo sigilo e consequente falta de informações, além da omissão do estudo de impacto ambiental, agravando a iminência das temíveis e apavorantes catástrofes nucleares.

No tocante à Angra I, as denúncias de técnicos da área nuclear são gravíssimas. Segundo elas, "a situação da Usina Nuclear de Angra I é muito mais séria do que se supunha", porque, "além da quebra do gerador elétrico principal", se afirma que "a usina sofreu vários vazamentos, até mesmo com perda de água radioativa, e terá de substituir os equipamentos dos geradores de vapor muito antes do término do prazo de vida útil especificado no contrato com a Westinghouse". Os custos são elevadíssimos e incalculáveis, observando-se que "o prejuízo total do programa nuclear brasileiro ainda pode chegar a dez bilhões de dólares". Tal programa resume-se a uma usina inutilizada em Angra dos Reis (e a paralisação da construção de mais duas). Revela-se agora que parte do equipamento de Angra I é sucata de uma usina desativada em Porto Rico e já foi paralisada por várias vezes ao longo de sua curta e tumultuada história. Tratando-se de um verdadeiro crime contra o Brasil, os seus erros já exigem uma resposta da população, por meio de ação popular.

Entre nós, logo após veementes e convictas declarações de altas autoridades sobre o domínio da tecnologia brasileira em explorações nucleares, séria e paradoxal foi e continua sendo a lição do gravíssimo acidente em Goiânia, em decorrência da violação de uma bomba de césio-137, retirada da antiga sede do Instituto Goiano de Radioterapia, por pessoas simples, para sucata de ferro-velho. A peça foi separada e manuseada por diversos elementos, sendo o seu mortal conteúdo distribuído ingenuamente, evidenciando-se que a radiação contaminou cerca de 244 pessoas, com quatro vítimas fatais, além de impor o sacrifício de aves e animais domésticos também contaminados pelo césio-137. Além dos graves danos à saúde pública, o acidente radioativo de Goiânia afetou a economia do Estado pelos incalculáveis prejuízos da contaminação.

Devido às agravantes circunstâncias do fato, o lamentável acidente radioativo, além de consumar crime à incolumidade pública, constitui mais um sinistro acontecimento caracterizado pela omissão, pela negligência, pela imprudência e pela imperícia, tanto das autoridades públicas pela permanente fiscalização do adequado uso de aparelhos radioativos, no Brasil, como dos proprietários responsáveis pelo instituto onde se encontrava a bomba de césio-137.

À vista desta gravíssima realidade, é oportuno observar, no tocante à aplicação prática da legislação vigente sobre o estudo e a avaliação de impacto ambiental, algumas medidas da Administração Pública e do Poder Judiciário.

Perante o Poder Judiciário do Estado de São Paulo, é oportuno observar o relevante trabalho do Ministério Público, por meio de suas Curadorias de Proteção ao Meio Ambiente. Dentre as ações promovidas pela Coordenação e respectivas Curadorias do Ministério Público Estadual, sobre a obrigatoriedade do estudo de impacto ambiental e já com algumas decisões, destacam-se: a) O Inquérito Civil Público sobre a construção do Centro Experimental Aramar, destinado à fabricação de componentes de submarino nuclear, em Iperó, realizado pelo Ministério Público do Estado de São Paulo e encaminhado, posteriormente, à Justiça Federal por motivo de competência (Processo n.15.341/86). Juntando aos autos da Medida Cautelar de Produção Antecipada de Provas (7ª Vara da Fazenda Federal), por parte do Ministério Público Federal, como litisconsorte ativo da autora (Prefeitura de Sorocaba) contra a União Federal, observa-se que as medidas relacionadas com o referido Inquérito Civil e com a respectiva Ação Cautelar foram misteriosamente suspensas por desistência injustificada da autora, concordância injustificada do Ministério Público Federal e homologação judicial, não obstante as gritantes contradições da contestação da União Federal. b) A ação sobre o lixo de Diadema (Processo n.18.693/86). c) A ação sobre a construção do túnel sob o Parque Ibirapuera, uma das últimas áreas verdes da cidade de São Paulo (Processo n.872/87). d) A ação sobre o lixo do bairro de Salto, na cidade de Campos do Jordão (Processo n.10.122/87). Reporta-se aos trabalhos forenses e à jurisprudência sobre casos concretos (ações civis públicas ambientais, ações penais públicas ambientais).

Perante o Supremo Tribunal Federal é oportuno salientar o importante precedente, que se refere ao despacho da Suprema Corte para a suspensão da segurança concedida pela Quarta Câmara Civil do Tribunal de Justiça de São Paulo, pela qual se garantiu ao impetrante empreender desmatamento de área de sua propriedade situada no Parque Estadual da Serra do Mar. Dentre os fundamentos, evidencia-se aquele segundo o qual a concessão da segurança acarretaria grave dano à ordem e à saúde pública, comprometendo a mata da Serra do Mar, já em via de destruição, em detrimento do resguardo da qualidade de vida e do ambiente. O despacho que suspendeu a Segurança n.209-1–São Paulo, a pedido do Estado de São Paulo perante o Supremo Tribunal Federal, evitando o impacto danoso que o desmatamento ocasionaria a uma área já notoriamente sensível, constitui, sem dúvida, precedente de real relevância do equilíbrio ecológico da região e do bem-estar público (STF)-Despacho – DJU de 8.2.88.

Com estas considerações, para facilitar a aplicação das normas referentes ao estudo e à respectiva avaliação de impacto ambiental, como instrumento de informação, de participação e de prevenção de dano socioeconômico-ambiental, com base na experiência e nas orientações doutrinárias alienígenas e nacionais em questões similares, evidentemente compatíveis com o objetivo da Política Nacional do Meio Ambiente, tornam-se necessárias, dentre outras, as seguintes recomendações:

1 Necessidade de aplicar-se o instrumento do estudo prévio e da respectiva avaliação de impacto ambiental somente a novos projetos de atividade em vias de licenciamento inicial. Para atividades que, embora legal e regularmente autorizadas, ocasionam comprovados perigos e danos ao ambiente e à saúde pública, seria aplicada a Avaliação de Impacto Ambiental (AIA) e propostas para

recuperação do ambiente danificado. Assim, para a fiel execução da legislação vigente (Lei n.6.938, de 31.8.81, artigo 10 e §§ 1º a 4º), evidencia-se a conveniência de urgente reexame dos critérios e das diretrizes em vigor, no sentido de exigir-se a observância do estudo e da avaliação de impacto ambiental às atividades em funcionamento, ou condicionar-se a renovação de licenciamento de atividades já anteriormente licenciadas, cujas operações ou explorações, apesar de prevista na legislação, danificam o patrimônio ambiental (natural e cultural) e prejudicam os interesses socioeconômicos, com reflexos nocivos à saúde e ao bem-estar públicos.

2 Conveniência da revisão adequada dos critérios e das diretrizes gerais, de forma clara e eficaz, para a definição expressa de efetivo processo de informação extensiva ao público e às pessoas legalmente habilitadas e interessadas (naturais ou jurídicas), para conhecimento, em todas as fases, do estudo de impacto ambiental sobre projetos de atividades efetivas ou potencialmente poluidoras, pelos meios de comunicação de massa (televisão, rádio, imprensa em geral, publicidade mediante a fixação de anúncios em locais de fácil visibilidade), além do tradicional e restrito processo de comunicação pela imprensa oficial, com a previsão de prazo razoável e compatível com a complexidade da matéria e com as peculiaridades locais.

3 Conveniência do reexame das normas regulamentares do estudo de impacto ambiental, para suprimir a exceção de publicidade referente ao "sigilo industrial", evidentemente conflitante com os objetivos da Política Nacional do Meio Ambiente e com as expressas normas constitucionais e legais. Assim, para a compatibilização e fiel execução das normas constitucionais (C, artigo 225, §§ 1º, IV, 2º) e legais (Lei n.6-938/81, artigos 8º e 9º – III), impõe-se a supressão das expressões "Respeitada a matéria de sigilo industrial, assim expressamente caracterizada a pedido do interessado" e "Resguardo do sigilo industrial", constantes, respectivamente, das normas dos §§ 3º e 4º do artigo 18 do Decreto n.88.351, de 1.6.83, bem como a expressão "Respeitado o sigilo industrial, assim solicitado e demonstrado pelo interessado", objeto do artigo 11 da Resolução Conama n.1, de 23.1.86.

4 Conveniência da expedição de normas específicas sobre o estudo e a respectiva avaliação de impacto ambiental de projetos, planos ou programas referentes a instalações nucleares em geral e a depósitos do respectivo lixo atômico ou de outros rejeitos químicos altamente perigosos, com expressas exigências e cautelas, notadamente sobre a localização, aspectos construtivos e de efetiva segurança, diante da comprovada falibilidade da indústria nuclear e da crise de sua confiabilidade pelos inerentes e temíveis riscos.

5 Necessidade de inadiáveis medidas relacionadas com análises de risco em todas as instalações nucleares do Brasil, tanto naquelas já devidamente

instaladas e em operação como naquelas de projetos em execução e em testes operacionais, de forma ajustável com a Política Nacional do Meio Ambiente, expressamente consolidada pela nova Constituição Brasileira.

6 Em complementação da recomendação anterior, considerando-se a natureza essencialmente preventiva da Política Nacional do Meio Ambiente e considerando-se, consequentemente, a imperiosidade de prever-se e enfrentar-se a realidade atual, em vez de minimizá-la ou subestimá-la, evidencia-se a conveniência de urgente revisão dos atuais programas, planos ou projetos que envolvem atividades altamente poluentes, em todos os seus aspectos de contaminação, sem exceção, para submetê-los às exigências do estudo e da respectiva avaliação de impacto ambiental da legislação vigente. Sob esse aspecto, convém salientar a imprescindibilidade, urgente e fundamental, da substituição da arrogância, da agressividade, da imprudência, da negligência, da imperícia, da simulação ou do medo de enfrentar a verdade, pela adoção do verdadeiro espírito científico de informação, de participação e de contribuição despretensiosa, prudente, diligente, prática, real e corajosa, para prevenir ou reduzir, de forma efetiva, os riscos ambientais, sociais e econômicos, para o interesse de todos, indistintamente, e da segurança do próprio país.

7 Urgente revisão das normas sobre importação, produção, rotulagem, comercialização, transporte e aplicação ou uso de fertilizantes, inseticidas ou agrotóxicos em geral na agricultura e nos alimentos, com expressas definições de infrações e penalidades rigorosas, responsabilizando administrativa, penal e civilmente os infratores diretos ou indiretos, pessoas físicas ou jurídicas (estas de direito público ou privado), responsáveis pela poluição ambiental e dos alimentos, pela importação de produtos alimentícios poluídos, de forma ajustável com os objetivos e as finalidades protecionais da vigente Magna Carta.

8 Providências imediatas, junto às autoridades nacionais e internacionais competentes, para estudos e elaborações relacionados com a previsão de normas de responsabilidade de países que, proibindo ou limitando o uso de produtos tóxicos em seu território, autorizam sua produção, naturalmente para fins de exportação e consumo em outros países, geralmente do Terceiro Mundo e em desenvolvimento, contaminando e prejudicando o respectivo meio ambiente e a saúde de sua população.

9 Conveniência de urgente prosseguimento das medidas de apreciação e aprovação das normas do Projeto de Lei do Código Penal – Parte Especial (Substitutivo n.1.655-A, de 1983), particularmente no tocante aos crimes contra o meio ambiente, evidenciando-se a oportunidade para o agravamento das penas ali definidas, diante das prejudiciais repercussões das atividades ali previstas ao ambiente e à saúde pública (artigos 402 a 419).

10 Necessidade de coordenação integrada da ação governamental nos diferentes níveis, para a execução harmônica da Política Nacional do Meio Ambiente. É dever do Poder Público, juntamente com o setor privado, em matéria de meio ambiente, agir com prudência, diligência, perícia, espírito científico, tornando-se cada vez mais necessária e indispensável a ação conjunta e integrada de intervenções coerentes, favoráveis e compatíveis à conciliação do desenvolvimento das atividades socioeconômicas com a qualidade ambiental nacional, estadual e municipal, no legítimo interesse do bem comum.

11 Oportuna apuração, pelos meios competentes, da responsabilidade da Administração Pública, solidária com os agentes públicos ou privados e com servidores coniventes, pelos danos causados ao meio ambiente e à saúde pública, quer em decorrência da negligência, imprudência, imperícia ou da aprovação de projetos em defesa ambiental tendenciosamente aparente ou simulado, quer em decorrência de aceitação de Rima com base em EIA insuficiente ou demasiadamente sumário e sem as recomendações básicas sobre as medidas necessárias à conservação ambiental, em evidente violação às normas constitucionais (artigos 37, §§ 4°, 5°, 6°, 225, § 3°) e legais (Lei n.6.939/81, com as alterações da Lei n.7.804/89; Lei n.7.347/85).

12 Necessidade, nos dias de hoje, do efetivo exercício do direito de representação, de petição, de ação ou de defesa, por parte de qualquer pessoa física ou jurídica interessada, provocando o controle judicial diante da falta ou insuficiência de EIA de atividades efetivas ou potencialmente poluidoras, iminentemente prejudiciais ao patrimônio ambiental, tanto o natural (ar, águas, solo, subsolo, espécies animais e vegetais) como o cultural (bens de valor histórico, artístico, turístico, paisagístico), à saúde pública, ao consumidor e aos interesses socioeconômicos tanto da coletividade como da nação, com base nas normas constitucionais e legais vigentes (C, artigos 5°, XIV, XXXIII, XXXIV: "a" e "b", XXXV, LXIX, LXX, LXXIII, 37, § 6°; Lei de Introdução ao Código Civil, artigo 3°; CC, artigos 15, 159, 554, 555, 1518 a 1532 c/c 160, 1519, 1520; Lei n.4.717, de 29.6.65, artigo 26; Lei n.4.898, de 9.12.65; Lei n.6.938, de 31.8.81; Lei n.7.347, de 24.7.85; CP, artigos 161-I, 163 a 167, 250 a 259, 267 a 278; CPC, CPP, dentre outras).

13 Criação de Comissão Multidisciplinar de Controle dos Estudos de Impacto Ambiental, composta de profissionais legalmente habilitados dos diversos ramos da ciência, independentes e representantes de órgãos ou entidades idôneos e diretamente interessados pelas questões socioeconômico-ambientais, como o Ministério Público, a Ordem dos Advogados do Brasil, as Universidades Públicas e Privadas, a Sociedade Brasileira para o Progresso da Ciência, a Sociedade Brasileira de Direito do Meio Ambiente, Sociedade de Ecologia do Brasil, dentre outras entidades, para análise de estudos de impactos e respectivos relatórios sobre atividades relevantes pela sua complexidade, pelas repercussões práticas, pelos consideráveis e iminentes riscos socioeconômico-ambientais.

14 Efetiva organização e eficaz funcionamento do Cadastro Técnico Federal de Atividades e Instrumentos de Defesa Ambiental (Lei n.6.938, de 31.8.81, artigo 1º), com a adoção da informática ambiental, mediante registros permanentes relacionados com o indispensável banco de dados sobre doutrina, legislação e jurisprudência, em matéria do ambiente nacional, estadual e municipal, de patente importância e utilidade às informações ou às comunicações, participações, elaborações, contribuições, alternativas e decisões oportunas e ajustáveis à conservação ambiental.

15 Conveniência de urgente revisão do atual e superado Código de Águas (Decreto n.24.643, de 10.7.34), com a expressa revogação, particularmente do artigo 111, que, condenavelmente, permite a poluição das águas nas explorações agrícolas e industriais. Além de constituir crime à saúde pública, esse artigo é incompatível com as circunstâncias ambientais e sanitárias do momento.

16 Conveniência da substituição da agricultura química por novos métodos que possam contribuir para a eliminação ou a redução da contaminação e poluição dos alimentos em geral e do ambiente.

17 Necessidade da intensificação do intercâmbio nacional e internacional de informações e de experiências entre pessoas de interesses divergentes nas questões de ordem ambiental, visando à sensibilização e à conciliação entre o desenvolvimento socioeconômico e a preservação e conservação do ambiente.

18 Necessidade de criteriosa seleção de profissionais idôneos e identificados com as questões ambientais, para a integração de órgãos de controle dotados de competência técnico-científica em matéria ecológica, evidenciando-se que o Decreto n.92.800, de 19.6.86, não prevê especialidade em matéria ambiental para preenchimento de funções de confiança (artigo 3º).

19 Promoção da harmonização das legislações (federais, estaduais, municipais) em matéria de ambiente, sem prejuízo de normas especiais ajustáveis às zonas de alta sensibilidade ou de risco ecológico e às irregularidades locais e regionais. Neste sentido, deve ser dispensada uma atenção especial para que as disposições legislativas e regulamentares sejam redigidas de forma clara e unívoca, evitando-se conceitos jurídicos vagos, obscuros, que, além de prejudicarem a compreensão e a adequada aplicação do texto, ocasionam trabalho aos juízes e tribunais.

20 Adoção de tática educacional e de sensibilização de todos, mediante processo permanente de orientações, além das ministradas nos diferentes graus e métodos escolares. Com base em nosso Direito Positivo, a educação é dever do Estado e direito de todas as pessoas, tanto no lar quanto na escola, e tanto na zona urbana quanto na zona rural, independentemente de sua classe étnica, social, econômica, política, cultural e/ou religiosa.

A experiência de todos os povos tem demonstrado e vem demonstrando que somente por um processo de orientação, instrução e informação permanente se atinge grau satisfatório de sensibilidade ou de cultura, capaz de conciliar os interesses privados, sociais e públicos, capaz de respeitar e proteger os recursos naturais, como os bens culturais em geral, no interesse da saúde e do bem-estar individual e da coletividade. Evidentemente, a educação, mediante processo contínuo de instrução, formação, especialização e ação, em todos os níveis escolares, profissionais e sociais, constitui o pressuposto básico; portanto, indispensável à sensibilização de todos (público em geral, estudantes, políticos, administradores, empresários, industriais, intelectuais), para a proteção do meio ambiente. Somente a ação educacional adequada é capaz de sensibilizar e de proporcionar firme consciência de que: 1. a natureza saudável interessa a todos, direta ou indiretamente; 2. a exploração ou a utilização irracional dos recursos naturais e os graves problemas decorrentes, que degradam o ambiente e impõem medidas urgentes para a sua proteção, são estreitamente ligados à questão da própria sobrevivência do ser humano sobre a Terra; 3. a exploração ou a utilização racional dos recursos naturais torna-se cada vez mais imperiosa; 4. o equilíbrio de todas as atividades é fundamental para a proteção da natureza e do ambiente, porque esta proteção constitui a única forma de salvaguardar o homem. A educação é, na verdade, o caminho fundamental, o meio único de conduzir a população ao imprescindível grau de sensibilidade e de responsável tomada de consciência, aliada ao firme propósito, por meio de ação efetiva de explorar ou utilizar racionalmente a propriedade (própria ou alheia) e os recursos naturais, para proteger e preservar o ambiente saudável e cultural, como condição essencial à vida e à sobrevivência da própria humanidade.

Finalmente, em harmonia com a política educacional e conciliatória de interesses privados, sociais e públicos, torna-se, ainda, imprescindível a real adoção da política de participação de representantes dos diversos ramos da ciência (Geografia, Hidrologia, Pedologia, Geologia, Ecologia, Biologia, Agronomia, Sociologia, Química, Física, Economia, Engenharia, Arquitetura, Urbanismo, Medicina) com as forças econômicas, com as autoridades políticas e governamentais, com as associações de classe em seus diversos níveis, diante de qualquer iniciativa, visando à elaboração de normas ou de projetos de ordem legal ou técnica de evidentes repercussões socioeconômico-ambientais. Evidentemente, além da participação contributiva dos técnicos competentes com as forças econômicas, políticas, administrativas e associativas, em qualquer hipótese de iniciativa relacionada com a exploração ou a utilização de recursos naturais e culturais, torna-se indispensável a intervenção de representantes da ciência do Direito, na pessoa dos juristas (professores de Direito, advogados, procuradores, delegados, promotores ou juízes), para o justo e imprescindível equilíbrio, no real interesse e bem-estar tanto da coletividade presente como das gerações futuras.

ANÁLISE AMBIENTAL DO PONTO DE VISTA JURÍDICO

*Alaor Café Alves**

A questão da análise ambiental, do ponto de vista jurídico, tem seu fundamento no artigo 225, § 1°, inciso IV, da Constituição Federal. Tal preceito determina a exigência, na forma da lei, do EIA para a instalação de obra ou atividade potencialmente causadora de significativa degradação do ambiente, ao qual se dará publicidade. Foi citado anteriormente que na Constituição Paulista foi consignado preceito similar, caracterizando o EIA e o Rima como condição para a outorga de licença ambiental, renovável na forma de lei, para a execução de obras, atividades, processos produtivos, empreendimentos e a exploração de recursos naturais de qualquer espécie, públicos ou privados, quando potencialmente causadores de significativa degradação do ambiente.

A legislação federal igualmente previu como um dos instrumentos da Política Nacional do Meio Ambiente a avaliação de impacto ambiental (artigo 9°, inciso III, da Lei Federal n.6.938, de 31.8.81), cujos critérios básicos foram estabelecidos pelo Conama, pela sua Resolução n.1, de 23.1.86, observando as diretrizes fixadas no artigo 18 e §§, do Decreto Federal n.88.351, de 1.6.83, que regulamentou a citada lei federal.

O EIA é um procedimento analítico técnico-científico, realizado por equipe multidisciplinar, a respeito da descrição dos impactos ambientais previsíveis em decorrência de obras ou de atividades a serem implantadas em determinadas áreas, com sugestões específicas relacionadas a alternativas que sejam consideradas mais apropriadas para diminuir impactos negativos sobre o ambiente. Concluído o referido estudo, o responsável por sua realização deverá sintetizá-lo de maneira clara e concisa, sob a forma de um relatório, denominado Rima, que deverá servir como instrumento de divulgação.

O EIA é, portanto, um instrumento de cognição, caracterizando a situação de impacto possível, como de fato se pode prever em termos de ocorrência, não tendo força normativa de qualquer espécie. Quando muito poderá conter sugestões de medidas e alternativas destinadas a minimizar impactos negativos

* Secretaria do Meio Ambiente de São Paulo, SP.

sobre o ambiente. Ele servirá, assim, como subsídio de planejamento ecológico para instruir a autoridade competente, que deverá outorgar a licença ambiental correspondente, com base nas informações nele contidas. A licença ambiental, entretanto, poderá ser outorgada sem o respaldo do EIA, desde que a instalação da obra ou da atividade a ser licenciada não seja considerada potencialmente causadora de significativa degradação do meio ambiente.

Em princípio, toda atividade ou obra é potencialmente causadora de degradação ambiental; porém, somente algumas acarretam efeitos altamente danosos, que as qualificam como de importância significativa. Nesta hipótese, exige-se a apresentação do EIA exatamente para saber se a respectiva implantação é conveniente e, sendo assim, quais as medidas a serem tomadas para a diminuição ou para a eliminação dos impactos negativos. Já aqui surge uma questão aporética: como saber se o empreendimento causará significativa degradação, sem antes termos a apreciação técnica a respeito? É paradoxal. Para se exigir o EIA, necessitaríamos das informações técnicas que esse mesmo estudo forneceria. Como sair do impasse? A legislação, em particular a Resolução Conama n.1/86, tenta tornar óbvia essa dificuldade arrolando, exemplificativamente, um conjunto de casos típicos, selecionados pela natureza e dimensão dos respectivos empreendimentos. Isso não é, contudo, suficiente, visto que existem casos relacionados que não provocam impactos significativos, como também casos de menor dimensão do que aqueles previstos que ensejam previsão de dano significativo na sua instalação ou operação. Urge, portanto, completar a referida legislação com a previsão normativa de exigência de um pré-estudo, realizado de conformidade com critérios singulares, de acordo com a natureza do empreendimento a ser analisado, fixados pela autoridade ambiental competente. Mesmo assim, há sempre um risco de não se ter contemplado um caso sobre o qual se verificará, posteriormente, a necessidade de apresentação do EIA. Por essa razão, será de grande importância a definição de um órgão público com funções técnicas, devidamente institucionalizado, para avaliar os empreendimentos a serem implantados ou reavaliados para renovação das respectivas licenças, cujas manifestações técnicas possam subsidiar circunstancialmente as decisões de forma a justificá-las e legitimá-las. É importante considerar, neste ponto, a relevância da justificação técnica e dos critérios utilizados para o exame dos EIAs, tendo em vista o elevado grau de contingência subjetiva, que pode interferir na objetividade indispensável das análises a que estão submetidos.

As diretrizes e os critérios para a elaboração dos EIAs estão fixados na Resolução Conama n.1, de 23.1.86, artigos 5º e 6º, podendo ser acrescidos por novas instruções adicionais que se fizerem necessárias, em razão das peculiaridades do projeto e das características ambientais da área em questão. Da mesma maneira, o procedimento é válido para a elaboração do Rima, conforme o artigo 10 da mesma resolução. Cumpre esclarecer, entretanto, que tais diretrizes e critérios foram fixados de forma estratificada e inelástica para qualquer empreendimento, sem nenhuma consideração sobre a natureza e a dimensão dos projetos a serem submetidos à análise de impacto ambiental. Isso quer dizer que se adota a mesma medida de análise para empreendimentos, cuja complexidade apresenta acentuadas variações. Entendemos que esta disposição normativa deve ser revista para permitir maior flexibilidade e agilidade burocrática na análise dos respectivos projetos, a par da racionalização dos custos incorridos. Nesse sentido, deverão ser estabelecidos critérios e diretrizes diferenciados, de conformidade com a complexidade tipológica dos projetos a que se destinam.

Outra questão de grande interesse é a que se refere à exigência do EIA ser realizado por equipe multidisciplinar habilitada, não dependente direta ou indiretamente do proponente do projeto, e que será responsável tecnicamente pelos resultados apresentados. É a exigência exarada no artigo 7º, da Resolução Conama n.1/86. Urge consignar, igualmente, que o artigo 8º da mesma resolução determina que "correrão por conta do proponente do projeto todas as despesas e os custos referentes à realização do estudo de impacto ambiental, tais como: coleta e aquisição dos dados e informações, trabalhos e inspeções de campo, análises de laboratório, estudos técnicos e científicos e acompanhamento e monitoramento dos impactos, elaboração do Rima e fornecimento de pelo menos cinco cópias".

Comparando-se as disposições supramencionadas, verifica-se o problema da elaboração do EIA/Rima, no que respeita à equipe técnica que o elabora não depender direta ou indiretamente do proponente do projeto. De fato, como será possível que todas as despesas e os custos referentes à realização do EIA/Rima fiquem por conta do proponente, sem que com ele haja uma relação de dependência da equipe técnica que o elaborará? O proponente deverá escolher a equipe técnica mediante contratação com empresas ou com técnicos especializados. De qualquer forma, haverá sempre uma relação de dependência econômica e jurídica do proponente com os profissionais que deverão elaborar o EIA/Rima.

Vê-se, por aí, que a expressão "não dependente direta ou indiretamente do proponente do projeto" é totalmente descabida e contraditória em relação à exigência do artigo 8º, da Resolução Conama n.1/86, que determina ser o proponente aquele responsável pelas despesas e pelos custos da realização do referido estudo. Essa expressão, na verdade, tem sido evocada para justificar a necessidade de contratação de empresas ou profissionais que, respectivamente, não pertençam ao grupo da empresa interessada ou a seus quadros funcionais.

Isso enseja inúmeros abusos ("indústria de EIAs/Rimas"), dentre os quais a não possibilidade do aproveitamento dos próprios técnicos profissionais vinculados à empresa interessada na elaboração de EIA/Rima. Não é incomum que esses profissionais sejam exatamente os mais preparados e mais bem informados a respeito da situação a ser submetida ao estudo de impacto ambiental, tendo para isso a habilitação legal suficiente. Essa habilitação legal é que se deve exigir, nos termos do disposto no artigo 7º, da Resolução Conama n.1/86. Assim, esta última exigência não é só cabível como indispensável juridicamente. Ela perfaz a exigência legal suficiente para assegurar a excelência técnica do EIA/Rima, dispensando, por inapropriada, contraditória e, por isso mesmo, plenamente descartável, a expressão "não dependente direta ou indiretamente do proponente do projeto".

É evidente que com a possibilidade de o EIA/Rima ser elaborado por equipe técnica habilitada, vinculada à empresa interessada, quando esta possa mantê-la, assegurar-se-ão, a um só tempo, a necessária responsabilidade técnica e jurídica em relação à execução substantiva do referido estudo e a minimização dos custos a serem incorridos, com expressiva vantagem não só para a interessada como para os que indiretamente possam dele se beneficiar. Essa questão torna-se sobremaneira expressiva no caso dos projetos de interesse público, para os quais as empresas ou entidades públicas já mantêm profissionais técnicos de grande valor em seus quadros, dispensando-se as contratações custosas e nem sempre confiáveis. Os recursos públicos devem ser maximizados dentro do balanceio custo-benefício, sem prejuízo das condições específicas em relação as quais eles são aplicados.

Corroborando tal entendimento, verificamos que a exigência da Resolução n.1/86 do Conama não tem supedâneo jurídico em normas de grau superior, visto que a Constituição Federal, em seu artigo 225, § 1º, inciso IV, não exige a referida condição limitativa prevista no artigo 7º da citada resolução. Nem mesmo na legislação federal regulamentar do assunto encontramos essa limitação. O artigo 18, § 2º, do Decreto Federal n.88.351, de 1.6.83, que regulamentou a Lei Federal n.6.938, de 31.8.81, dispõe expressamente que "o estudo de impacto ambiental será realizado por técnicos habilitados e constituirá o Relatório de Impacto Ambiental, correndo as despesas por conta do proponente do projeto". Observa-se, portanto, que essa disposição regulamentar não autorizou ao Conama estabelecer limitações subjetivas no que respeita ao executor do estudo, limitando-se somente, por devido e apropriado, a exigir a habilitação jurídica dos profissionais que serão responsáveis tecnicamente por aqueles estudos.

Ao estabelecer a possibilidade de o Conama fixar critérios básicos, segundo os quais serão exigidos estudos de impacto ambiental para fins de licenciamento, o decreto federal regulamentar objetivou, fundamentalmente, dar àquele Conselho a condição de especificar normas técnicas e objetivas para singularizar situações sobre as quais o regulamento não quis prescrever. E óbvio, portanto, que esse poder não pode ser exorbitado, fixando outras condições que possam limitar os direitos subjetivos, caracterizados do potencial profissional que cada técnico habilitado legalmente possua.

Para imputar responsabilidade jurídica por aplicações técnicas daqueles profissionais, há uma copiosa legislação regulamentar disponível que poderá e deverá ser acionada quando houver motivo para tal. Não será, portanto, a relação de dependência ou não dependência em face de o proponente do projeto que fundamentará eventuais sanções por inobservância de especificações técnicas nos estudos de impacto ambiental. Essa responsabilidade decorre diretamente das disposições regulamentadoras das respectivas profissões em que se enquadrem os técnicos da equipe multidisciplinar exigida pela Resolução Conama n.1/86. Nesse sentido, o artigo 7º da referida resolução, ao exigir a não dependência da equipe técnica multidisciplinar em relação ao proponente do projeto, exorbitou as bases legais e regulamentares do assunto, condicionando de forma inapropriada e indevida a elaboração do EIA/Rima.

O que ocorreu, no caso, é que a Resolução Conama, por meio desse dispositivo, acabou por restringir, sem autorização legal expressa, o direito do proponente de elaborar o EIA com equipe técnica própria, se para tanto tiver recursos humanos adequados. Há, portanto, ofensa do princípio da legalidade, segundo o qual ninguém será obrigado a fazer ou deixar de fazer alguma coisa senão em virtude da lei (artigo 5º, item II, da Constituição Federal). É consistente, também, arguir a referida pauta da Resolução Conama (artigo 7º) como inconstitucional, visto que jamais uma disposição baixada por resolução de um órgão federal poderá impor-se, determinando deveres, aos órgãos da administração estadual, que se inscrevem no âmbito da autonomia político-administrativa constitucionalmente assegurada. Somente a lei estadual é que poderá, dentro do princípio da autonomia administrativa do Estado, determinar as obrigações e os limites de atuação de seus respectivos órgãos. A inconstitucionalidade ainda se poderá arguir pelo fato de que uma resolução federal não teria força jurídica suficiente para compelir a administração estadual direta, quando viesse a realizar obras ou atividades de grande porte, a se socorrer incontornavelmente de equipes técnicas vinculadas ao setor privado, quando poderia realizar os EIAs por meio de equipes técnicas de seus próprios quadros funcionais.

Por outro lado, devemos observar que a necessidade da elaboração do EIA/Rima está vinculada ao licenciamento de atividades modificadoras do ambiente, tais como as elencadas no artigo 2º, da Resolução Conama n.1/86. Isso significa que não poderá haver licenciamento, para as atividades ali consignadas, sem que o interessado apresente o EIA/Rima nos termos e nas condições estabelecidos na mencionada resolução.

Ora, para a outorga da licença, torna-se imprescindível a manifestação conclusiva dos órgãos ambientais responsáveis em cada nível de governo. É o que diz expressamente o artigo 10, da Resolução Conama n.1/86: "O órgão estadual competente, ou o Ibama, ou, quando couber, o município terá prazo para se manifestar de forma conclusiva sobre o Rima apresentado". Assim, não há como deixar de questionar: como poderá o órgão ambiental competente manifestar-se conclusivamente sobre o Rima, sem o específico exame de caráter técnico e jurídico do estudo correspondente, objetivando lastrear, com segurança, a outorga da respectiva licença?

Isso significa a indispensável manutenção de equipes técnicas pelos órgãos ambientais do governo, precisamente para fazer a contraface das equipes elaboradoras do EIA/Rima, custeadas pelos proponentes. A existência dessas equipes governamentais é que garantirá a necessária vigilância a respeito do preenchimento de todas as condições técnicas referidas pelo projeto, em face das condições factuais e das prescrições legais pertinentes.

Vê-se, pelo exarado, que a neutralidade dos estudos ambientais de impacto ambiental será garantida não por uma eventual (e até mesmo impossível) independência da equipe elaboradora do estudo em face do proponente, mas sim precisamente que examinará o EIA/Rima do ponto de vista do interesse público envolvido.

Corroborando ainda essa posição, há a exigência da publicidade do EIA/Rima, por determinação constitucional (artigo 225, § 1°, inciso IV, CF), e mais, a Resolução Conama n.1/86 citados anteriormente, que determina que o Rima seja acessível ao público. Suas cópias permanecerão à disposição dos interessados, nos centros de documentação ou bibliotecas do Ibama e do órgão estadual de controle ambiental correspondente, "inclusive durante o período de análise técnica". Fortalecendo essa disposição, os §§ 1° e 2° do mencionado artigo rezam: "§ 1° – Os órgãos públicos que manifestarem interesse, ou tiverem relação direta com o projeto, receberão cópia do Rima para conhecimento e manifestação". "§ 2° – Ao determinar a execução do EIA e apresentação do Rima, o órgão estadual competente, ou o Ibama, ou, quando couber, o município, determinará o prazo para recebimento dos comentários a serem feitos pelos órgãos públicos e demais interessados e, sempre que julgar necessário, promoverá a realização de audiência pública para informação sobre o projeto e seus impactos ambientais e discussão do Rima".

Com essas disposições reguladoras, dificilmente se poderia montar mecanismo institucional mais eficiente para assegurar o exame democrático desses estudos de impacto ambiental, garantindo a vigilância e a neutralidade necessárias à elaboração técnica dos estudos.

Com tudo o que foi considerado, verificamos não só a ilegalidade e inconstitucionalidade, mas também que é desnecessário exigir-se a independência da equipe técnica multidisciplinar habilitada em face do proponente do projeto, com vistas a assegurar a neutralidade dos EIAs/Rimas. O proponente, portanto, poderá realizar tais estudos, diretamente, através de sua equipe técnica, ou, se assim pretender, mediante contratação de terceiros que reúnam as condições requeridas legalmente para a sua realização. Inadmissível é a elaboração de EIA/Rima somente por um órgão ambiental competente, que também realiza a própria análise deste estudo, visto que, neste caso, não haveria a possibilidade de garantir a devida neutralidade deste, pela ausência da contraposição de equipes técnicas diferenciadas para, respectivamente, a elaboração e o exame do estudo. Fora esse caso, que de resto seria excepcional e comportaria outras hipóteses de exame, não seria de bom senso consignar a potência estatal para a concepção, implantação e operação de projetos públicos sem tê-la também para o exame das consequências de impacto ambiental que estes acarretariam.

Contudo, essa proposição deve ser entendida em razão dos diferentes órgãos que perfazem a administração pública, distintos entre si pelas competências que lhes demarcam os respectivos campos de atuação. Nesse caso, um órgão do Estado poderá decidir sobre a realização de um projeto, responsabilizando-se, nos termos de sua competência, pela sua elaboração, bem como pelo estudo de impacto ambiental correspondente, sendo-lhe vedado o exame desse estudo, que só poderá ser ultimado por órgão competente para tal. O julgamento em última instância da excelência do estudo é precisamente incumbência do órgão ambiental público competente, no exercício de suas atribuições, legalmente a ele deferidas, e que lhe emprestam a presunção de legalidade em seus atos de julgamento, até que outras arguições lhe sejam associadas por irregularidade ou ilegalidade desse mesmo julgamento. Diante do exposto, entendemos que os instrumentos de análise ambiental devem ser, em face da experiência já acumulada, reexaminados e readaptados para o cumprimento de suas funções de controle e de planejamento ambientais, especialmente tendo-se em conta as novas atribuições e competências do Estado e dos municípios, segundo a nova ordem constitucional vigente.

4 CRITÉRIOS PARA ESTUDO PRÉVIO DE IMPACTO AMBIENTAL

IMPORTÂNCIA

*João Vicente de Assunção**

INTRODUÇÃO

Em 1976 foi promulgada a primeira legislação específica para o controle da poluição ambiental no Estado de São Paulo, a Lei n.997, de 31.5.76, regulamentada pelo Decreto n.8.468, de 8.9.76. Essa legislação, de cuja formulação participei, trouxe como novidade um sistema de licenciamento que permite o controle preventivo de fontes de poluição, incluindo-se na definição de fonte de poluição os loteamentos e desmembramentos.

Em 1981, a legislação federal foi aperfeiçoada com a promulgação da Lei n.6.938, de 31.8.81, que dispõe sobre a Política Nacional do Meio Ambiente seus fins e mecanismos de formulação e aplicação e, através do seu artigo 7º, foi criado o Conama. Essa lei é a caracterização efetiva da preocupação em relação ao ambiente e não somente ao aspecto poluição, considerando-o como um patrimônio público a ser necessariamente protegido, tendo em vista o uso coletivo.

---

* Cetesb, São Paulo, SP.

Mais recentemente, a Nova Constituição, no seu Capítulo VI, artigo 225, dá um tratamento específico ao ambiente, estabelecendo que: "Todos têm direito ao meio ambiente ecologicamente equilibrado, bem de uso comum do povo e essencial à sadia qualidade de vida, impondo-se ao Poder Público e à coletividade o dever de defendê-lo para as presentes e futuras gerações". O seu parágrafo 1º, inciso IV, consolida a Resolução Conama n.1/86, pois exige, na forma da lei, que a instalação de obra ou atividade potencialmente causadora de significativa degradação do ambiente, tenha um estudo prévio de impacto ambiental e seu respectivo relatório (EIA/Rima), a que se dará publicidade, já citado anteriormente.

A legislação ambiental brasileira, e em especial a do Estado de São Paulo, pode ser considerada uma das mais completas e modernas do mundo. Em relação ao controle da poluição, a legislação já contém parâmetros e critérios que tornam a sua aplicação e entendimento facilitados, como os padrões de qualidade das águas e do ar; o enquadramento dos corpos d'água; os padrões de lançamento de efluentes líquidos; os padrões de emissão de poluentes atmosféricos; os critérios para a admissão de novas fontes de poluição em áreas críticas; o critério de melhor tecnologia prática disponível para os casos em que não tiverem a fixação de padrões de emissão; os procedimentos para o licenciamento e outros.

A Resolução Conama n.1/86 é uma ferramenta legal importantíssima para a conservação ambiental, aumenta o campo de atuação do Estado, passando do simples controle de poluição para uma ação mais global de implantação de atividades modificadoras do ambiente, inclusive criando a possibilidade de se contestar o real interesse público do empreendimento proposto naquelas condições (hipótese de não execução do projeto), bem como quanto a alternativa tecnológica escolhida, que deve ser confrontada com outras tecnologias existentes em relação ao seu impacto no ambiente. No entanto, ainda nos defrontamos com a dificuldade de identificação e mensuração de impactos e na avaliação do grau de importância de cada impacto. Essa dificuldade tem sido, em parte, resolvida com o caráter participativo dos diversos grupos sociais na sua decisão final. Cabe a nós da comunidade técnico-científica, entretanto, trabalharmos para gerar informações, que servirão de base para o estabelecimento de diretrizes, critérios e normas a serem seguidas na execução dos EIAs.

A RESOLUÇÃO CONAMA N.1/86

Esta resolução se constitui em um documento importante e inovador nos seguintes aspectos: maior abrangência em relação aos sistemas de licenciamento ambientais, até então existentes, em relação às atividades modificadoras do ambiente; visão global do meio, que deverá ser observada nos EIAs; necessidade de equipes multidisciplinares tanto para a execução do EIA/Rima como para a sua análise e julgamento; responsabilidade de execução por parte do empreendedor e não pelo Estado, a não ser nos casos em que o Estado também seja o empreendedor; inclusão do meio biológico e dos ecossistemas naturais; inclusão do meio socioeconômico e participação direta da sociedade civil no julgamento do empreendimento, seja no Conselho Estadual de Meio Ambiente (Consema) ou por meio de audiências públicas.

No entanto, a complexidade, a abrangência e o custo dos EIAs/Rimas nos levam a recomendá-los somente para os empreendimentos de maior porte e de maior impacto, como é usual em outros países, deixando para o licenciamento tradicional os casos mais simples e rotineiros, precavendo-se, no entanto, que a análise seja feita levando-se em consideração a visão abrangente de ambiente, conforme definido na Lei n.6.938. Apesar de se constituir num instrumento importante, o EIA/Rima atualmente é visto como um "bicho-papão" pelos empreendedores, favorecendo a proliferação da "indústria do Rima" ou mesmo a venda de facilidades incluindo-se nos empreendedores as prefeituras municipais. Outro ponto que deve ser considerado é a efetiva participação dos EIAs/Rimas como um instrumento de planejamento e não como instrumento justificador de decisões já tomadas.

CRITÉRIOS PARA ESTUDOS DE IMPACTO AMBIENTAL

O estudo de impacto ambiental, de acordo com a Resolução Conama n.1/86, deve contemplar, no mínimo, as seguintes atividades: diagnóstico ambiental da área de influência do projeto, cobrindo os meios físico, biológico e socioeconômico e os ecossistemas naturais; a análise dos impactos ambientais do projeto e suas alternativas, por meio de identificação, previsão de magnitude e interpretação da importância dos prováveis impactos relevantes. Os impactos devem ser discriminados quanto aos aspectos: positivos e negativos; diretos e indiretos; imediatos e a longo prazo; temporários e permanentes; de grau de reversibilidade; de propriedades cumulativas e sinérgicas; da distribuição dos ônus e benefícios sociais; da definição das medidas mitigadoras dos impactos negativos e da elaboração do programa de acompanhamento e monitoramento dos impactos positivos e negativos, indicando os fatores e parâmetros a serem considerados.

Vê-se que as atividades acima são extensas, abrangentes, complexas e que dependem de julgamento. Esse último, no caso, seria em primeiro lugar da equipe contratada para a execução do EIA, que deveria inicialmente consultar o órgão ambiental responsável pela análise, o qual pode orientar, mas não pode definir claramente todas as exigências, pois o julgamento final dependerá do

Consema ou do Conama, dependendo da localização e da área de influência do empreendimento.

Vê-se, portanto, que um novo empreendimento, que esteja sujeito ao processo de EIA/Rima, deve considerar, sem dúvida, o aspecto ambiental na fase do estudo de viabilidade, junto com os fatores técnicos e econômicos, sob o risco de ver o seu empreendimento não aprovado, com desperdício de recursos. Como o nosso desejo é ter o desenvolvimento junto com um ambiente saudável, devemos trabalhar para que as regras sejam cada vez mais claras, discutidas e aceitas pela sociedade, e que o sistema ambiental ganhe cada vez mais credibilidade e participação.

Dentro das regras ou dos critérios a serem estabelecidos, inclui-se a metodologia para definição da área de influência do projeto e quanto ao diagnóstico ambiental, lembrando que métodos diferentes usualmente conduzem a resultados diferentes ou mesmo não comparáveis. Nesse sentido, o empreendedor poderá optar por métodos mais simples e mais baratos, enquanto o órgão ambiental ou a sociedade civil representada no Consema poderá exigir que sejam utilizados outros métodos. Essa forma não nos parece inteligente, bem como conduz a gastos e desgastes desnecessários. Evidentemente, sabemos que nem tudo poderá ser perfeitamente estabelecido *a priori* e devemos também possibilitar o uso da criatividade e de novos conhecimentos e exigências da comunidade, bem como as características do local. A Secretaria do Meio Ambiente (SMA) já iniciou este processo com a publicação do Manual de Orientação para execução de estudos de impactos ambientais e para a elaboração do Rima.

A Cetesb vem desenvolvendo diversos estudos e pesquisas em relação a impactos ambientais, principalmente em relação à vegetação, bem como as metodologias para diagnósticos, além das atividades rotineiras de monitoramento da qualidade ambiental, que se constituem em informações importantes para estudos de impacto ambiental, as quais estão disponíveis para o público em geral.

A universidade e outros centros de estudos e de pesquisas podem contribuir muito gerando dados e informações para esta finalidade. Além dessas atividades, podem e devem oferecer profissionais para a análise dos EIAs/ Rimas.

QUESTÕES VERIFICADAS NA APLICAÇÃO DO EIA/RIMA: A EXPERIÊNCIA DA SECRETARIA DO MEIO AMBIENTE DE SÃO PAULO

*Ivan Carlos Maglio**

INTRODUÇÃO E CONCEITUAÇÃO

Verificou-se até aqui que o EIA constitui: instrumento de planejamento ambiental; método utilizável, inclusive, para a avaliação de planos regionais/locais (programas e projetos); e, no Brasil, serve também como instrumento de controle ambiental (1980), fortalecido a partir de 1986.

A introdução do EIA na política ambiental é, sem dúvida, uma importante conquista, que insere a consideração da viabilidade ambiental na implantação de obras, com grande capacidade de provocar modificações no ambiente. A amplitude exigida nos estudos de impacto ambiental coloca em questão a perspectiva da análise setorial (especialmente as formas de controle por padrões de poluição ambiental do ar, do solo, ou da água) e introduz a preocupação com quaisquer alterações provocadas aos ecossistemas, incluindo os efeitos acarretados sobre as comunidades tradicionais, sobre a saúde, efeitos sociais e econômicos e inclusive cênico-paisagísticos. Como essa característica introduz sistemática, integrada e globalizante nas intervenções ao ambiente, o EIA caracteriza-se, dessa forma, como um importante "instrumento de indução ao planejamento ambiental". O objetivo geral é promover o desenvolvimento com qualidade ambiental, desenvolvimento ecologicamente sustentado, meta essa a ser atingida no país.

PROBLEMAS VERIFICADOS NA APLICAÇÃO DO EIA/RIMA NO BRASIL

1 Reducionismo na aplicação do EIA: este pode ser reduzido a avaliações extremamente localizadas e pontuais, e, onde inexistir cenários de planejamento

* Secretaria do Meio Ambiente, São Paulo, SP.

podem ocorrer desajustes ou mesmo conflitos com os objetivos regionais, reforçando a necessidade de o EIA ser utilizado como instrumento de planejamento regional.

2 Necessidade de treinamento de pessoal e formação de equipes multidisciplinares para análise e elaboração do EIA: tradição de conhecimento setorizado aliada à inexperiência de trabalho multidisciplinar integrado com linguagens e metodologia comuns.

3 Análise ambiental qualitativa e quantitativa: a primeira é prejudicada pela ausência de séries históricas e carência de dados sistematizados no país; já a segunda é baseada em indicadores econômicos e financeiros, em face dos impactos detectados.

4 Desenvolvimento de parâmetros de controle ambiental biológicos para certos problemas ainda insuficientemente estudados no Brasil: ruídos, dispersão de poluentes no ar, efeitos da destruição de manguezais; metodologia para avaliação de riscos ambientais; controles epidemiológicos, parâmetros sanitários e outros.

5 Desenvolvimento de guias para orientação específica do plano de trabalho a ser desenvolvido no EIA de certos casos típicos, como mineração, barragens, aterros sanitários, distritos industriais e outros.

6 Resistência de algumas agências governamentais e particulares nos setores de energia e transporte, tanto no nível estadual quanto no federal, que ainda não incorporaram o fato de que a racionalização do uso dos recursos naturais e o esforço de conservação da natureza são fundamentais para o desenvolvimento econômico da nação. Essas agências estão executando os EIAs apenas por força da lei. Mas ainda desprezam argumentos ambientalistas, embora não o façam publicamente. Por outro lado, a opinião pública é cada vez mais favorável aos procedimentos de controle ambiental. O quadro atual é que obras e outros empreendimentos ainda são iniciados sem a execução e a aprovação do EIA/Rima.

7 Autoridades locais e prefeitos resistem à regulamentação e a restrições ao desenvolvimento urbano, causando prejuízos aos cofres públicos. Anseio desenvolvimentalista no litoral, por exemplo, leva prefeitos à conivência com a destruição da paisagem, aterramento de manguezais destruindo morros e outros. Nesses casos, somente as campanhas ambientais e a organização da sociedade civil podem ajudar a aplicação da lei e a fiscalização. Incluindo-se o uso de campanhas pelos meios de comunicação: rádio, TV e jornais.

8 A visão setorizada e/ou fundamentalista de parte do movimento ambientalista: setores desse movimento apresentam apenas a visão da preservação absoluta da natureza. Participam dos procedimentos de avaliação de impacto ambiental sempre contra qualquer forma de intervenção, mesmo que seja baseada na escolha correta de alternativas e o objetivo do projeto redunde em novos benefícios sociais.

9 A ideologia do crescimento e do desenvolvimento a qualquer preço com o desprezo pela natureza, que guarda laços históricos com a colonização portuguesa, não pode ser aceita. O uso dos recursos é sempre visto como infinito, já que o país é vasto e há muita terra à disposição. Este comportamento colonial ainda persiste, por exemplo, na Amazônia. O "milagre" econômico dos governos militares potencializou a ideologia do progresso a qualquer custo (destruição das florestas e dos recursos minerais à custa do endividamento externo).

10 O abandono das práticas de planejamento físico-territorial no país, fruto do domínio dos setores financeiros, sobre qualquer conhecimento técnico, destruição dos órgãos de planejamento existentes, a importância da atual Política Nacional do Meio Ambiente, que coloca o zoneamento ecológico e o EIA/Rima como instrumentos básicos, diante da necessidade de aprimoramento do sistema de gestão ambiental. É necessário retomar o planejamento físico-territorial (urbano, regional e local), considerar a análise ambiental, desenvolver o zoneamento costeiro e planejar o uso dos ambientes das bacias hidrográficas no Estado. Superar o EIA como instrumento de decisão desconectado do planejamento global.

11 A ausência de conhecimento acumulado associado à falta de pesquisas básicas sobre ecossistemas brasileiros; a impossibilidade de trabalhar apenas com dados secundários e a morosidade da elaboração e análise do EIA.

12 A experiência do Contra/Rima: os pareceres são elaborados pelo órgão ambiental sobre o EIA/Rima, que por sua vez são realizados por equipes de consultorias independentes. O Contra/Rima é elaborado por equipes multidisciplinares do órgão ambiental ou SMA. Este consiste em pareceres nos quais: diagnóstico ambiental, método de avaliação dos impactos, impactos detectados, medidas mitigadoras e sistemas de monitoramento são avaliados, e o resultado pode incluir novas questões a serem abordadas e/ou novas medidas a serem incorporadas, particularmente diante do conhecimento acumulado pelas equipes técnicas do órgão ambiental.

ALGUMAS CONSIDERAÇÕES SOBRE A SITUAÇÃO EM OUTROS PAÍSES

Muitos países do Terceiro Mundo aplicam o EIA como processo de controle ambiental; a análise ambiental baseada em parâmetros de controle da poluição, copiada da legislação de países do Primeiro Mundo, é ainda parcial. Poucos estão vivendo o nível de problemas da experiência brasileira. A atual legislação do país é extremamente avançada, mesmo quando comparada à dos países do Primeiro Mundo, como Canadá, EUA, Escócia, Holanda e França, onde o EIA é utilizado a mais de uma década.

Nosso sistema de gestão institucional, o Conama e os Conselhos Estaduais apresentam experiências com forte conteúdo democrático. O Consema, em São Paulo com 36 membros, paritário entre entidades governamentais e não governamentais, é uma conquista ambiental, que aponta para o aprimoramento dos mecanismos democráticos.

Os Quadros 1, 2, 3 e 4 demonstram alguns resultados sobre os números de estudos de impactos ambientais apresentados no Brasil e especificamente no Estado de São Paulo.

Quadro 1 – Número de estudos de impacto ambiental no Brasil, até dezembro de 1988

	Analisados	Em tramitação	Total	Em elaboração
1 Acre	0	0	0	1
2 Alagoas	9	2	11	5
3 Amazonas	–	–	–	–
4 Bahia	s.i.	5	5	–
5 Ceará	9	s.i.	9	–
6 Distrito Federal	4	s.i.	4	–
7 Espírito Santo	3	2	5	–
8 Goiás	5	7	12	–
9 Maranhão	13	s.i.	13	–
10 Mato Grosso	–	–	–	–
11 Mato Grosso do Sul	3	4	7	–
12 Minas Gerais	–	–	–	–
13 Pará	–	–	–	–
14 Paraíba	–	–	–	–
15 Paraná	25	10	35	–
16 Pernambuco	4	4	8	2
17 Piauí	8	s.i.	8	–
18 R. Grande do Norte	2	2	4	8
19 R. Grande do Sul	–	–	–	–
20 Rio de Janeiro	5	4	9	6
21 Rondônia	1	0	1	1
22 Santa Catarina	3	s.i.	3	–
23 Sergipe	–	–	–	–
Subtotal	94	40	134	23
São Paulo	46*	45	91	–
Total	140	85	225	23

Fonte: Consulta a órgãos ambientais.
* 23 reprovados.
s.i. = sem informação.

Quadro 2 – Processos de estudos de impacto ambiental, CPLA/DAIA, SMA/São Paulo, até dezembro de 1988

Rank	Analisados			Em tramitação			Total			Em desen-volvimento
	(1)	(2)	(3)	(1)	(2)	(3)	(1)	(2)	(3)	
Mineração	20	29	49	13	25	38	33	54	87	–
Usinas hidrelétricas	3	–	3	6	1	7	9	1	10	1
Projetos hidráulicos	10	2	12	4	2	6	14	4	18	4
Indústrias	22	1	23	9	–	9	31	1	32	7
Proj. urbanísticos	7	4	11	1	5	6	8	9	17	–
Tratamento de resíduos sólidos	3	7	10	1	7	8	4	14	18	1
Oleodutos	7	2	9	1	1	2	8	3	11	5
Rodovias	5	–	5	1	–	1	6	–	6	1
Ferrovias	4	–	4	1	–	1	5	–	5	–
Emissário submarino	–	–	–	1	2	3	1	2	3	1
Explotação de combustíveis fósseis	2	–	2	–	–	–	2	–	2	–
Metrô	–	–	–	–	–	–	–	–	–	2
Zona central de exportação	1	–	1	–	–	–	1	–	1	–
Terminal de produtos químicos	3	–	3	1	–	1	4	–	4	–
Assentamento rural	–	–	–	–	–	–	–	–	–	1
Despoluição de lagos	1	–	1	–	–	–	1	–	1	–
Linhas de alta tensão	3	1	4	–	–	–	3	1	4	–
Projetos agropecuários	–	–	–	–	1	1	–	1	1	–
Rede de distribuição de combustíveis	–	–	–	–	1	1	–	1	1	–
Exploração florestal	2	–	2	–	–	–	2	–	2	–
Reflorestamento/fonte alternativa de energia	1	–	1	1	–	1	2	–	2	–
Total	94	46	140	40	45	85	134	91	225	23

(1) Outros estados.
(2) São Paulo.
(3) Total.

Quadro 3 – Empreendimentos com EIA/Rima no Brasil, CPLA/DAIA, SMA/São Paulo, até dezembro de 1988

Mineração	Obras hidráulicas	Indústrias
Mármore	Projetos de ligação	Agroindústria
Ouro	Barragens (irrigação/abastecimento)	Química
Fosfatos	Túnel extravasor	Papel/celulose
Areia	Caneamento subaquático	Cimento
Argila	Desassoreamento de rios	Produtos alimentares
Sal-gema	Dragagem de rios	Siderurgia
Calcário	Canalização de rios	Argilas ativadas
Pedreira	Aterro hidráulico para retroporto	Complexo industrial portuário
Granito		Polo industrial (quím. petro.)
		Ferroligas
Quartzito		
Rochas gnáissicas		
Turfeiras		
Sem especificação		
Projetos urbanísticos	**Tratamento e disposição de resíduos sólidos**	**Dutos**
Conjuntos habitacionais	Aterros sanitários	Gás
Loteamentos (urbanos e industriais)	Aterro de resíduos perigosos	Óleo
Túnel	Usinas de incineração de resíduos industriais urbanos	Eteno
Distritos industriais	Usinas de reciclagem e compostagem de lixo	Cloro
	Estação de transbordo	
	Central de tratamento de resíduos tóxicos	

Quadro 4 – Situação dos processos de EIA/Rima no Estado de São Paulo

	Tramitação	Aprovados	Reprovados	Outros	Total
Projetos de sistema de tratamento de esgotos	6	–	–	–	6
Dutovias	2	3	–	1	6
Proj. de resíduos sólidos	2	13	1	3	19
Proj. urbanísticos	7	3	–	2	12
Proj. rurais	3	3	–	–	6
Mineração	44	24	21	13	102
Ampliação de porto	1	1	–	–	2
Rodovias	3	2	1	1	7
Ferrovias	1	–	–	–	1
Hidrelétricas	3	1	–	–	4
Proj. hidráulicos	2	2	–	–	4
Linha de transmissão	1	1	–	–	2
Destilaria	1	–	–	–	1
Terminal de abastecimento	1	–	–	–	1
Turfeira	–	1	–	–	1
Distritos industriais	–	2	–	1	3
Total	77	56	23	21	177

Fonte: Departamento de Avaliação de Impacto Ambiental (DAIA) – CPLA – SMA.
Período: junho 87/maio 90.

ESTRATÉGIAS INSTITUCIONAIS DE FOMENTO À FORMAÇÃO DE PROFISSIONAIS NA ÁREA AMBIENTAL

*Oneida Divina da Silva Freire**

ANTECEDENTES

A visão de proteção ambiental como necessidade de incorporação ao processo de desenvolvimento econômico do usufruto racional da natureza, em benefício do bem-estar e da própria continuidade do desenvolvimento, é relativamente nova no Brasil. O caráter novo e essencialmente interdisciplinar dessa questão requer tratamento que envolve toda sorte de aspectos, ou seja, incorpore à abordagem ecológica as abordagens econômica, tecnológica, cultural e outras. Há de se contemplar, enfim, todos os aspectos da atividade humana em seu relacionamento com a base natural que a sustenta.

A recorrência dos problemas apontados por técnicos e docentes envolvidos diretamente com trato dessa temática permite inferir que o maior obstáculo situa-se na insuficiência de recursos humanos especializados, os quais o país ainda não dispõe no momento, pelo menos no nível compatível com a demanda. A maioria dos profissionais, atualmente envolvidos neste campo, é oriunda de cursos de formação nas áreas tradicionais do conhecimento.

Essa formação sempre se deu, no país, associada, principalmente, ao ramo das Ciências Naturais ou da Engenharia. A par do caráter estritamente técnico, essa formação, refletindo um estado incipiente da consciência da sociedade sobre o ambiente, produziu-se sempre a partir de visões fragmentárias da realidade ambiental. Carece, pois, a sociedade brasileira do novo cientista e do novo técnico ambiental, em cuja estrutura intelectual se abrigue tanto o conhecimento dos aspectos específicos quanto os demais aspectos que essa questão envolve.

A experiência obtida com o processo de discussão, que vem ocorrendo a partir da realização dos Seminários Universidade e Meio Ambiente, permite

* Ibama, Brasília, DF.

constatar, no entanto, o início de formação de uma massa crítica com efeitos multiplicadores que se manifestam no uso de uma linguagem comum, que possibilita dar início a práticas de caráter interdisciplinar, como a emergência de diversas formas de organização no interior das universidades voltadas para as atividades de formação de recursos humanos, de extensão e de pesquisa. Isso vem influindo na criação de estratégias institucionais de fomento à formação de profissionais.

ELEMENTOS DE UMA ESTRATÉGIA DE ATUAÇÃO

O caráter essencialmente interdisciplinar da problemática ambiental se antagoniza, em princípio, com a excessiva fragmentação e especialização do ensino e da pesquisa no país. A ampliação dos órgãos públicos, destinados à execução e à formulação das políticas ambientais, e o próprio crescimento da área de ação dessas políticas evidenciam as lacunas das formações tradicionais ante as necessidades do setor. Essa situação também ocorre no setor privado, cuja demanda de profissionais especializados tem aumentado sensivelmente.

Algumas iniciativas adotadas no âmbito das instituições de ensino e governamentais, ainda que restritas e permeadas por problemas, denotam o esforço, nem sempre coordenado, mas de qualquer modo persistente, pela implementação de uma estratégia de formação de recursos humanos para o cumprimento de um requisito básico da Política Nacional do Meio Ambiente.

Esse esforço encontra-se consubstanciado principalmente nas ações desenvolvidas pelo Ibama, nos Seminários Universidade e Meio Ambiente e nas ações previstas no Programa Nacional do Meio Ambiente (PNMA). No CNPq e na Capes através do Plano de Ações Básicas de Desenvolvimento Científico e Tecnológico (PADCT).

Seminários Universidade e Meio Ambiente

A avaliação dos Seminários Universidade e Meio Ambiente, ainda que em um nível de generalidade, constitui o registro de um processo de integração entre as ações do Sistema Nacional do Meio Ambiente e o Sistema Universitário. Essa avaliação pauta-se na experiência por nós vivenciada como representante do Órgão Federal do Meio Ambiente, a quem coube o papel de desencadeador e estimulador desse processo. Os esforços desenvolvidos a partir desses seminários estiveram centrados na superação de dificuldades para o desenvolvimento de práticas inter e multidisciplinares nas áreas de ensino, pesquisa e extensão universitárias. A descrição de cada evento tem por objetivo elucidar os avanços alcançados, que refletem, sem dúvida, na formação de uma massa crítica para o tratamento da questão.

O I Seminário Nacional sobre Universidade e Meio Ambiente, realizado na Universidade de Brasília, em 1986, teve como característica básica ser o elemento provocador da questão nas universidades ante a problemática ambiental do país. Procurou-se, assim, mapear o "estado da arte" nas diferentes atividades universitárias, com a finalidade de se averiguar as possíveis estratégias de atendimento a essa questão emergencial da sociedade. As discussões trouxeram à tona as grandes dificuldades epistemológicas e institucionais para o desenvolvimento das experiências universitárias existentes acerca do trato da questão. Essas dificuldades nortearam a organização do II Seminário, realizado na Universidade Federal do Pará, em 1987, enfatizando, inicialmente, a discussão das bases epistemológicas da temática ambiental, de modo a se obter um fundo conceitual mínimo. Em seguida, a discussão deu-se em direção à ação prática, ou seja, as formas de organização da universidade e, por último, discutiu-se a questão da Avaliação de Impacto Ambiental dos empreendimentos de caráter econômico e social, que envolve a integração de múltiplos aspectos convergentes, configurando a necessidade de formulação de metodologias e envolvimento de profissionais para tratar o assunto de forma interdisciplinar.

As maiores controvérsias, observadas nos debates, ocorreram em torno de "certo praticismo que subvalizava a discussão de caráter mais teórico (estigmatizada de acadêmica)"; outro aspecto é, um tecnicismo naturalizante que se assustava com a "excessiva politização" do seminário. No intuito de romper com essa dicotomia, o III Seminário, realizado na Universidade Federal de Mato Grosso, em 1988, buscou uma dinâmica de discussão que articulasse teoria e prática numa mesma formulação, de modo a evitar o praticismo alienado e o teoricismo estéril, tendo como eixo central "Formas de Organização das Universidades para o Tratamento Interdisciplinar da Temática Ambiental".

As considerações finais, apresentadas pelos grupos de trabalho, demonstram que a "interdisciplinaridade" não pode ser criada por decreto, devendo fluir de vivências comuns de trabalho, como vem ocorrendo através de algumas iniciativas, apesar da excessiva departamentalização das universidades brasileiras. Outro ponto importante foram as discussões sobre a questão do patrimônio ambiental como questão política que norteará os debates do IV Seminário. Aprofundou-se, ainda nesse evento, a discussão sobre a necessidade de uma formação crítica-humanista em todas as áreas e, ainda, as dificuldades de se chegar a uma linguagem comum.

O IV Seminário, que ocorreu na Universidade Federal de Santa Catarina, teve como eixo central o tema "Universidade e Sociedade Face à Política Ambiental Brasileira", derivado das recomendações do seminário anterior, para aprofundar o relacionamento da universidade com a sociedade por meio da definição das ações práticas que determinam a questão ambiental no Brasil.

Em síntese, os seminários têm contribuído para dar início a um processo de formação de recursos humanos, como se pode observar nas iniciativas de algumas universidades com a estruturação de cursos interdisciplinares na área ambiental, ou como se percebe na emergência de formas organizativas, que direta ou indiretamente envolvem a formação de massa crítica para atuar nesse setor, influindo, assim, nas próprias estratégias de fomento dos órgãos governamentais.

Capacitação e gestão ambiental

A formulação de um Programa de Capacitação de Recursos Humanos para a gestão ambiental, sobretudo dos órgãos que atuam na coordenação e execução da política ambiental, suscita, como pressuposto, a elevação do nível de eficiência do Estado, que depende, dentre outros fatores, do controle que a sociedade exerça sobre ele, possibilitando, assim, a construção de uma consistente política pública no setor.

Nessa perspectiva, integram o Programa Nacional do Meio Ambiente (PNMA) alguns projetos voltados para a formação de recursos humanos, visando, entre outros, à adoção de um modelo de gestão ambiental antecipativo. Esse modelo deverá superar a abordagem meramente corretiva hoje praticada, por meio da consideração da problemática ambiental em sua complexidade e abrangência e da aplicação eficiente dos instrumentos diretos e indiretos previstos na legislação, como zoneamento, avaliação de impacto ambiental e outros.

Esses projetos visam ofertar capacitação técnica nos seguintes níveis: setores produtivos público e privado para a consideração dos requisitos ambientais na elaboração, análise, aprovação e execução de projetos econômicos; área ambiental do governo com vistas a aplicação eficiente da legislação ambiental e de seus instrumentos; e organizações civis que visem ao estímulo da participação em gestão ambiental e à utilização de instrumentos jurisdicionais na defesa do ambiente e do patrimônio natural. Outras linhas de capacitação deverão ser adicionadas ao projeto, visando ao atendimento de novas demandas apontadas pelos Órgãos Estaduais do Meio Ambiente, com vistas a ampliar o nível de eficiência da ação do governo nessa área.

O CNPq, através do Plano de Ações Básicas de Desenvolvimento Científico e Tecnológico (PADCT), possui um subprograma de ciências ambientais que formula estratégias para orientar a inserção da questão ambiental nas ações de desenvolvimento através da formação de recursos humanos, geração, adaptação e transferência de tecnologias que visem à manutenção e à melhoria da qualidade ambiental.

A Capes é responsável, também, por um item que integra o PADCT, o Subprograma Educação para a Ciência, no qual foram inseridas estratégias de educação ambiental que contemplam, principalmente, o estudo para o desenvolvimento de metodologias interdisciplinares e a formação de recursos humanos, com prioridade para os professores das licenciaturas. Cabe, portanto, aos profissionais envolvidos com a questão ambiental, a superação dos entraves para desvencilharem-se das estruturas setorizadas e "efetuarem o salto necessário", cumprindo, assim, o papel que lhes cabe nesse contexto.

5 QUESTÕES VERIFICADAS NA REVISÃO DOS EIAs/RIMAs: A EXPERIÊNCIA DA SECRETARIA DO MEIO AMBIENTE DE SÃO PAULO

DESENVOLVIMENTO E AMBIENTE

*Ivan Carlos Maglio**

INTRODUÇÃO E CONCEITUAÇÃO

Os Estudos de Impactos Ambientais constituem-se em importante instrumento de planejamento ambiental por serem aplicáveis na avaliação de políticas setoriais; planos regionais e locais; programas e projetos, e na experiência brasileira vem sendo utilizado como instrumento de análise ambiental de projetos que potencialmente possam provocar alterações significativas ao ambiente a partir da Resolução n.1/86 do Conama.

A introdução do EIA na política ambiental nacional é, sem dúvida, uma importante conquista que insere a consideração da viabilidade ambiental na implantação de projetos. Porém, a amplitude da análise global requerida nos EIAs coloca em questão a perspectiva da análise setorial por meios (ar, água, solo), através dos parâmetros de controle ambiental utilizados pelos órgãos de controle. Esta perspectiva requere uma análise holística das alterações provo-

* Diretor da Cetesb e Coordenador de Planejamento Ambiental da Secretaria do Meio Ambiente de São Paulo (1987-1991).

cadas nos aspectos bióticos , físicos e antrópicos dos sistemas naturais (ecossistemas) ou sistemas ambientais modificados pelas atividades humanas. Incluindo-se os efeitos negativos sobre as comunidades, na saúde, nos aspectos sociais e econômicos e nos riscos de ocorrência de eventos negativos.

Com essas características de uma avaliação global, e integrada na análise das intervenções ao ambiente, o EIA caracteriza-se como um importante instrumento de planejamento ambiental, fundamental para a promoção do desenvolvimento com qualidade ambiental, desenvolvimento sustentável como conceituado no Relatório Brundtland – NOSSO FUTURO COMUM, que se baseia na utilização dos sistemas naturais, de modo a satisfazer as necessidades das gerações atuais e futuras.

ANÁLISE AMBIENTAL: PROBLEMAS VERIFICADOS NA REVISÃO DOS EIAs/RIMAs

- Na primeira fase de aplicação dos EIAs ainda se verifica a setorização da análise limitada à aplicação dos parâmetros de controle ambiental já sedimentados, porém sem o caráter de uma avaliação integrada, refletindo-se em ausência de aplicações de metodologias consistentes de previsão dos impactos e de técnicas adequadas de medição da magnitude dos efeitos no sistema ambiental analisado.
- A ausência de processos de planejamento regional, ainda que baseados em aspectos físico-territoriais, amplia as dificuldades colocadas para a análise das intervenções localizadas pela indefinição de objetivos regionais, aumentando a responsabilidade das conclusões e impondo a adequação ambiental dos projetos pontuais para um planejamento integrado e para as políticas regionais de desenvolvimento, reforçando a aplicação do EIA em seus aspectos de planejamento ambiental.

A necessidade de treinamento e capacitação de técnicos em práticas multidisciplinares, fundamentais para o desenvolvimento de estudos integrados como os requeridos na execução e revisão dos EIAs, especialmente no desenvolvimento e na aplicação de adequadas metodologias de análise.

Destacam-se ainda os problemas das avaliações econômico-ambientais, pela deficiência no tratamento das "externalidades" quando da utilização de recursos ambientais, pela dificuldade de medir o valor agregado à exploração desses recursos, refletindo-se em danos ambientais. A carência de pesquisas integradas sobre a dinâmica dos ecossistemas naturais brasileiros (floresta atlântica, sistemas costeiros etc.) também dificulta a mensuração da capacidade de suporte e a vulnerabilidade dos ecossistemas diante das intervenções provocadas pelas atividades modificadoras do ambiente.

Destacam-se também as deficiências de conhecimento de técnicas de medição da magnitude dos impactos sobre o meio físico, biótico. Ainda verifica-se a ausência de padrões ambientais adequados para a avaliação de riscos epidemiológicos, sanitários, ou ainda o monitoramento com a utilização de indicadores biológicos de qualidade ambiental.

Alguns procedimentos podem contribuir para o aperfeiçoamento dos EIAs, como o desenvolvimento preliminar de termos de referência que norteiem o conteúdo e a profundidade dos aspectos a serem considerados na sua elaboração. Também os roteiros específicos para a elaboração de estudos, já sistematizados, tais como para atividades minerárias, aterros sanitários, distritos industriais e outros, podem ser ilustrativos quanto aos fatores ambientais a serem considerados na análise de projetos.

Se o objetivo é a formulação de um processo de planejamento físico-territorial, este torna-se prejudicado pela ausência de um planejamento setorial estratégico na formulação das políticas públicas (de energia, de transportes, de saneamento básico, entre outras). A política ambiental e seus instrumentos, especialmente o EIA/Rima e o zoneamento ambiental, passam a ser mecanismos fundamentais para o gerenciamento ambiental das políticas setoriais e para o desenvolvimento com sustentabilidade. Nesse sentido, a retomada das técnicas de planejamento setorial, regional, regional urbano e local tornam-se condições fundamentais para o aprimoramento dos procedimentos de gestão das atividades poluidoras e contribuem para o avanço dos mecanismos de apoio à decisão.

Esses procedimentos são também igualmente importantes para a revisão dos estudos abordados no EIA, elaborada pelas equipes dos órgãos ambientais. No caso de São Paulo, equipes multidisciplinares elaboram esses pareceres, e a prática vem mostrando a necessidade de se requerer, na análise ambiental, maior ênfase nos aspectos de articulação dos projetos em análise, em relação ao planejamento integrado, planejamento regional e local, e de compatibilidade com as próprias políticas setoriais. O conhecimento acumulado por essas equipes de caráter multidisciplinar, aplicado ao processo de revisão dos EIAs, é um "crivo" de fundamental importância para ampliar sua qualidade nos aspectos de planejamento integrado.

Considerações de caráter político-institucional

Parte do movimento ambientalista, também pode contribuir para uma visão setorizada dos problemas ambientais. Setores do movimento apresentam apenas a visão da conservação absoluta da natureza, não admitindo a possibilidade de procedimentos de avaliação de impacto ambiental, colocando-se contra qualquer forma de intervenção, mesmo que seja baseada na escolha correta de alternativas, como a integração, e que dos impactos objetivos do projeto redundem em novos benefícios sociais.

Os recursos naturais são sempre vistos como infinitos e sem valor, já que o país é vasto e há muita terra à disposição. Este comportamento colonial ainda persiste, por exemplo, na Amazônia. O "milagre" econômico dos governos militares potencializou a ideologia do progresso a qualquer custo, levando à destruição das florestas e de outros ecossistemas.

A perspectiva do planejamento ambiental sofre ainda restrições ante o domínio dos setores financeiros, sobre qualquer planejamento técnico-estratégico, levando ao enfraquecimento dos órgãos de planejamento existentes. Fica então evidente a importância da aplicação da Política Nacional do Meio Ambiente, na qual o zoneamento ambiental e o EIA/Rima são instrumentos básicos, diante da necessidade de aprimoramento do sistema de gestão ambiental. Retomar as práticas de planejamento físico-territorial (urbano, regional e local), considerando a análise ambiental, no zoneamento costeiro e no planejamento da gestão ambiental das bacias hidrográficas, em outras palavras, conduz a aplicação do EIA como instrumento de decisão conectado ao planejamento global.

ALGUMAS CONSIDERAÇÕES SOBRE A SITUAÇÃO EM OUTROS PAÍSES

Muitos países em desenvolvimento aplicam o EIA apenas como instrumento de controle ambiental, tornando a análise ambiental parcial, baseada em parâmetros de controle de poluição, muitas vezes "copiados" da legislação dos países desenvolvidos. Poucos países têm o nível de legislação ambiental equivalente à brasileira. A atual legislação do país é extremamente avançada, mesmo quando comparada à países, como Canadá, EUA, Escócia, Holanda e França, onde o EIA é utilizado a mais de uma década, como instrumento de política ambiental.

No nosso sistema de gestão ambiental, destacam-se o Conama e os Conselhos Estaduais razoavelmente descentralizados nos estados, que apresentam uma forte experiência democrática com participação de entidades não governamentais. O Consema, em São Paulo, paritário entre entidades governamentais e não governamentais, com uma vigorosa participação das entidades ambientalistas, é uma conquista ambiental, que aponta na direção do aprimoramento dos mecanismos democráticos de gestão.

Os Quadros 1, 2 e 3 e as Tabelas I e II compõem levantamentos atualizados em 1994, através de pesquisa demonstram alguns resultados sobre os números de estudos de impactos ambientais apresentados no Brasil e especificamente no Estado de São Paulo.

A EFETIVIDADE DO EIA NO BRASIL

Resultados preliminares – 1994 (Seção Brasileira da Associação Internacional de Impacto Ambiental (IAIA))

Tabela I – Solicitação de estudos de impacto ambiental (1986-1994)

Estados / EIA solicitados	RN	ES	PR	BA	SE	PE	SP	MS	AM	RJ
EIA solicitados	19	9	93	8	25	18	337	25	10	81
Reprovados	–	1	11	–	1	–	75	–	–	17
Em revisão	–	–	–	–	–	4	103	–	–	5

Tabela II – Qualidade dos estudos de impacto ambiental

Estados / Qualidade	RN	ES	PR	BA	SE	PE	SP	MS	AM	RJ
1 Baixa qualidade	—				—		—		—	
2 Média qualidade			—	—				—		—
3 Boa qualidade		—								

Levantamentos atualizados, através de pesquisa sobre a efetividade do EIA, realizada junto aos órgãos ambientais pela Associação Internacional de Impacto Ambiental (IAIA), apontam para o seguinte quadro no período de 1986-1994 quanto à qualidade dos EIAs mesmos.

CARACTERÍSTICAS AMBIENTAIS QUE LIMITAM OS PROGRAMAS DE DESENVOLVIMENTO

Os modelos de desenvolvimento e a questão ambiental no Brasil

Os modelos de desenvolvimento e as decorrências na gestão ambiental podem ser sintetizados como:

Hiperdesenvolvimento. Propõe o desenvolvimento econômico a qualquer custo, ainda que concentrando renda e destruindo os recursos naturais. Não existem considerações sobre a valorização econômica dos recursos naturais. Nessas condições não há interesse em legislação ambiental e, consequentemente, não existe um sistema de gestão ambiental institucionalizado.

Desenvolvimento atenuado. O desenvolvimento econômico está condicionado em face do estágio de desenvolvimento das forças produtivas do país; porém, a relação com o ambiente ainda é desbalanceada, privilegiam-se as políticas desenvolvimentalistas em relação às políticas ambientais e sociais, que levam à distribuição de renda. A gestão ambiental é baseada em alguns controles ambientais, a partir de análise setorial por meios (ar, água e solo). O sistema de gestão ambiental é parcial e não incide sobre as políticas setoriais. As ações são excessivamente setorizadas, e os efeitos nocivos são controlados por parâmetros ou padrões de controle ambientais apenas para algumas atividades marcadamente poluidoras.

Desenvolvimento sustentável. As relações entre ambiente e desenvolvimento estão integradas. Busca-se a distribuição de renda; porém, as políticas de desenvolvimento e o planejamento integrado das atividades setoriais levam em conta os limites colocados pela renovação dos recursos naturais, os padrões ambientais são estabelecidos biologicamente. A análise ambiental é globalizante, baseada no enfoque holístico, e o sistema de gestão é descentralizado com participação da sociedade. Alguns modelos utilizam a gestão do sistema por bacias hidrográficas, criando os Conselhos ou Agências de Bacias. Alguns autores colocam ainda um estágio intermediário entre o modelo de desenvolvimento atenuado e o desenvolvimento sustentável.

Os modelos aqui adotados são antropocêntricos. Devem ainda ser considerados os aspectos ético-ambientais, desde a visão antropocêntrica à visão biocêntrica, e diversas posturas em relação aos aspectos filosóficos que dão base aos conceitos e aos elementos da política ambiental em defesa da natureza.

Nessa perspectiva, o modelo brasileiro estaria na fase do desenvolvimento atenuado; porém, em condições de se preparar para o desenvolvimento sustentável. "Esta perspectiva requer uma reformulação das estratégias atuais para se adotarem políticas abrangentes, envolvendo o planejamento e o gerenciamento global de recursos ambientais, e também de se criarem instrumentos e formas de organização adequados a esses objetivos."

A questão ambiental e o esgotamento gradual da visão do desenvolvimento a qualquer custo vêm recolocar a urgência de uma perspectiva estratégica do planejamento, em face da premência de buscarmos formas integradas de equacionar a questão do desenvolvimento com a preservação ambiental.

O EIA como método de avaliação de impactos ao ambiente é aplicável inclusive na avaliação dos planos e programas regionais e locais. Por exemplo, as Diretrizes do Plano Diretor do Município de São Paulo podem ser avaliadas em termos de impactos provocados ao ambiente. Nesse aspecto, vale a pena uma retrospectiva da evolução do planejamento físico-territorial no Brasil nas últimas décadas.

Este passou por um florescimento na década de 1960, teve grande desenvolvimento na década de 1970, como, por exemplo, os trabalhos realizados pelo Gegram e pela Emplasa em São Paulo, e a criação de diversos cursos de Pós-graduação em Planejamento Regional (UFRJ, UFRGS, entre outras), tendo praticamente desaparecido da ação governamental na década de 1980.

O amadurecimento do movimento ambientalista vem colocando a questão do desenvolvimento sustentável ou do ecodesenvolvimento, e é neste sentido que, em cada caso concreto, os estudos de impacto ambiental podem auxiliar a discussão de novas estratégias para as alternativas em discussão no país (políticas públicas, planos, programas e projetos), colocando em cheque a falta de planejamento estratégico nos programas de desenvolvimento.

Um problema conceitual é que em qualquer método de planejamento é fundamental o estabelecimento de metas e objetivos gerais e específicos a serem atingidos, através da utilização de diversos instrumentos, particularmente o zoneamento físico-territorial. "Abrir o processo de planejamento a objetivos ambientais e avaliar as transformações em relação a esses objetivos não significa, evidentemente, organizar uma nova hierarquia que tenha em primeiro lugar os valores ambientais, significa somente tornar explícitos os conteúdos implícitos, dar transparência às decisões, avaliar os efeitos nocivos ao ambiente." Isto é, significa tentar incluir a viabilidade ambiental na avaliação dos programas e revolucionar as linhas de planejamento territorial, e não jogar fora o patrimônio de experiências e de instrumentos até agora acumulados nos órgãos de planejamento, bem como o que ainda permanece em termos de planejamento estratégico setorial em agências governamentais.

Dessa forma, o zoneamento ambiental, enquanto instrumento de análise e ferramenta de política ambiental, completa o EIA como perspectiva de desenvolver instrumentos de planejamento ambiental, que promovam avanços na direção do desenvolvimento ecologicamente sustentável. O zoneamento ambiental ainda está em fase embrionária no país, embora a nova Constituição tenha fortalecido certos instrumentos de planejamento, como os Planos Diretores Municipais, as legislações especiais para a Zona Costeira, Amazônia, Pantanal, Mata Atlântica e Áreas de Proteção Ambiental.

A prática recente já consagrou o EIA e os processos de avaliação ambiental, enquanto as práticas de zoneamento limitam-se ainda a poucas experiências em andamento no país. Além disso, o EIA/Rima como processo de avaliação é um importante instrumento de decisão para o momento de hoje, enquanto o zoneamento ambiental ainda está por se desenvolver no país.

Nesse sentido, o conteúdo dos EIAs e as respectivas discussões provocadas nos processos de avaliação ambiental devem contribuir com insumos, diretrizes e formulações para o planejamento ambiental das regiões impactadas, e áreas de influência e com o planejamento estratégico das políticas setoriais. Particularmente, as audiências públicas e os debates que se realizam nos Conselhos

Estaduais de Meio Ambiente podem tornar-se um fórum de crítica e de exigência de coerência no aperfeiçoamento do planejamento global.

Ao planejamento ambiental está então colocando o desafio de incorporar e aperfeiçoar a experiência até então acumulada. Por exemplo, na Região Metropolitana de São Paulo (RMSP), a experiência do planejamento metropolitano levou à formulação das Leis de Proteção aos Mananciais e de Zoneamento Industrial, que introduziram questões ambientais ao processo de planejamento. O balanço dessas experiências é extremamente importante para a discussão de metodologias de zoneamento ambiental. Ao se colocar este desafio, objetiva-se que o instrumental de análise ambiental se complete com a aplicação simultânea dos dois instrumentos: o EIA/Rima e o zoneamento ambiental, dando outra qualidade ao processo de planejamento ambiental.

OS NOVOS DESAFIOS COLOCADOS PARA O PLANEJAMENTO E A GESTÃO E A EXPERIÊNCIA DE SÃO PAULO

A SMA de São Paulo, através da Coordenadoria de Planejamento Ambiental, vem promovendo a execução e desenvolvendo a capacitação por meio de projetos de zoneamento ambiental aplicados ao litoral, por exemplo, o gerenciamento costeiro do Litoral Sul e Norte, o zoneamento de Áreas de Proteção Ambiental, o zoneamento ambiental de bacias hidrográficas, que comporão um sistema atualizado de informações para o diagnóstico ambiental do Estado de São Paulo. A perspectiva da implantação de sistemas de gestão ambiental está colocada no âmbito desses projetos. Estes sistemas são básicos para que haja aprimoramento dos mecanismos de tomada de decisão, e essas experiências têm levado à discussão de novos procedimentos para definir critérios para o zoneamento ambiental, com a participação das comunidades envolvidas. Esta experiência procura consolidar a elaboração de um processo de planejamento ambiental dinâmico, baseado em sistemas de gestão dinâmica e participativa, e a respectiva implantação de programas de desenvolvimento ambientalmente sustentáveis.

A implantação desses projetos, além da formulação e experimentação de novas metodologias de zoneamento ambiental, tem trazido novas questões para a discussão dos sistemas de gestão ambiental, diante do arcabouço institucional criado pela legislação em vigor no país, destacando-se alguns desafios ainda sem resposta.

Os sistemas de gestão ambiental devem adaptar-se aos ecossistemas específicos (Litoral/Áreas de Proteção Ambiental/Bacias), criando Colegiados (Costeiros/Consórcios Municipais/Agências de Bacias)?

Como conciliar a gestão dos diferentes ecossistemas e suas especificidades com a unidade "bacia hidrográfica", que é adequada como unidade de planejamento e gestão ambiental?

Como conciliar a gestão dos diferentes ecossistemas, suas especificidades ante a divisão administrativa do Estado, que não respeita seus limites?

Quais suas limitações, correlações e interfaces com os ecossistemas integrados e os sistemas de gestão urbana ou de regiões metropolitanas que atravessem várias bacias?

Como tratar as interferências inter-regionais e extrarregionais, particularmente as políticas setoriais e os diversos conflitos com os sistemas de "gestão combinada", tendo em vista os ecossistemas e os espaços físicos homogêneos?

Na discussão dos impactos ambientais e dos sistemas de gestão participativa, quais as perspectivas para aprimoramento dos procedimentos de tomada de decisão adotados na gestão ambiental? Por exemplo, audiências públicas, Conselhos Participativos, entre outros.

Essas outras questões ainda sem resposta são desafios aos planejadores interessados na formulação e no aprimoramento de políticas de planejamento e gestão ambiental no país.

A ECONOMIA E O DESENVOLVIMENTO SUSTENTADO

*Sérgio Margulis**

INTRODUÇÃO

O objetivo desta apresentação é fazer rápidas considerações sobre as relações entre a economia e os principais conceitos e perspectivas que cercam a noção de desenvolvimento sustentado, justiça social, preservação de valores culturais, fortalecimento institucional e proteção ambiental, investigando a possível dicotomia existente entre estes diversos componentes, sugerindo contextos aplicados em que aparecem estas situações. Uma série de simplificações serão feitas sem maiores justificativas, incluindo, por exemplo, a consideração de apenas quatro conceitos mencionados como aqueles que fundamentam a "teoria" de desenvolvimento sustentado. Entendemos que há grande unanimidade acerca dos diversos aspectos citados e da necessidade de sua integração, mas que há igualmente uma falta de rigor teórico e conceitual. A literatura acerca do tema concentra-se exclusivamente nos países do Terceiro Mundo; não seria antes mais urgente tratar da sustentabilidade do crescimento das nações industrializadas? Será o japonês um modelo de desenvolvimento sustentado? Não será também uma tautologia qualificar desenvolvimento de sustentável?

Não temos a pretensão de aprofundar estas questões nesta breve intervenção. Como mencionado, por um viés de formação, tratamos de levantar alguns tópicos da interface da economia com outras ciências e conceitos que cercam a noção de desenvolvimento sustentado. Buscamos, no fundo, entender por que os modelos propostos, apesar de sua grande racionalidade, não são implementados na prática.

Se são interesses econômicos típicos das sociedades capitalistas que impedem a adoção destes modelos, por que não são eles também aplicados nos países de economia centralizada?

---

* IPEA/INPEs, Rio de Janeiro, RJ.

EFICIÊNCIA, CRESCIMENTO ECONÔMICO E JUSTIÇA SOCIAL

Já foi o tempo em que se julgava a eficiência econômica e a equidade (distribuição de renda) como duas questões distintas e independentes, que não precisavam ou deveriam ser abordadas conjuntamente. É da própria teoria microeconômica o resultado de que na maximização do bem-estar social há que se buscar, simultaneamente, a alocação eficiente de recursos e a distribuição de renda desejada (a alocação do produto). Não se trata, assim, de uma dicotomia entre crescimento econômico e justiça social, apenas da necessidade de que ambas sejam tratadas conjuntamente. Um pouco da economia pode ser ineficiente em termos da alocação de recursos, mas é preferível em termos da maximização do bem-estar social. É evidente, no entanto, que o nível de renda de um país não tem, em princípio, ligação direta com o nível de equidade social. Por exemplo, dos 120 países associados ao Banco Mundial, o Brasil tem o oitavo maior PIB, mas é apenas o 43º maior PIB *per capita*; dos 46 países para os quais há informação, o Brasil ocupa a pior posição em termos da concentração de renda, com os 10% mais ricos retendo 50,6% da renda nacional e os 20% mais pobres retendo apenas 2,0%. Este trágico perfil pode sugerir que seja muito mais urgente tratar da distribuição de renda e do crescimento econômico do que da proteção ambiental (o que dependeria, também, do nível de degradação do ambiente). Essa possível dicotomia entre distribuição de renda e crescimento econômico e proteção ambiental é abordada a seguir.

DISPONIBILIDADE DE RECURSOS E EFICIÊNCIA INSTITUCIONAL

A ineficiência institucional que compromete o sucesso de um número grande de programas e projetos, em princípio bem planejados e estudados, é um problema, via de regra, muito mais de falta de determinação política do que de limitação de recursos. Um exemplo dessa situação foi o Polonoroeste, em que o grande número de instituições envolvidas não pôde, por si só, justificar o fracasso institucional observado. Nele havia recursos alocados especificamente para a proteção do meio ambiente físico e humano, que, em última instância, era o próprio objetivo do programa, e na prática assistiu-se quase que passivamente a uma exaustão da base de recursos naturais em um ritmo no próprio contexto amazônico. Não faltaram igualmente recursos para que o asfaltamento da BR-364 (Cuiabá – Porto Velho) fosse concluído muito antes do prazo previsto, e também as demais estradas fossem construídas de acordo com seus cronogramas. Faltou, sim, determinação política para que os aspectos ambientais fossem diretamente considerados, e a ausência dessa determinação se traduziu por uma estrutura institucional bastante frágil em relação às suas atribuições. Isso não quer dizer que em inúmeras situações não haja de fato uma limitação de recursos impedindo o bom andamento dos projetos, a despeito do interesse e do empenho das instituições e de seus técnicos. Isso parece aplicar-se de forma quase que generalizada, aqui no Brasil, à maior parte das secretarias estaduais de meio ambiente. De maneira geral, no entanto, a ineficiência institucional não decorre de uma escassez de recursos, mas sim de uma falta de determinação política de instâncias superiores, que torna esses recursos tão minguados.

CRESCIMENTO ECONÔMICO, DISTRIBUIÇÃO DE RENDA E PROTEÇÃO AMBIENTAL

Se as questões econômicas não são de fato "antagônicas" às demais apontadas, o mesmo não deve ser imediatamente citado em relação à proteção ambiental (inclua-se, doravante, o mesmo raciocínio à preservação de valores culturais e à proteção de minorias étnicas). De fato, ainda que não haja dicotomia clara entre ambas, existem muitas instâncias, talvez a maioria, em que há um antagonismo entre crescimento econômico e proteção ambiental. Mais grave, como já se apontou sumariamente acima, há também um possível antagonismo entre distribuição de renda e proteção do ambiente. Há que se analisar com grande cautela essas questões, uma vez que não são evidentes e nem sempre possíveis de serem generalizadas. Este é o cerne do tema aqui apresentado.

A primeira observação a fazer refere-se à racionalidade dos agentes econômicos, principalmente dos produtores, sobre quem convergem atenções. Esses agentes tendem a adotar as tecnologias mais baratas, ponderando eficiência e custos. Para produzir uma determinada quantidade de arroz (ou de cimento), por exemplo, o agricultor e o industrial vão procurar a tecnologia mais barata disponível. Muitas vezes, no entanto, não há nenhum interesse particular desses agentes em destruir o ambiente. O agricultor usa os agrotóxicos porque eles são, sem dúvida alguma, os produtos que livram campos das pragas e permitem uma produtividade maior a um custo mínimo. Os defensores de outros sistemas e tecnologias, que também defendemos, incluindo a agricultura orgânica, têm que se contentar com o fato de que sua economicidade é, pelo menos ainda, inferior à dos agrotóxicos. Duvidar disso é duvidar da racionalidade econômica de quase todos os agricultores do mundo. O mesmo raciocínio se aplica à fábrica de cimento, que, em princípio, utiliza uma tecnologia poluidora porque ela é simplesmente a mais barata que existe. Na essência, isso se generaliza para quase todas as atividades econômicas que causam impactos ambientais indesejados. No entanto, há três aspectos fundamentais a considerar.

Primeiramente, se o agricultor ou o industrial não tem motivação em destruir o ambiente, igualmente não tem motivação em preservá-lo. Só haveria uma instância em que isso aconteceria: quando eles próprios fossem afetados pelos impactos negativos que suas atividades causam ao ambiente. Este é um aspecto fundamental da economia ambiental. A maior parte dos problemas ambientais decorre justamente da apropriação de um bem público. Na falta de um mercado em que o agricultor tenha que pagar pela poluição hídrica que causa, ele sente-se no direito de se apropriar do recurso (no caso, o rio) e poluí-lo. A mesma coisa para o dono da fábrica de cimento. Como ninguém é dono do ar da cidade, ele joga fumaça no ar, e a ausência de um mercado lhe assegura a inexistência de um preço que ele deveria pagar pela poluição que provoca. Este é o primeiro aspecto fundamental que nos remete a um segundo: a diferença entre os custos privados e os sociais. Antes, porém, lembramos, apenas sumariamente, que os desmatamentos, os garimpos e os madeireiros, aqui restritos ao contexto da Amazônia, são todos exemplos de agentes diante da mesma situação; não havendo direitos de propriedade bem definidos, eles se apropriam dos bens públicos, madeira, ouro, terras e outros, o mais rapidamente possível, assegurados pela inexistência de mercados que cobrem um "preço" por isso. Exatamente como as indústrias se "apropriam do ar" e o agricultor, das águas.

Quanto à diferença entre custos privados e sociais, convém salientar que, quando foi citado que os agentes procuram minimizar os custos de produção, pensou-se, evidentemente, sob a ótica privada desses agentes. A questão, no entanto, complica quando outros agentes são afetados pelos processos produtivos. O agricultor pode se valer do uso dos agrotóxicos, que, apesar de permitirem a produção de arroz a custos mínimos para ele, implicam uma série de efeitos indesejados (ditos efeitos externos ou externalidades). Dentre esses efeitos potenciais estão a poluição de recursos hídricos, a contaminação de alimentos, a magnificação biológica dos compostos que podem terminar na cadeia alimentar do homem e, não menos grave aqui no Brasil, a intoxicação dos trabalhadores que aplicam esses produtos. No caso da produção de cimento, ela pode gerar poluição atmosférica, atingindo também todos os habitantes vizinhos da fábrica e causando danos potenciais à saúde. Esses efeitos representam custos sociais que, quando se passa da análise privada para a social, têm que ser incorporados. Voltamos, entretanto, a enfatizar que esses agentes não são necessariamente maus ou egoístas, nem o lucro é algo que deva ser condenado. Da mesma forma que nós escolhemos os produtos mais baratos enquanto consumidores, os produtores visam à maximização do lucro, que deve mesmo ser incentivada. O lucro zero da fábrica de cimento ou do produtor de arroz implica não apenas a falta de produtos como também a elevação de seus preços e o desemprego. É aí que aparece a possível dicotomia entre crescimento econômico, distribuição de renda e proteção ambiental, discutida logo adiante. Resta o terceiro aspecto, que é justamente como forçar a incorporação das externalidades no cálculo dos custos dos projetos.

Há duas principais dificuldades envolvidas na avaliação de valores ambientais. A primeira é intrínseca à própria tentativa de quantificação desses valores, uma vez que envolve o bem-estar das pessoas, sendo, portanto, subjetiva. A segunda, para a qual convergem menos as atenções, relaciona-se não às limitações dos métodos econômicos, mas à falta de conhecimento técnico dos efeitos ambientais em questão. Assim, no simples exemplo da fábrica de cimento que polui o ar da cidade, não se conhecem com exatidão os efeitos da poluição sobre a saúde humana, sobre a vegetação, sobre materiais e outros, de modo que não é possível fazer estimativa das perdas e dos custos envolvidos. Caso se soubesse precisamente os efeitos ecológicos e a perda de produção associados a diferentes níveis de poluição, seria fácil para o economista atribuir valores monetários e determinar a quantidade adequada de produção, de controle e de poluição. Numa escala mais global, qualquer valorização econômica da Floresta Amazônica dependeria do conhecimento de todos os processos ecológicos associados a seu funcionamento para que se pudesse decidir entre desmatar ou não. A valorização econômica é simples, difícil é o conhecimento técnico sobre a Ecologia.

As dificuldades de avaliação econômica do ambiente levam os órgãos responsáveis a adotar, na prática, padrões de qualidade ambiental. Abre-se mão de atingir o que seria excelente para a economia, mas incorpora-se um critério que pode ser implementado na prática. Ainda assim, os mecanismos econômicos, que induzem os agentes a incorporar os custos ambientais, não são de fácil aplicação. Os custos de implementação dessas políticas, os efeitos de incerteza, as condições geográficas, o número e o tipo de agentes poluidores e uma série de outros fatores determinam a preferência de uma ou de outra política de controle que não cabe aqui aprofundar. Para encerrar esta breve intervenção, retornamos à questão da possível dicotomia entre crescimento econômico, distribuição de renda e proteção ambiental, voltando a utilizar o exemplo da fábrica de cimento que, diante da possibilidade de ter sua produção taxada para efeito de controle ambiental, restringe sua produção (pois tem seus custos de produção aumentados). Assumindo que todas as fábricas de cimento sejam poluidoras e que todas serão taxadas, a diminuição da oferta implicará a elevação dos preços e, consequentemente, a diminuição do consumo. Isso quer dizer que, além de inflacionário, para um dado perfil de distribuição de renda, são possivelmente as camadas mais pobres que se veem prejudicadas. Esse raciocínio se aplica à atividade agrícola. A proibição do uso de agrotóxicos levaria a um aumento dos custos de produção; isso "quebraria" primeiro os produtores mais pobres, deixando apenas os mais ricos em atividade, conquanto que eles pudessem arcar com os custos das novas tecnologias. E a elevação de preços novamente penalizaria, sem dúvida alguma, muito mais as camadas mais pobres. Tudo isso para não falar da ameaça de demissões que os programas de controle ambiental podem implicar. Diante de elevadas taxações, a diminuição da produção pode de fato levar a demissões; os trabalhadores não hesitariam em defender a produção com poluição, a menos que a sociedade arcasse com salários-desemprego, aumentando ainda mais o nível de preços.

Esses exemplos, bastante simples, ilustram que o controle ambiental demanda recursos que poderiam ser alocados em atividades produtivas, ou seja, o controle ambiental pode, em certa medida, ir contra o crescimento econômico estrito, como pode ter efeitos concentradores de renda. Não deixa de ser válido, todavia, o argumento de que o controle ambiental de fato implica uma melhoria da qualidade de vida, e que isso é tão desejável quanto o crescimento do produto. Também é certo que a distribuição de renda pode ser alcançada por meio de mecanismos adequados. Apesar de verdadeiros, esses argumentos não tornam menos contundentes as colocações acima. Permanece a difícil tarefa de balizar as preferências da sociedade para decidir entre as diversas opções, e a contribuição da economia é ainda limitada para quantificar o menu de alternativas.

CONDICIONANTES GEOMORFOLÓGICOS E HIDROLÓGICOS AOS PROGRAMAS DE DESENVOLVIMENTO

*Antonio Christofoletti**

Deve-se destacar que a Geomorfologia aborda o estudo das formas de relevo e dos seus processos, enquanto a Hidrologia analisa as características do escoamento superficial e os aspectos dos fluxos em canais fluviais. Dirigindo atenção para as águas superficiais, é justo distingui-la da Hidrologia e da Oceanografia. Todavia, o relevo e as águas superficiais são elementos que se integram ao clima, à vegetação e aos solos no contexto dos sistemas ambientais físicos, que se tornam o objeto de estudo da Geografia Física. As suas características são expressas como resultantes da dinâmica interativa dos processos físicos e biológicos, recebendo *inputs* e incorporando produtos oriundos das atividades humanas. O sistema ambiental físico compõe o embasamento paisagístico, o quadro referencial para se inserir os programas de desenvolvimento, nas escalas locais, regionais e nacionais.

A abordagem sistêmica, como concepção holística, surge como adequada para o estudo dos sistemas ambientais físicos, pois com seus conceitos e noções leva-nos a uma visão de mundo integradora e à compreensão da estrutura, organização, funcionamento e desenvolvimento dos sistemas. Em sua proposição de sistemas e subsistemas, a abordagem sistêmica não se contrapõe à abordagem reducionista, pois trata-se de discernir aninhamentos e níveis hierárquicos. O estudo das características e dinâmica do ambiente natural sempre foi relevante no âmbito da Geografia, consubstanciando-se no campo de ação da Geografia Física. Na sua inerente visão holística, a concepção geográfica considera o ambiente natural como sistema integrado de vários elementos, interligados com constantes fluxos de matéria e energia. Esse sistema expressa-se na superfície terrestre como unidade de organização espacial do meio ambiente físico, também recebendo a designação de geossistema. Embora o geossistema seja composto por elementos topográficos, biogeográficos, hidrológi-

* UNESP, Rio Claro, SP.

cos, pedológicos e dinamizados pelos fluxos climáticos, a análise do geossistema processa-se em determinado nível estruturado de grandeza hierárquica, que não se confunde com o campo de ação da Geomorfologia, da Climatologia, da Pedologia, da Hidrologia e da Biogeografia. A organização do conjunto não representa a simples somatória das partes constituintes. A esse conjunto do meio natural deve-se inserir a ação e os fluxos relacionados com as atividades humanas, cuja inserção torna-se participativa tanto nas características como na dinâmica do ambiente.

Diante dessa visão integradora, percebe-se com clareza a significância dos estudos geomorfológicos em sua inter-relação com outros elementos do sistema ambiental e em sua relevância para as atividades humanas. As formas de relevo são respostas aos condicionamentos da litologia, dos processos endógenos e exógenos e da evolução. As suas características retraçam esse equilíbrio e apresentam certo grau de sensibilidade. Se em sua grandeza espacial-regional a paisagem topográfica parece imutável na escala temporal do milhar e anos, na escala local e pontual apresenta modificações sensíveis no transcurso de décadas e de anos. Surgem sintomas revelando a ultrapassagem dos limiares geomorfológicos, tais como: deslizamentos, voçorocas e carreamento de detritos das vertentes, geralmente interpretados como indicadores de desequilíbrios. A morfologia e a tipologia dos canais modificam-se e metamorfoseiam-se.

Além de se conhecer a tipologia morfológica e se discernir as características dos sistemas de relevo, torna-se oportuno que haja a análise e o mapeamento dos processos morfogenéticos atuais. Conhecendo-se a dinâmica desses processos, pode-se estabilizar categorias de sensibilidade e intensidade erosivas e avaliar a incidência dos azares erosivos. Há, portanto, todo um conjunto de informações geomorfológicas aplicadas aos programas de controle da erosão dos solos.

A rugosidade topográfica, o lineamento e talhe das formas de relevo, a amplitude dos vales e a grandeza das planícies de inundação são aspectos relevantes aos programas de desenvolvimento. Apenas para citar um aspecto, tudo isso deve ser considerado nos projetos para construção de rodovias e ferrovias e, mormente, nas obras de manutenção e conservação dessas estradas.

Infere-se, portanto, os laços interativos que unem as características geomorfológicas e as atividades de uso do solo. As modalidades de uso do solo rural repercutem nas intensidades da erosão dos solos e na dinâmica das vertentes. A implantação e o desenvolvimento das áreas urbanas devem ser feitos utilizando-se uma topografia, cuja inserção altera as características e a dinâmica dos processos. Nas áreas amorreadas do Planalto Cristalino, anualmente surgem as notícias de desabamentos, deslizamentos, prejuízos e mortes. Na Depressão Periférica e Planalto Ocidental do Estado de São Paulo, por exemplo, tornaram-se comuns as ocorrências de voçorocas urbanas. Amplia-se e constrói-se com facilidade, conquistando-se terras. Sem o conhecimento adequado e técnicas satisfatórias, ocorrem fatos lamentáveis. Como sempre as lamentações surgem após o leite derramado. A Geomorfologia Fluvial é setor que merece amplas considerações, e ela se beneficia em muito dos conhecimentos hidrológicos. Os processos de escoamento superficial nas vertentes promovem a erosão dos solos e carreiam sedimentos para os cursos d'água. Esse processo está relacionado com as características de precipitação, com as características do solo e com a morfologia das vertentes. Assim, em virtude da densidade hidrográfica, da rugosidade topográfica e da grandeza da bacia, surgem as respostas do comportamento hidrológico nos canais, assinalando a magnitude e a frequência dos fluxos, como por exemplo, o transporte de sedimentos, os processos de agradação e degradação do leito, a morfologia dos canais e a tipologia dos canais fluviais ligados aos aspectos dos fluxos. Por outro lado, a morgometria das bacias de drenagem fornece indicadores para se compreender as cheias e avaliar os recursos hídricos.

As enchentes são eventos de alta magnitude e baixa frequência. Ocorrem inundando as planícies e as várzeas, destruindo obras e edifícios, tanto nas zonas rurais quanto nas urbanas. Elas tornam-se fenômenos de alta relevância ambiental, refletindo praticamente a interação complexa do sistema ambiental físico em momentos críticos. As cheias de 1983 afetaram 80% do Estado de Santa Catarina. As cheias e as inundações urbanas na cidade do Rio de Janeiro são cada vez mais graves, com prejuízos e número de vítimas crescentes.

O diagnóstico e a avaliação das características e funcionamento dos elementos componentes dos sistemas ambientais físicos, como no caso específico dos condicionantes geomorfológicos e hidrológicos, assinalam potencialidades para os programas de desenvolvimento, mas não são fatores limitantes. Em sua formulação visando ao bem-estar das populações e ao desenvolvimento sustentado, econômico, social e político, os programas devem ser formulados adequadamente, considerando-se as potencialidades dos recursos ambientais. É o embasamento físico que deve ser manejado. Se os planejadores desconhecerem as implicações da qualidade, grandeza e dinâmica dos elementos ambientais, tais como topografia e recursos hídricos, os programas tornar-se-ão eivados de riscos e projeções infelizes para que haja a efetivação de desenvolvimento sustentado. Existe interação forte entre os componentes geomorfológicos e hidrológicos e as políticas de planejamento.

FORMAÇÃO DE RECURSOS HUMANOS EM ANÁLISE AMBIENTAL: PIONEIRISMO DA UNESP*

*José Humberto Barcelos***
*Paulo Milton Barbosa Landim****

INTRODUÇÃO

A conscientização dos processos interativos homem e ambiente em um país de dimensão continental, diferenças sociais e principalmente culturais, como as do Brasil, representam um processo lento de realização e a necessidade de formação de profissionais com preparação multidisciplinar. Sem perder a objetividade, deve-se manter uma atitude realista na ação político-governamental e uma integração plena entre os diversos setores da comunidade (universidade, sociedade, empresa estatal e/ou privada).

Reportagens sensacionalistas (TV, rádio ou escrita) sobre interferências antrópicas ou impactos ambientais, ações de ambientalistas muitas vezes apaixonados no clamor de discussões amadorísticas, com um mínimo de visão ecológica, atualmente comuns, atingem apenas um grupo seleto de pessoas. A grande maioria da população brasileira, representada por milhões de pessoas sem instrução elementar ou primária, sob esse aspecto, não é atingida por esses problemas. A questão é essencialmente cultural, da formação do indivíduo e de posicionamento político-social. A visão de uma criança da classe média paulista, quanto à questão homem-ambiente, é totalmente diferente da de uma outra residente em qualquer cidade de pequeno porte do interior paulista, e muito diferente daquelas residentes em pequenas cidades do interior brasileiro. É impossível para o homem comum se posicionar em relação ao uso do mercúrio nos garimpos da Amazônia, porque mal ou nada entende da qualida-

---

* Atualização do texto realizada em 1995 (com dados até 1994).

** Ex-Coordenador (1989 a 1993).

*** Coordenador do Curso de Pós-Graduação em Geociências – Área de Concentração em Geociências e Meio Ambiente. IGCE/UNESP – Campus de Rio Claro.

de da água que lhe é fornecida em sua residência, no Centro-Oeste do país, pois lhe parece pura.

Neste momento, a interferência de "ambientalistas alarmistas" (muitos deles oportunistas políticos), sem o responsável respaldo profissional, é prejudicial e pode, inclusive, levar a população ao descrédito sobre questões ambientais. A formação deve ser claramente definida nos seus compromissos sociais. Os profissionais preparados devem dedicar-se ao aprofundamento dos estudos visando reconhecer o homem, em especial as sociedades, como ocupando conscientemente o espaço físico, com enfoque na análise dos elementos isolados dos sistemas naturais. O aumento das preocupações sobre o esgotamento dos recursos naturais e a inquietude gerada por grupos de pessoas sobre o futuro do ambiente têm exigido reflexões e maior produção científica, mas estas devem voltar-se para as relações conscientes entre sociedade e natureza.

Hoje não se concebe mais a denúncia pura e sensacionalista, mas esta deve estar aliada à apresentação de propostas sérias, exequíveis, para a solução dos problemas, de acordo com os interesses e as prioridades comunitárias. É notória a posição do homem em compreender as leis naturais para depois poder aplicá-las corretamente, mas é indispensável reconhecer o caráter político dos distúrbios e conflitos das atividades produtivas do homem no ambiente. É necessário atingir um equilíbrio natural.

Os instrumentos criados pela legislação podem contribuir, juntamente com a preparação adequada de profissionais, para a realização de uma análise ambiental que direciona os estudos, visando ao melhor entendimento dos processos de interações dos fatores ambientais.

CAPACITAÇÃO DE PROFISSIONAIS EM ANÁLISE AMBIENTAL

Condicionantes

Ao longo do tempo, em diferentes regiões e culturas, as condicionantes das atitudes do homem no ambiente variam em grande escala. O homem enfrenta e reage ao meio natural segundo sua cultura, posicionamento e preparo político-social. Os fatores ambientais são comandados pelo relevo, solos, climas, biota, minerais e água.

Os fatores humanos são demarcados pela demografia, economia, cultura e outros. Com o aperfeiçoamento tecnológico, os fatores humanos passaram a interagir com os ambientais para o uso da terra. Esse é o momento da decisão. Os processos interativos entre o homem e o ambiente atingem sua plenitude. As concepções no uso do solo dependem dessa decisão. Planejamento, gerenciamento e integração constituem os elementos primordiais dessa decisão. A abordagem afetará, significativamente, o modo como o homem procura moldar o interagir com o ambiente que o cerca. No passado, as decisões poderiam ter interesse puramente acadêmico, mas hoje essa interação é uma situação crítica, na medida em que as mudanças provocadas pelo homem, no momento da sua decisão, podem tornar-se irreversíveis se não possuírem consigo previsíveis alterações de rumo. Nesse caso, segundo a decisão assumida, tem-se, obrigatoriamente, a realimentação ou a reabilitação dos fatores ambientais.

Nesse momento decisivo, de como o homem encara e reage ao ambiente natural, é que se posiciona a importância da capacitação e formação de recursos humanos atuantes em análise ambiental, assim a UNESP – Campus de Rio Claro – manifesta-se em sua plenitude, na vanguarda brasileira da preparação altamente qualificada de profissionais atuantes nos momentos decisórios do uso da terra e na realimentação ou na reabilitação dos fatores ambientais.

Em nível de graduação

Concebido em plena atividade no Instituto de Biociências da UNESP, Campus de Rio Claro, há o Curso de Graduação em Ecologia, desde 1976. Com um corpo docente capacitado e especializado, possibilitando a formação de profissionais em todas as áreas das Ciências Ecológicas que atuam em pesquisa, ensino e comunidade. Gerando pesquisas básicas integradas e específicas, revolucionando o enfoque e a atuação consciente e responsável do homem no ambiente.

Ressaltam-se, também, os programas em desenvolvimento pelos departamentos que constituem os Cursos de Geografia e de Geologia do Instituto de Geociências e Ciências Exatas. Os referidos programas envolvem atividades direcionadas ao meio físico e à comunidade, destacando os aspectos climáticos, demográficos, de planejamento regional e de geologia ambiental.

Em nível de pós-graduação

O Instituto de Geociências e Ciências Exatas, do Campus de Rio Claro, criou e organizou um Curso de Pós-Graduação em Geociências, voltado para análise ambiental, sendo assim, o primeiro Curso de Ciências Ambientais, em nível de pós-graduação no Brasil.

O curso visa estudos avançados sobre o uso e a ocupação do solo em áreas tanto urbanas como rurais, fornecendo as bases físicas para os estudos de planejamento, bem como planos diretores de municípios e reabilitação de áreas degradadas por minerações e outras atividades antrópicas. O arcabouço e as características físicas, químicas e biológicas das áreas sob estudo constituem o cerne da análise ambiental proposta.

O ano de 1993 foi marcado pela implantação da nova denominação da Área de Concentração em Geociências e Meio Ambiente, anteriormente Análise Ambiental. A mudança foi realizada atendendo a ponderações de consultores da CAPES e pela experiência acumulada nos anos iniciais de desenvolvimento do curso, que demonstrou uma maioria expressiva de professores, pertencentes ao próprio IGCE, desenvolvendo pesquisas, juntamente com seus orientandos, estreitamente associadas ao meio físico.

O atual Conselho de Área possui uma visão bastante clara do futuro rumo do Curso de Geociências e Meio Ambiente. O curso visa formar um especialista em questões do meio físico para o uso e a ocupação do solo urbano ou rural. Uma formação um pouco mais eclética a esse profissional irá incluir disciplinas na área da socioeconomia e teoria geral de mercado, possibilitando a sua atuação como gerente de projetos na área do meio físico. A experiência profissional dos novos membros do Conselho de Área tem passado pela participação em grande projetos de EIA/Rima e, tradicionalmente, os trabalhos são agrupados nos campos de Meio Físico, Meio Biótico, Socioeconomia, Engenharia e Usos Múltiplos e Viabilização Sociopolítica. Desse modo, o intuito do Curso de Pós-Graduação em Geociências – Área de Concentração em Geociências e Meio Ambiente – é, justamente, graduar um profissional que possa atuar em todas as etapas envolvidas no levantamento do meio físico (Geomorfologia, Geologia, Pedologia, Recursos Minerais etc.), inclusive, no nível de coordenação.

A evolução e a tendência do curso, nesse contexto, irá induzir à realização de projetos de estudos do meio físico, seja para Áreas de Proteção Ambiental (APAs) ou obras civis (como barragens, por exemplo), em escala adequada, como trabalho obrigatório para a complementação dos créditos, que antecede o exame de qualificação. Todos os alunos inscritos, respeitado o nível de mestrado e doutorado, deverão realizá-lo.

Integração da pós-graduação com a graduação, na instituição (normas, resultados)

O Curso de Pós-Graduação em Geociências do IGCE/UNESP leva a imensa vantagem de estar situado em uma cidade do interior do Estado, de porte médio (150 mil habitantes). Poucas chances existem de um aluno não se dedicar em tempo integral a seu curso, seja na graduação ou na pós-graduação. O Campus de Rio Claro da UNESP, com seus dois institutos, de Geociências e Ciências Exatas e de Biociências, instalados em uma área de 32 alqueires e excelente infraestrutura (restaurante universitário, conjunto poliesportivo, moradia estudantil etc.), além das instalações acadêmicas, torna o campus o seu lugar de permanência integral. Essa integração torna o convívio entre graduandos e pós-graduandos uma coisa normal e diária, nas atividades acadêmicas e de lazer.

Por outro lado, os cursos oferecidos dentro da disciplina Tópicos Especiais em Geociências, que geralmente são de interesse para toda a coletividade, são, também, abertos aos alunos de graduação. Professores visitantes são estimulados a oferecerem cursos e a participarem das atividades de campo na graduação, o que tem sido feito regularmente.

São, também, de utilização comum, graduandos/pós-graduandos, todo o equipamento audiovisual e livros/periódicos especializados, adquiridos pela Coordenação da Pós-Graduação.

Experiência de autoavaliação, situação ocupacional dos egressos

A grande maioria dos alunos do Curso de Geociências e Meio Ambiente possui vínculo empregatício com universidades e instituições de pesquisa. Esses alunos contribuem para a colocação dos demais (sem vínculo) nas unidades a que pertencem, procurando profissionais para contratar.

Até o momento, não conta entre os 24 mestrados e os nove doutorados efetuados nenhum caso de desemprego (Tabelas 1 e 2).

Tabela 1 – Categoria de candidatos (1986 a 1994)

Categoria	Inscritos		Efetuaram matrícula	
	M	D	M	D
Ensino superior	20	25	12	21
Funcionários de instituições de pesquisa e/ou secretarias governamentais	43	19	24	17
Magistério de 1° e 2° graus	30	3	16	3
Sem emprego	90	16	48	10
Total	183	63	101	51

Tabela 2 – Procedência dos candidatos (1986 a 1994)

Procedência	Inscritos		Efetuaram matrícula	
	M	D	M	D
BRASIL				
Acre	1	–	1	–
Alagoas	1	1	–	–
Amazonas	1	–	–	–

Continuação

Procedência	Inscritos		Efetuaram matrícula	
	M	D	M	D
Bahia	2	–	–	–
Ceará	9	1	6	1
Distrito Federal	6	–	2	–
Espírito Santo	1	–	–	–
Goiás	3	1	2	1
Maranhão	2	–	1	–
Mato Grosso	1	2	–	2
Mato Grosso do Sul	–	1	–	1
Minas Gerais	16	–	3	–
Pará	3	–	1	–
Paraíba	2	–	1	–
Paraná	12	4	8	4
Pernambuco	–	1	–	1
Piauí	1	–	–	–
Rio de Janeiro	7	1	3	1
Rio Grande do Norte	3	4	1	4
Rio Grande do Sul	4	–	3	–
Rondônia	2	1	2	1
Santa Catarina	–	1	–	1
São Paulo	104	44	65	33
Sergipe	1	–	–	–
PARAGUAI	1	1	1	1
Total	183	63	100	51

CONSIDERAÇÕES FINAIS

Pelo exposto, percebe-se a preocupação da UNESP de não se limitar estritamente ao estudo dos componentes naturais do meio físico, mas sim de reconhecer as inter-relações que se processam entre a sociedade e a natureza como um todo. Reconhece-se a função social da análise ambiental no seu papel transformador da realidade palpável. Com essa visão, o programa de Pós-Graduação em Geociências e Meio Ambiente contribui para que a descrição, a análise e a interpretação do ambiente, nos momentos de decisão, monitorem a discussão em busca do desenvolvimento técnico-científico em forma de espiral. Consequentemente, conduzem à compreensão de que os componentes, os fatores ambientais e humanos interagem, exigindo um estudo mais sério, responsável e integrado, sem que ocorra a fragmentação em unidades da natureza.

Para tanto, as pesquisas desenvolvidas pelos orientadores e seus pós-graduandos são de natureza metodológica ou aplicada, preocupando-se com problemas específicos, em nível local ou regional, relacionados aos estudos de impactos ambientais, reabilitação de áreas degradadas, planejamento do uso da terra, poluição de águas superficiais e subterrâneas, geologia costeira relacionada a portos, neotectônica, modelagem matemática e outros.

Esses programas, desenvolvidos em termos de graduação e primordialmente em pós-graduação pela UNESP, representam, no momento atual, contribuições importantes às pesquisas e ao ensino das Ciências Ambientais no Brasil. Por serem programas novos e arrojados apresentam problemas conjunturais. Possivelmente por apresentar e reconhecer essas deficiências de limites, inerentes a programas dessa envergadura, entende-se a necessidade de as análises e discussões de caráter teórico-metodológico serem amplamente aprofundadas. Nessa discussão, o papel da universidade é insubstituível.

Complementando a informação do importante papel da UNESP nas questões ambientais, estão em pleno desenvolvimento o Centro de Análise e Planejamento Ambiental (CEAPLA) e o Centro de Estudo Ambiental (CEA).

O CEAPLA é uma unidade auxiliar do IGCE e o CEA, de caráter interinstitucional, é ligado diretamente à Reitoria. Ambos visam, primordialmente, aos profissionais que atuam nas questões ambientais, procurando, verdadeiramente, na prática obter ações e análises multi e interdisciplinares, atuando na capacitação de recursos humanos, em projetos de pesquisa e serviços de extensão à comunidade.

O CEA está iniciando um curso de especialização em Gestão e Recursos e terminando de organizar um programa de Pós-Graduação em Conservação e Manejo, com área de concentração em Gestão e Recursos, em nível de mestrado e doutorado.

URBANIZAÇÃO E ALTERAÇÕES AMBIENTAIS

*Felisberto Cavalheiro**

A população da Terra vem apresentando um crescimento intenso e, desde a Revolução Industrial na Inglaterra, França e Alemanha, nos séculos XVIII e XIX, passou a se concentrar, preponderantemente, em cidades. Os processos de urbanização são hoje universais e suscitam na opinião da população e nas autoridades políticas e científicas grande preocupação. As estimativas do IBGE (1982) previam que em 1985, dos 135.564.000 habitantes do Brasil, 40.632.861 viveriam nos 43.742 km das nove regiões metropolitanas, ou seja, 30% da população brasileira concentrar-se-ia em 0,5% do Território Nacional. Baseando-se nos dados de Mota (1981) verifica-se que teria havido um acréscimo proporcional dessa população, da ordem de 3%, entre 1975 e 1985.

Ao que tudo indica, essa situação não se reverteu, pelo contrário, deve ter-se acentuado, o que deverá ser constatado no próximo Recenseamento Geral da Nação. A urbanização consome grande quantidade de áreas, tamponando-as. Com isso, solos férteis, biótipos, ecossistemas raros e valiosos são perdidos. Kiemstedt & Gustedt (1990) relatam que 18% da República Federal da Alemanha é ocupada por cidades, povoados, indústrias e sistemas rodoviários e ferroviários, e que 145 ha/dia são destinados ao desenvolvimento urbano e movimentos de terra.

No caso da Grande São Paulo, dos 8.763 km, mil quilômetros estão construídos (Conti, 1981). A Emplasa (1989) divulgou que sua área urbanizada cresceu à razão de 3.500 ha/ano entre 1974 e 1987 e que, embora entre 1980 e 1987 tenha havido um decréscimo na taxa, ela ainda era alta, da ordem de 2 mil ha/ano. Se por um lado a tendência à urbanização apresenta um desafio para técnicos, administradores e planejadores, a concentração humana e das atividades a ela relacionada provocam uma ruptura do funcionamento do ambiente natural.

De fato, em nível mundial, as alterações ambientais e consequente modificações das paisagens vêm sendo registradas. Cada vez mais chega-se à con-

* USP, São Paulo, SP.

clusão de que não basta que se tome mão só de medidas tecnológicas para controle das degradações ambientais, pois, além disso, requerer todo um aparato técnico e de equipes de especialistas, é bastante oneroso e, muitas vezes, perecível em curtíssimo prazo, se não for bem administrado. Assim, o mais lógico parece ser: primeiro tirar partido do que a natureza pode oferecer no tocante à autorregeneração, para então estudar quais devem ser as tecnologias mais compatíveis a serem utilizadas.

Como lembram Sukopp & Kunick (1973), "a discussão sobre o ambiente do ser humano e seus riscos de sobrevivência concentram-se, principalmente, em considerações tecnológicas. A natureza e a paisagem como sistemas complexos raramente são incluídas nessas reflexões. Isso vale, principalmente, para as grandes cidades, o tipo de paisagem mais severamente ameaçado por poluição do ar, das águas e por resíduos sólidos. Embora elas sejam o ambiente mais importante do homem hodierno, são esparsas as tentativas de estudá-las, considerá-las e reconhecê-las como unidades funcionais (ecossistemas)".

Talvez a aversão que os pesquisadores das ciências naturais têm em relação às cidades deva-se à pressuposição de que estas sejam menos convenientes para se estudar a natureza e as repetitivas afirmações de que o meio urbano é, em geral, nocivo à vida. Nessas considerações, esquece-se que a paisagem urbana nada mais é do que uma paisagem alterada ou, como muitos desejam, derivada da natural.

Para se fazer uma reversão dessa situação, há necessidade de uma reflexão no conceito de paisagem proposto por Bertrand (1972): "A paisagem não é a simples adição de elementos geográficos disparatados. É, em uma determinada porção do espaço, o resultado da combinação dinâmica, portanto instável, de elementos físicos, biológicos e antrópicos que, reagindo dialeticamente uns sobre os outros, fazem da paisagem um conjunto único e indissociável, em perpétua evolução...". No Brasil, Monteiro (1975) tem buscado dar uma interpretação holística nesse sentido. Assim, é na paisagem alterada que se deve ir buscar, estudar, analisar e prognosticar as degradações e impactos ambientais.

A Figura 1 procura representar, de forma esquemática, as principais alterações ambientais induzidas pelo ser humano em grandes cidades, sobre as quais será feita uma discussão melhor mais adiante. Deve-se ressaltar que em cidades pequenas as alterações podem ser significativas; entretanto, via de regra, são pouco perceptíveis. A preocupação da pesquisa das alterações dos diversos componentes da paisagem urbana não é recente; porém, sempre houve a tendência de estudá-las isoladamente, sem inter-relacioná-las.

No século XIX, Howard em 1883 estudou as alterações no clima londrino. Entre os autores da atualidade, podem-se mencionar Landsberg (1956, 1970), Nishizawa & Yamashita (1967), Bordreuil (1977), que estudaram de perto a influência da urbanização sobre o clima, mormente no que tange ao fenômeno relativo à ilha de calor. Entre nós os estudos iniciaram-se com Monteiro (1975),

Monteiro & Tarifa (1973). Estes estudos foram isolados, contudo, referentes, principalmente, à temperatura e à umidade. Como pioneiro, para a proposição de teoria relativa ao clima urbano, cita-se Monteiro (1975).

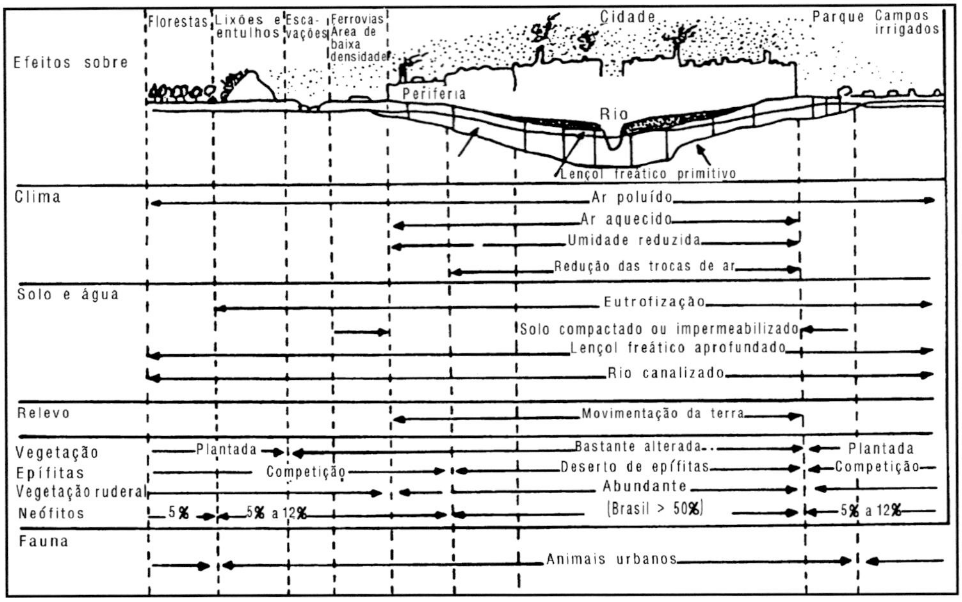

FIGURA 1 – Principais alterações da biosfera em áreas urbanizadas (Modificado de Sukopp & Kunick, 1973).

No entanto, todos os estudos enfocam muito mais o efeito clima (Tarifa, 1977), sem cruzarem com o tipo de revestimento de solo que induz à modificação, isto é, encaram a cidade como um todo homogêneo. Estudos que diferenciam os diversos tipos de cobertura são raros e indicam antes uma constatação de fatos do que as proposições necessárias para o planejamento urbano, Carvalho (1982), Eriksem (1983). Entre nós, um dos trabalhos que propõe diretrizes nesse sentido é o de Lombardo (1985). Já na literatura alemã se encontram citados Bernatzky, Finke, Univ. Freiburg & Hokenheim (1977).

Outros componentes dos ecossistemas urbanos são ainda escassamente estudados, merecendo maiores referências à vegetação e existem alguns trabalhos sobre animais: Usteri (1911, 1919), Sukopp (1972), Sukopp & Kunick (1973), Chevallerie (1976), Rapoport (1977), Troppmair (1969, 1988, 1989), Dansereau (1978), Richter (1981), Siegler (1981), Eriksem (1983), Cavalheiro & Caetano (1984), Milano (1984, 1989) e Fowler (1982, 1983).

Seria importante que as pesquisas de ecologia urbana passassem a ser mais desenvolvidas, e isso, sem dúvida, pressupõe um esforço interdisciplinar de vários especialistas. Significaria, também, abandonar o corporativismo tão arraigado entre nós e usado como rótulo de defesa profissional. Se melhor interpretado, no entanto, deve ser entendido como uma estratégia de *lobbies*; de não se dar oportunidade para que especialistas de diversos ramos da ciência demonstrem suas capacidades. A seguir, passa-se a relatar com mais precisão as principais alterações nos diversos componentes urbanos, alertando-se para o fato de que tal análise, quando feita de forma isolada, peca pelo reducionismo, já que a paisagem é um todo contínuo (Bertrand, 1972).

CLIMA

Que o clima de uma cidade diferencia-se, mais ou menos, da paisagem que a circunda é um fato já há muito constatado. Pode-se, mesmo, falar de um clima urbano que, embora regido pelas condições mesoclimáticas, é diferenciado microclimaticamente em virtude da cobertura do solo e do balanço térmico urbano, que está representado de forma esquemática na Figura 2.

FIGURA 2 – O domo de poluição urbana (Baseado em Marcus & Detwyler, 1972).

A Tabela 1 mostra de forma evidente que os parâmetros meteorológicos sofrem tal alteração que se pode dizer que a cidade é transferida para um outro local diferente daquele em que, inicialmente, se desenvolveu. Deve-se ressaltar que os valores apresentados referem-se a valores médios, mas que em casos isolados podem ser bem maiores. Justamente, esses casos extremos são os que produzem condições "estressantes" para os seres humanos e têm efeitos ecológicos diretos sobre a biota urbana.

Tabela 1 – Alterações ambientais climáticas em cidades em comparação com o entorno não urbanizado

Radiação	Radiação global ultravioleta	15%-20% a menos 30% ... a menos
Temperatura	média anual calmaria mín. inverno	0,5-1,5 graus C + alta 2-6 graus C + alta 1-2 graus C + alta
Umidade relativa	inverno verão	2% menor 8%-10% menor
Neblina	inverno verão	100% mais 30% mais
Nuvens	cobertura	5%-10% maior
Precipitações	média neve com mais de 5 mm	5%-10% maior 5%-10% menor 10% mais
Vento	média calmaria	20%-30% menos 5%-20% mais
Poluição	gasosa part. sólido	5%-25% maior 10 vezes mais
Gastos financeiros	calefação refrigeração	menor maior

Modificado de Landsberg, 1970; Eriksem, 1983.

Os estudos realizados até agora indicam que o fenômeno denominado ilha de calor deve-se menos ao efeito estufa e muito mais a fatores urbanos específicos, tais como: efeito da transferência de energia nas construções urbanas, com formas especiais (estruturas verticais, cores, albedo e tipo de material constituinte); evaporação reduzida e consequentemente falta do efeito refrescante a ela associado (pouco revestimento vegetal e rápido esgotamento das águas pluviais por canalizações); produção de energia antropogênica pelos processos realizados nas indústrias, trânsito e residências (Eriksem, 1983).

Resumindo, pode-se dizer que a importância do clima urbano para o homem moderno traduz-se no aumento das chuvas fortes, induzidas pela urbanização, inundações, bem como na formação de corredores de vento que podem ocasionar grandes catástrofes e que frequentemente são relatadas na imprensa, que identifica a natureza como a grande vilã causadora dessas desgraças.

Não menos graves são os "estresses" bioclimáticos ocasionados na população, tais como: problemas circulatórios, cardíacos, respiratórios e de insônia. Infelizmente faltam-nos dados brasileiros, tais como os apresentados na Tabela 2 para a Inglaterra. Deve-se lembrar que a ilha de calor, quando instalada, dificulta ou mesmo impede a troca de ar da cidade com seu entorno não urbanizado e a circulação do ar passa a se processar, internamente, de forma "viciada" (Figura 3).

Tabela 2 – Afecções pulmonares em cidades de diversos tamanhos na Inglaterra

Causa mortis p/ 10.000 hab.	Habitantes			
	> 100.000 hab.	50-100.000	> 50.000	Z. rural
Pneumonia	47,90	39,22	35,75	31,55
Bronquite	61,56	53,82	48,77	36,94
Outras	11,19	9,71	10,60	9,66
Total	120,65	102,75	95,12	78,15

Baseado em Müller, 1981.

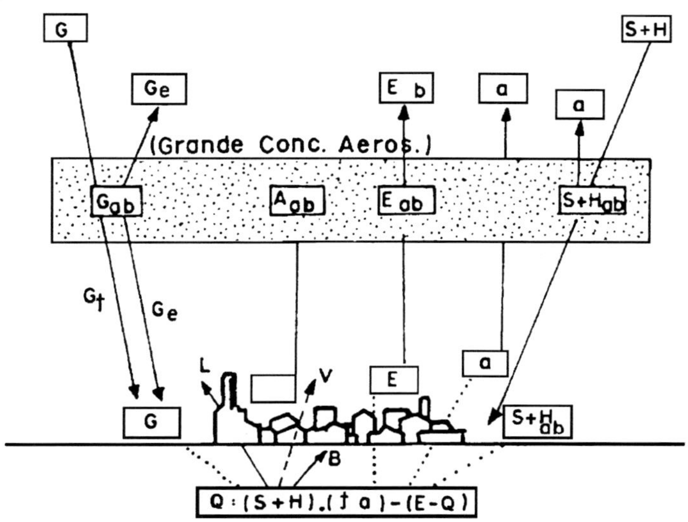

Q: Balanço de energia
S: Radiação solar incidente
H: Radiação celeste difusa
a: albedo
E: Reflexão térmica da superfície
G: Reflexão da atmosfera
Sufixos ab: absorvido, t: transmitido, e: emitido
B: Reflexão térmica do solo
L: Energia radiante
V: Calor latente

FIGURA 3 – Representação esquemática das radiações e balanço térmico em cidades (Baseado em Eriksem, 1983).

RELEVO E SOLO

Relevo e solo representam fatores ecofuncionais relevantes em todos os ecossistemas. Essa assertiva vale não só para os ecossistemas naturais e agrários, mas também para os ecossistemas urbanos. Isso porque, se de um lado eles suportam a cidade, também influenciam outros ecofatores, como o clima e os ciclos hidrológicos, e determinam, de forma significativa, a conformação urbana. Consequências da falta de reflexões acuradas na ocupação do solo podem ser constatadas, infelizmente, em todo o Brasil, e pode-se ainda apontar para os casos isolados ocorridos em diversas cidades, como os deslizamentos de massa em Petrópolis, 1987; no Rio de Janeiro, 1988 e 1989; e na favela Nova República em São Paulo, 1989.

Por falta de normas e legislação específica, no Brasil, em quase todas as obras urbanas, verifica-se a destruição da camada superficial, fértil de solo, capaz de suportar a vida vegetal. Com o agravante de que, quando se deseja ajardinar uma área urbana, busca-se solo fértil em ambientes não degradados, para a incorporação nas áreas a serem plantadas, sem grandes preocupações com as "feridas" abertas nessas paisagens. Para tentar solucionar o problema, a Associação Brasileira de Normas Técnicas, com o projeto 1:63.03-002, proposto pela Comissão Técnica de Poluição do Solo, está desenvolvendo uma norma técnica para proteção do solo "vegetal".

ÁGUAS E CICLO HIDROLÓGICO

Há uma alteração profunda tanto na configuração quanto no funcionamento e na qualidade das águas dentro das cidades. Enquanto, dentro de um enfoque ecológico, o ideal é que as águas fluam o mais lentamente possível para que a produção de biomassa seja grande, nas cidades o ideal é que as águas cheguem com rapidez e também sejam esgotadas em grande velocidade. Assim, o poder de transporte das águas nas cidades é muito grande, o que em geral ocasiona um trabalho de erosão intenso, levando para os corpos d'água, como também para as canalizações responsáveis pelo esgotamento, grande quantidade de material sólido. O resultado será seu assoreamento ou seu entupimento, favorecendo as inundações.

Há, concomitantemente, uma poluição significativa das águas de diversas causas, entre as quais citam-se os esgotos domésticos e industriais. Digno de nota é ressaltar que dos 572 municípios do Estado de São Paulo, somente 33 contam com Estação de Tratamento de Esgotos, e desses 33, 25 têm tratamento primário e somente oito, secundário (Seade, 1983). Deve-se lembrar, também, que isso não significa que todo esgoto desses municípios é tratado, como no caso do município de São Paulo, que conta com estações primária e secundária e continua a lançar nos rios e nas represas grande quantidade de esgotos sem tratamento.

Frequentemente, para solucionar problemas relacionados com inundações, as administrações municipais canalizam e/ou retificam os cursos d'água que cortam seus municípios e muitas vezes utilizam o local do antigo leito, ou as margens dos canais criados, para a implantação de sistema viário. Com isso, além de não se importarem com o que vai acontecer à montante dessa obra, não se dão conta que estarão agravando o fenômeno ilha de calor, que intensificará a pluviosidade, que, por sua vez, poderá causar inundações. Deve-se considerar, também, o que já foi dito em relação ao poder de transporte das águas nas cidades, uma vez que, se não houver contínua retirada de material aportado aos canais, ocorrerão bloqueios que produzirão inundações. A Figura 4 proporciona um painel do funcionamento dos ciclos hidrológicos urbanos.

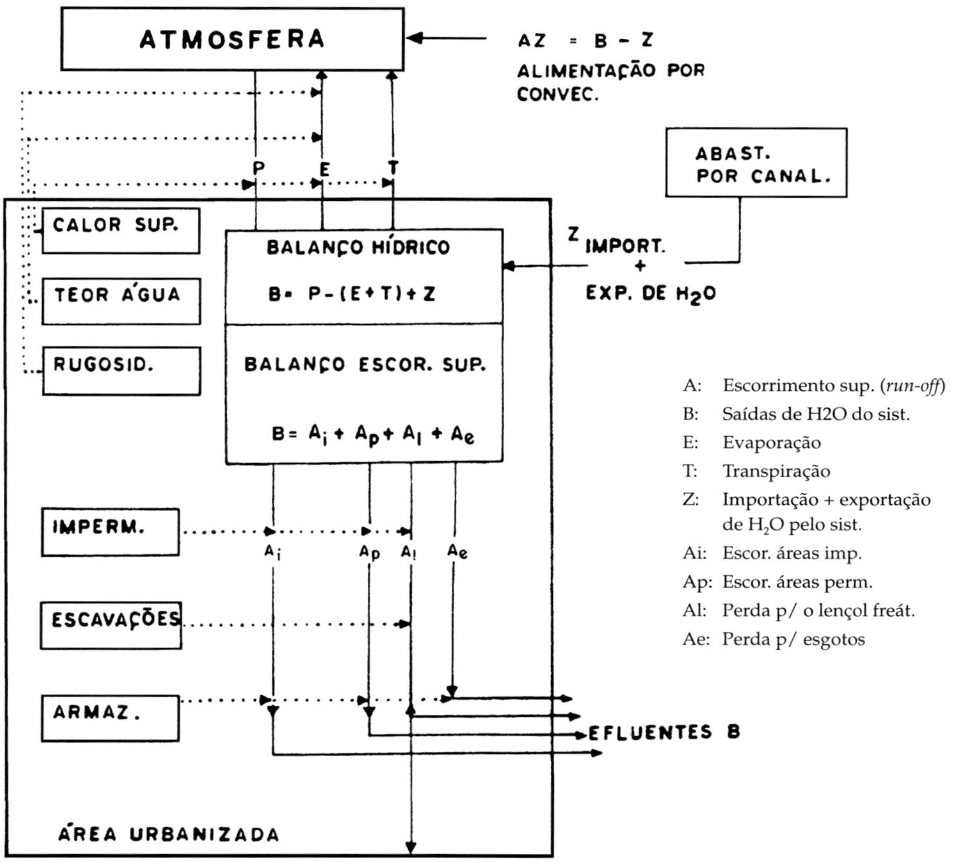

FIGURA 4 – Esquema do balanço hídrico em áreas urbanas (Baseado em Plate, 1976).

A VEGETAÇÃO E A FLORA URBANA

Sabe-se de sobejo a importância da vegetação para os ecossistemas, pois, além de ser influenciada pelos demais fatores ambientais, tem, por sua vez, uma influência muito grande sobre eles, como já foi comentado no caso do clima. Nas cidades, além dessas influências, pode servir como indicador biológico da qualidade ambiental. Um exemplo a ser citado é o caso dos líquenes, que quanto maior for sua cobertura e diversidade, além de indicarem que se está em presença de clima úmido, indicam ambiente não poluído. Em relação a este tópico, cita-se o trabalho de Troppmair (1977), que fez um estudo biogeográfico de líquenes como vegetais indicadores da poluição aérea da cidade de Campinas.

Em relação à flora nota-se uma grande homogeneidade na sua composição nas cidades brasileiras e pode-se quase generalizar que, para as cidades onde não ocorrem geadas severas, sua composição florística é muito semelhante. Em levantamento realizado por Camargo, orientado pelo autor em três bairros da cidade de Rio Claro, SP, constatou-se que, entre as espécies utilizadas na arborização de ruas, cinco delas perfaziam mais de 80% do total, com o agravante da mais frequente, a sibipiruna (*Caesalpinia peltophoroides* Benth), perfazer 52,5% desse total (Figura 5).

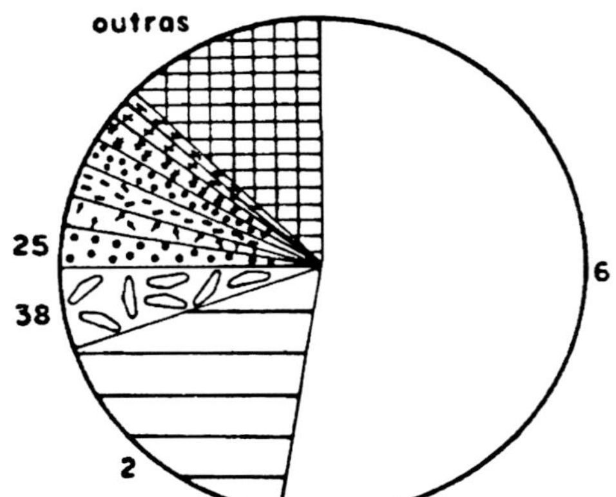

Nº sp	Nome	Freq. (%)
6	*Caesalpinia peltophoroides*	52,58
2	*Bauhinia* sp	17,58
38	*Murraya exotica*	5,56
25	*Holocalix glaziovii*	2,67
57	*Tabebuia* sp	2,09
58	*Terminalia catappa*	1,86
24	*Hibiscus* sp	1,82
27	*Jacaranda mimosaefolia*	1,56
59	*Tibouchinia granulosa*	1,20
60	*Tipuana tipu*	1,06
outras		12,02

FIGURA 5 – Espécies utilizadas na arborização de três bairros de Rio Claro, SP.

Além da homogeneidade florística, lembre-se também que muitas espécies (não nativas) cultivadas nas cidades são exóticas, seja por razões culturais, seja porque as condições ambientais foram tão alteradas, que as espécies nativas não têm mais condições de prosperar nesses locais. Outra particularidade da flora urbana é a grande escassez de epífitas, que por serem muito sensíveis à poluição não subsistem em áreas altamente urbanizadas, servindo como bioindicadores, conforme já foi relatado para os líquenes.

Digno também para o relato é o caso das plantas ruderais (as que crescem sobre escombros), que, na verdade, nada mais são que as pioneiras dos ambientes urbanos, colonizando trincas de calçamento, terrenos baldios e outros. Exemplos comuns de ruderais em nossas cidades são, entre outras: *Alternanthera brasiliana, O. Kuntze, A. ficoidea,* R. Br., conhecidas como sempre-vivas, perpétua-do-mato; diversos *Amaranthus,* conhecidos como caruru; muitas gramíneas, como o *Cynodon dactylon* Pers. (grama-seda), a *Eleusine indica* Gaertn. (capim-de-pé-de-galinha), o gracioso *Eragrostis pilosa* Beauv. (capim-mimoso), ou diversas espécies do gênero *Euphorbia,* da família das euforbiáceas e outras. Embora tenha sido feito o registro de plantas ruderais rasteiras, não se deve esquecer de que entre as ruderais urbanas existem muitas espécies arbustivas e arborescentes, das quais são exemplos a mamona *(Ricinus comunis),* da família das euforbiáceas, e a gurindiva *(Trema micrantha* Blume), das ulmáceas.

OS ANIMAIS NA CIDADE

Segundo Müller (1981), as tendências que se verificam em relação aos animais nas cidades são: diminuição abrupta da diversidade específica de algumas ordens; diminuição significativa da diversidade; a preferência de alguns animais pela cidade. O mesmo relata uma bióloga polonesa para o caso da formiga *Nonomorium faraonis,* que em Varsóvia aproveitava-se da grande quantidade de lixo e dos conduítes de eletricidade ocos atrás de azulejos habitacionais construídos nas décadas de 1960 a 1970. Infelizmente, não se dispõem dos dados da publicação para a referência bibliográfica.

Outras espécies são lembradas quando se trata de cidades: ratos e baratas, que tendo à disposição, além de diversos abrigos, muita alimentação, proliferam em demasia. Em visão não maniqueísta, deve-se identificar essas espécies como importantes para a decomposição de resíduos, como para a desobstrução de várias canalizações urbanas. Porém, devido à sua grande abundância, causam grandes danos e são significativos vetores de doenças.

PROPOSIÇÕES

Em uma breve consideração sobre o ordenamento de solo urbano, seria necessário que fosse feito à luz de análise e diagnose da paisagem. Isso para que se tenha mais ou menos claro qual deveria ser a proporção ideal de espaços construídos e livres de construção que suporta o ecossistema. Dessa forma, poder-se-ia optar por uma composição orgânica das cidades, e não como lembram Cavalheiro & Caetano (1984), que "o planejamento urbano, no geral, está inserido na estratégia geral do consumo: grande preocupação com o sistema viário eficiente, setorização de atividades, visando à funcionalidade e à proporcionalização dos espaços, com o objetivo equilíbrio numérico das diversas atividades urbanas".

Outra questão a ser tratada é a preocupação com melhor integração dos diversos tipos de espaços urbanos, principalmente os espaços livres de construção. Estudos realizados por Faeth & Kane (1978), em Cincinatti (Ohio), demonstraram que os parques urbanos funcionam como ilhas para os dípteros e os coleópteros, funcionando para eles a fórmula de biogeografia de ilhas. Nesse contexto, tem-se evidente a importância da arborização de ruas (que deveria ser a mais diversificada possível) para integração das praças e parques, funcionando como corredores da fauna e contribuindo para a conservação da natureza. Claro que se poderia discorrer sobre muitas outras proposições, como melhoria das condições de sobrevivência das árvores nas cidades e que importâncias específicas elas desempenham nos ecossistemas urbanos. Julgamos, entretanto, que essas considerações deveriam ser feitas em trabalhos específicos, razão porque deixamos de relatá-las. Da mesma forma, evitou-se abordar as funções estéticas, culturais e econômicas que as áreas verdes deveriam desempenhar nas cidades.

6 PLANEJAMENTO E GERENCIAMENTO

ZONEAMENTO AMBIENTAL: O CASO DAS APAs DO CORUMBATAÍ E DA BACIA DO PIRACICABA

*Olga Maria Soares e Gross**

No desenvolvimento do Programa de Regulamentação e Implantação das APAs criadas em nível estadual, a Secretaria do Meio Ambiente (SMA), por meio da Coordenadoria de Planejamento Ambiental (CPLA), está dando andamento a 13 projetos relativos às APAs estaduais. Esses projetos visam à avaliação de quadros ambientais e à formulação de diretrizes para disciplinamento de uso e ocupação do solo, incorporando preocupação fundamental com o processo de gestão ambiental dessas Áreas de Proteção Ambiental.

É interessante observar que os espaços territoriais referentes às APAS nem sempre atendem às unidades tradicionalmente adotadas na gestão ambiental. Assim, dentre o conjunto das APAs estaduais, apenas no caso da Piracicaba – Juqueri-Mirim, a delimitação é coincidente com a sub-bacia hidrográfica. A diretriz da criação dessa APA veio de uma concepção técnica global do ambiente, enquanto na maioria dos outros casos, seja por iniciativa do executivo ou do legislativo, os objetivos de proteção referem-se a atributos ambientais específicos, como a vegetação ou as características paisagísticas. Nesse sentido, a partir das peculiaridades de limites territoriais, bem como dos quadros ambientais e

* Cetesb, São Paulo, SP.

forças sociais, econômicas e políticas interagentes em cada APA, a CPLA vem buscando os caminhos possíveis para concretizar a gestão ambiental dessas áreas, o que nem sempre se justapõe precisamente ao sistema de gestão por bacia hidrográfica, ora em discussão e consolidação pelo Estado.

No âmbito do programa de trabalho, tem merecido destaque dois projetos: o relativo à APA Corumbataí, perímetro Corumbataí (Decreto n.20.960/83), dado constituir a experiência que deu início ao processo de trabalho; e aquele relativo à APA Piracicaba – Juqueri-Mirim (Decreto n.26.882/87), que faz parte do programa relativo ao planejamento ambiental da Bacia do Piracicaba. Um aspecto programático integra esses dois projetos, ambos compreendendo as etapas, a saber: diagnóstico ambiental com a formulação de diretrizes para zoneamento ambiental (incorporado à contribuição e à discussão com universidades, agentes sociais e econômicos, organização de defesa ambiental e poder público local); consolidação de zoneamento e critérios de manejo ambiental, bem como proposição de programas de ação, sistema de gestão, fórum para a discussão final das proposições e encaminhamento da minuta de regulamentação das APAs à Assembleia Legislativa.

Esses dois projetos, localizados quase na sua totalidade na Bacia do Piracicaba, encontram-se em diferentes fases de desenvolvimento e vêm proporcionando às equipes técnicas responsáveis pela sua elaboração, CPLA-DPAE e Emplasa (Empresa Pública Ligada ao Planejamento Metropolitano) e Engea (Consultoria Especializada em Meio Ambiente), experiências distintas, que vêm representando avanços na abordagem ambiental. Tais experiências, no entanto, estão unidas por uma ideia de zoneamento ambiental, que por si só não se efetiva enquanto instrumento de ação. Cabe, portanto, todo um esforço de engajamento e mobilização dos agentes da produção do espaço e da defesa ambiental na construção de um aparato técnico e institucional dirigido a um objetivo maior, que é um sistema de gestão ambiental eficaz para as APAs. O profundo entendimento dos limites e das possibilidades do sistema legal vigente, seja em termos restritivos como em termos de incentivos, vem constituir instrumento fundamental de trabalho nesse caso.

Tal ideia se fortaleceu dentro dessa comunidade técnica diante da perplexidade que surge a partir da análise do rebatimento ambiental, consequência do padrão de apropriação dos recursos naturais que se apresenta em nosso Estado, cotejada ao purismo do qual se reveste a concepção original da figura da unidade de conservação da APA: "O objetivo primordial de uma APA é conservar a diversidade de ambientes, de espécies e de processos naturais".

No caso da APA Corumbataí, quando da avaliação do quadro ambiental, verificou-se desde logo que seu território "vem sendo submetido a intenso processo de degradação ambiental e simplificação biológica, sob pressão contínua das monoculturas e agroindústrias associadas e da homogeneidade ambiental decorrente". Nesse sentido, decidiu-se já nessa primeira etapa do trabalho por uma conduta capaz de envolver os agentes intervenientes no processo de ocupação, com vistas à promoção de condições técnicas de manejo melhor adequadas à conservação dos recursos naturais e à organização de programas de ação voltados para a recuperação de áreas degradadas. A partir dessa premissa, a metodologia do projeto vem integrando os procedimentos que se seguem:

1 Avaliação do quadro ambiental da APA por meio da adoção de categorias ambientais de análise que integram características do processo socioeconômico local de potencial, limitações e atributos dos recursos naturais. Nesse processo de estudo, ocorreu forte envolvimento com a comunidade acadêmica e o movimento ambientalista regional, com o apoio das entidades públicas locais, buscando-se avançar da multidisciplinaridade para a interdisciplinaridade. Formulação de diretrizes para zoneamento ambiental e sistema de gestão associado ao progresso de discussão e participação com agentes intervenientes no processo econômico, universidade, ambientalistas, poder local e entidades públicas de nível estadual afetam a questão ambiental. Tal processo de trabalho vem resultando em contribuição, que gera reflexões da própria equipe técnica da SMA-CPLA e empresa executora, em termos do ajuste, objetivação e aprimoramento das proposições originais, dentre os quais destacam-se:

2 Formulação de programas de ação, tais como: monitoramento ambiental, pesquisas de apoio à melhoria de técnicas de manejo, recomposição da vegetação das áreas de preservação permanente já desmatadas.

3 Reavaliação e calibragem do zoneamento ambiental e dos respectivos critérios de uso e ocupação propostos à luz dos limites e possibilidades do sistema legal vigente, visando à formatação jurídica da minuta de Regulamentação da APA e buscando operacionalidade e eficiência quanto à sua aplicação.

4 Formatação, discussão e consolidação do sistema institucional de gestão da APA. Nesse processo de trabalho, busca-se a montagem de uma estrutura participativa entre Estado e sociedade civil, definindo-se papéis, atribuições e recursos nos programas de ação e na garantia quanto à continuidade do processo de gestão.

A implantação da APA Piracicaba – Juqueri-Mirim (Decreto n.26.882/87), criada segundo objetivos de proteção a mananciais de abastecimento público ligados ao sistema Cantareira, à Bacia do Jaguari (em trecho proposto para abastecimento da conurbação campineira) e à Bacia Corumbataí (no trecho proposto para abastecimento da região Rio Claro – Piracicaba), virá atender as primeiras medidas de implementação pela SMA – Secretaria do Meio Ambiente – de um processo de planejamento voltado para o uso múltiplo e racional dos recursos hídricos da Bacia do Piracicaba.

Na atual etapa de trabalho, que diz respeito à avaliação do quadro ambiental, optou-se por uma abordagem que, em um primeiro momento, utilizou o máximo possível de dados secundários e imagens TM 1:50.000 para a análise ambiental, ficando o trabalho de campo limitado especialmente ao meio físico.

As equipes multidisciplinares organizaram-se em virtude das categorias ambientais de análise que se seguem: estrutura macrorregional (físico-territorial--ambiental) e seus rebatimentos no território da APA; tipologia de processos socioeconômicos, históricos e atuais no contexto territorial da APA (dinâmica do uso e ocupação do solo); compartimentação do meio físico da APA agregando aspectos litológicos e estruturais, geomorfológicos e pedológicos, bem como integrando observações relativas às interferências do uso do solo no meio físico, as formações vegetais primitivas, além da recuperação e interpretação de dados em relação à área a partir de análises já elaboradas pelas universidades.

Os resultados desse trabalho, uma primeira aproximação ao quadro ambiental da APA, propiciaram, por meio de trabalho conjunto entre equipes e seminário técnico, a definição de uma compartimentação relativa a áreas típicas e a problemas específicos, bem como aos principais agentes sociais e econômicos intervenientes na dinâmica ambiental da área. A partir da incorporação desses elementos, estabeleceu-se um novo momento no projeto, em que as equipes técnicas se reorganizaram com vistas a um procedimento de análise e interpretação interdisciplinar relativa e problemática local. Cabe ressaltar que o corpo técnico do projeto passa a compor dois grupos apenas: um, voltado para análises e proposições relacionadas ao espaço ambiental, e outro, centrado na questão da gestão.

A abordagem adotada nessa segunda etapa de trabalho, calcada no contato e na observação direta sobre a área, objetiva a complementação e o aprofundamento de análises e, fundamentalmente, o desenvolvimento de proposições, ações e mobilização social dirigidas à regulamentação e à implantação da APA, tendo como referencial: a observação de que as áreas ambientalmente mais frágeis nessa APA, dado as peculiaridades de meio físico, ainda resistem parcialmente a um processo de ocupação intensivo do solo; identificação de eixos de expansão urbano-industrial, que se vêm estruturando no território da APA, a partir da conurbação campineira, entre outros fatores locacionais, cuja qualidade ambiental está comprometida pela falta de estruturas de saneamento básico (esgoto e resíduos sólidos); processo de desenvolvimento da agroindústria, principalmente ligado à atividade pecuarista (suinocultura e avicultura), que já apresenta aspectos sensíveis quanto à poluição; proposição do espaço pelo parcelamento do solo por loteamentos de chácaras de recreio, processo que se generaliza na APA ocupando terras férteis ou áreas frágeis, de forma nem sempre adequada ao ambiente; o momento de definição dos Planos Diretores Municipais, estratégicos do ponto de vista da implantação de um sistema de gestão ambiental; amadurecimento do movimento ambientalista, bem como das organizações intermunicipais, buscando a programação da qualidade ambiental da bacia, não só pela produção de informação como pela mobilização em relação à questão; a experiência que se vem acumulando, em decorrência do procedimento participativo de abordagem, a partir do projeto de zoneamento ambiental da APA Corumbataí.

REGULAMENTAÇÃO DA APA CORUMBATAÍ – SP

*Regina Stela Néspoli de Camargo**

INTRODUÇÃO

A QUESTÃO AMBIENTAL E A CRIAÇÃO DAS APAs

A conservação, preservação e recuperação de ecossistemas, e não apenas de espécies isoladas da flora e da fauna ("protegidas" desde 1934), ganharam força no início da década de 1980, impulsionadas pelo movimento ambientalista internacional. A partir da Lei n.6.938, de 31 de agosto de 1981, o Estado vem apenas criando essas áreas, sem a efetiva implantação e manejo por meio de alocação de recursos ou incentivos. Em consequência, muitas das APAs criadas têm seus espaços de ocupação urbana e rural consolidados ao lado de elementos físico-bióticos "remanescentes", em si muito semelhantes a quaisquer outros territórios do Estado. Esses espaços vêm sendo submetidos a um processo intenso de degradação ambiental e simplificação biológica, sob a pressão contínua das monoculturas e agroindústrias associadas e de "homogeneidade" ambiental decorrente. Esse conjunto de circunstâncias, somado às peculiaridades dessas unidades de conservação, vem trazendo desafios quanto aos procedimentos que levem à sua efetiva implantação e consolidação.

Diferentemente de outras unidades de conservação, em que as interferências antrópicas são cerceadas na busca de uma proteção "integral" dos recursos naturais, as APAs são unidades de manejo sustentável, nas quais se procura conciliar a preservação da diversidade biológica e dos recursos naturais com o uso sustentável de parte desses recursos, mantendo-se tanto a propriedade privada da terra quanto a jurisdição municipal sobre elas.

* Engea – Avaliações, Estudos do Patrimônio e Engenharia Ltda.

A ÁREA DE PROTEÇÃO AMBIENTAL DE CORUMBATAÍ

Instituída pelo Decreto n.20.983, do governador Franco Montoro, em 1983, a APA-Corumbataí envolve os perímetros de Corumbataí, Botucatu e Tejupá. O perímetro de Corumbataí, objeto deste projeto, com uma área total de 278.858 ha, inclui terras dos municípios de: São Carlos, Analândia, Brotas, Itirapina, Corumbataí, Ipeúna, Rio Claro, Dois Córregos, Torrinha, Mineiros do Tietê, Barra Bonita, Santa Maria da Serra, São Pedro, Charqueada e São Manoel (Ilha do Cerrito). Segundo o decreto, as sedes urbanas dos maiores municípios foram deliberadamente excluídas, como São Carlos e Rio Claro, e pretendeu-se circunscrever nessa APA um conjunto de condições ambientais que ainda preservam elementos significativos da flora e da fauna, assim como as *cuestas*, como um importante divisor de águas e de grande beleza cênica. Em 1984, a Cetesb elaborou um convênio com o Departamento de Água e Esgoto (DAEE), o primeiro Diagnóstico da APA, e acrescentou como objeto de proteção a área de recarga do aquífero subterrâneo Botucatu-Piramboia, que abastece o Oeste Paulista e os vários mananciais superficiais localizados integral ou parcialmente no limite da APA. Mas, afinal, por que essa área foi instituída como APA, qual o conjunto de objetivos especializados que levaram à sua criação e quais os critérios de sua delimitação?

A "identidade" do perímetro Corumbataí revela uma diversidade de ocupação onde há monocultura da cana-de-açúcar e o reflorestamento em grandes áreas; aumento expressivo da cultura de cítricos; diminuição acentuada do recobrimento vegetal (matas, cerrados, vegetação ciliar); degradação ambiental por ravinamento e voçoramento em maior número de locais e em maior extensão, principalmente nas áreas de pastagens; uso e ocupação do solo urbano consolidado e delimitação inadequada, seccionando ou excluindo elementos físico-bióticos significativos, como sub-bacias, escarpas, vegetação remanescente e outros. Essa situação não diferencia esse território de nenhum outro do Estado. Por que então ele foi instituído como APA? Parte dessa explicação já está justificada no próprio decreto de criação: circunscreve feições de relevo, as *cuestas*, de grande fragilidade ambiental, e insere áreas ocupadas por vegetação remanescente que devem ser preservadas.

Esses requisitos contidos no decreto, embora possam estar implícitos no planejamento e na ação governamental em qualquer parcela do Território Nacional, apoiados pela legislação existente, seriam de difícil concretização a curto prazo ou em áreas muito extensas. A criação das APAs parece constituir-se na estratégia adequada e única no momento, capaz de viabilizar a proteção de parcelas consideradas significativas de recursos naturais.

Estando esse território de tal forma consolidado pela ocupação urbana e agroindustrial, não caberiam mais análises de "aptidão do solo" desse espaço.

Os estudos concentraram-se nos impactos ambientais decorrentes das atividades econômicas e convergiram para indicar as ações necessárias quanto à divulgação, à recuperação, ao manejo e à gestão político-institucional, envolvendo os agentes locais de tal forma a resgatar essa APA enquanto unidade de conservação. Contribuiu para a avaliação do quadro ambiental da região o emprego de análises interdisciplinares, de tal forma a concluir um entendimento integrado da área e fornecer os insumos básicos para as propostas de zoneamento e diretrizes para a APA.

ZONEAMENTO AMBIENTAL: DESAFIO AO ALCANCE DA APA CORUMBATAÍ – PERÍMETRO CORUMBATAÍ

Estudada há mais de cinco anos por técnicos e pesquisadores da maioria das prefeituras e da população residente nos municípios circunscritos pelo seu perímetro, a APA de Corumbataí ainda não saiu do papel. Exatamente por isso lança desafios ao legislador, às autoridades competentes e à comunidade ali instalada: como conciliar os objetivos de proteção e de desenvolvimento autossustentado ao grau de degradação do meio ambiente já atingido na região?

Numa abordagem preliminar, pelo método de aproximações sucessivas, estabeleceu-se um zoneamento macro, a partir do cruzamento das informações sistematizadas do quadro ambiental com a interpretação do uso do solo. Desse procedimento resultou a definição de conceitos básicos: a continuidade das formações de escarpas como recurso paisagístico; recobrimento florestal remanescente, como garantia à fragilidade dessas formações, e seu potencial quanto ao patrimônio arqueológico; a continuidade linear dos remanescentes da biota (matas naturais, cerrados, capoeiras, matas ciliares, banhados) para: preservar a diversidade biológica de espécies da flora e da fauna e espécies raras ou em perigo de extinção e assegurar o banco genético; proteger os recursos hídricos superficiais e indiretamente os subterrâneos; classes de uso "especiais", tais como: os centros urbanos, bairros rurais, áreas de chácaras entorno dos reservatórios, que demandam diretrizes à expansão urbana, indústrias, saneamento básico; classes de solos e compartimentos geomorfológicos como "pano de fundo" da APA, a exigir medidas de manejo adequadas. A delimitação das zonas de proteção ambiental seguiram marcos identificáveis nas cartas, como cursos de rios, estradas, linhas de alta tensão e outros, e concluíram nas seguintes áreas:

Zona de Proteção Máxima (ZPM). Compreende a linha de escarpas do sopé dos tabuleiros, os morros testemunhos, a biota remanescente, os banhados significativos e seus contribuintes, os mananciais de captação de água das cidades situadas dentro da APA, os trechos que nascem nas escarpas e as faixas de proteção dos reservatórios. Substitui a denominação "zona de vida silvestre" preconizada no decreto de criação da APA, pois não se encontram ambientes extensos da biota remanescente que justifiquem o seu emprego. O caráter pontual e descontínuo da biota, a existência de patrimônio genético dos banhados e nascentes, onde a biota é mais frágil, a proteção aos mananciais, a existência de patrimônio arqueológico significativo no *front das cuestas* e o uso agrícola consolidado em muitos pontos caracterizam essa zona como de "proteção máxima", onde não deve ser permitido nenhum uso econômico, sendo aberta à pesquisa e prioritária para recuperação e recomposição florística.

Zona de Uso Especial (ZUE). Compreende as sedes urbanas internas aos limites da APA. Corumbataí, os núcleos distritais, os loteamentos existentes, os bairros rurais e as chácaras de recreio. Ficam estabelecidas sete ZUEs: Santa Maria da Serra, São Pedro, Itaqueri da Serra, São Sebastião da Serra, Analândia, Itirapina, Represa do Lobo. Nas ZUEs, a expansão urbana é permitida dentro de alguns parâmetros, em que foram cotejadas a localização e as estimativas de crescimento populacional até o ano 2000. Foram deliberadamente excluídas da expansão urbana de São Pedro as concentrações de voçorocas e ravinas, e reduzida a expansão de núcleos próximos a represas. Nos eixos de ligação (estradas secundárias, vicinais), mantiveram-se faixas de ambos os lados, prevendo-se a ocupação lindeira. A definição de uso e ocupação interna a essas áreas é de competência dos municípios. As diretrizes estabelecidas para essas áreas são específicas para o saneamento básico, pois estas questões transcendem os perímetros das ZUEs ou da APA e se remetem às normas gerais existentes.

Zona de Uso Disciplinado (ZUD). Constitui no "pano de fundo" da área. Foi destinada preponderantemente às atividades econômicas agropecuárias, embora outros usos possam existir desde que compatíveis com as características físicas e antrópicas de cada uma. Foi classificada em três grupos, de maior para menor fragilidade, o que implica usos e manejos compatíveis com essas condições.

PLANO DE MANEJO AMBIENTAL

As propostas de zoneamento devem ser acompanhadas de um elenco de medidas que possam viabilizar a existência da APA Corumbataí, perímetro Corumbataí: a gestão político-institucional desse território, o desenvolvimento regional, com apoio ao pequeno produtor rural e incentivo à atividade turística, as ações de recuperação e recomposição da biota e as ações de pesquisa, monitoramento, fiscalização e educação ambiental.

Sistema de gestão político-institucional: a gestão deve ser participativa e pressupõe a ação voltada ao gerenciamento de conflitos. Essa participação compreende duas instâncias: a deliberativa e a executiva. A primeira refere-se ao espaço de articulação política e institucional, onde terão assento representantes do governo estadual, das prefeituras municipais envolvidas, das entidades ambientalistas, bem como das classes produtivas e trabalhadoras da região.

A instância executiva pressupõe a participação apenas de órgãos estaduais diretamente envolvidos com a implementação da APA e representantes dos municípios integrantes. Deverá articular e garantir todo o apoio técnico e operacional necessário à implementação da APA, aí incluída a gestão dos recursos financeiros que comporão o Fundo Especial da APA Corumbataí. O desenvolvimento regional, as ações de recuperação e recomposição da biota e, as pesquisas, o monitoramento e a educação ambiental propostos, baseiam-se em programas acertados com a comunidade regional da APA, respaldados pelos centros de pesquisa e universidades locais, e com apoio das classes produtivas e setores que interagem na região.

ASPECTOS AMBIENTAIS DO PLANEJAMENTO DOS RECURSOS HÍDRICOS: A BACIA DO RIO PIRACICABA

*José Paulo Ganzeli**

INTRODUÇÃO

Este texto refere-se aos princípios e às propostas contidos no relatório: Bacia do Rio Piracicaba/Diretrizes para Planejamento da SMA/CPLA, outubro de 1989. De maneira geral, os estudos e os planos que objetivam a busca de soluções para os problemas relacionados aos recursos hídricos adotam a bacia hidrográfica como unidade de planejamento e se limitam a apresentar propostas de caráter eminentemente técnico. Entretanto, se considerarmos as atividades econômicas, sejam elas urbanas, industriais ou agrícolas, como as principais causadoras das transformações ambientais, a utilização e a exploração dos recursos naturais pelos agentes econômicos podem ser consideradas como as principais causas de degradação ambiental. Desse ponto de vista, a área geográfica de trabalho, a bacia hidrográfica, não deve jamais impor limites ao planejamento e à gestão dos recursos hídricos, pois, como se sabe, as atividades econômicas não respeitam, na maioria dos casos, os limites divisores de águas.

As propostas para a solução dos problemas de utilização múltipla dos recursos hídricos devem estar relacionadas à organização das atividades urbanas, industriais e agrícolas. Em outras palavras, de nada adiantam propostas técnicas para a solução desses problemas se suas causas não foram devidamente avaliadas e equacionadas. Assim, é primordial o estabelecimento de diretrizes para a utilização da água e para a localização dos empreendimentos local, regional e estadual. Por outro lado, as questões ambientais, e em especial as relacionadas aos recursos hídricos, não devem ser negligenciadas quando se formulam as políticas gerais e setoriais de desenvolvimento. A inclusão dessas questões na busca de soluções para os problemas dos recursos hídricos exige uma nova postura diante do planejamento. Não se pode pretender a mera formatação de um plano imposto à sociedade, o planejamento deve ser inter-

* Cetesb, São Paulo, SP.

pretado como um processo dinâmico que se adapte às transformações da realidade, e não como um produto pronto e acabado. Essa nova abordagem de planejamento expõe a democratização das decisões, por meio da participação dos diversos setores da sociedade.

A BACIA DO RIO PIRACICABA E A QUESTÃO AMBIENTAL

Situada na região do entorno metropolitano, e com aproximadamente 90% de sua área em terras paulistas e 10% em mineiras, a Bacia do Rio Piracicaba vem suportando as consequências de um acelerado crescimento econômico em seu território. Esse crescimento, fruto da política de desenvolvimento implantada a partir da década de 1970 e orientada para a produção de energia e produtos para a exportação, alterou profundamente as condições ambientais dos municípios da bacia, acentuando as diferenças regionais.

Numa primeira avaliação ambiental, podemos identificar nessa região duas categorias de municípios: a) os municípios de água, localizados nas nascentes dos rios Jaguari e Atibaia, que abastecem não apenas muitas cidades da bacia como também grande parte da Região Metropolitana de São Paulo, pelo Sistema Cantareira. Entre esses municípios estão ainda os localizados nas cabeceiras do Rio Corumbataí; e b) os municípios que possuem uma intensa atividade urbana, industrial e agrícola, localizados principalmente nas sub-bacias do Atibaia e do Piracicaba. O crescimento não planejado dessa região originou diversos problemas, semelhantes aos observados na Região da Grande São Paulo, como conurbação, multiplicação das cidades-dormitório, falta de saneamento, poluição dos corpos d'água, dificuldades de abastecimento de água e outros.

Com o desenvolvimento de alguns municípios da bacia, essa região passou a constituir um polo de atração de diversas atividades altamente consumidoras e degradadoras dos recursos hídricos. Esse fato, agravado pela limitada disponibilidade de água na bacia e pela reversão de aproximadamente 30 m^3/s de água, destinados ao abastecimento da Região Metropolitana de São Paulo, provocou intensa disputa pela utilização de seus recursos hídricos, pondo em risco o próprio desenvolvimento da região. Essa disputa gerou uma série de conflitos de interesse, que se tornaram o centro das discussões acerca da questão ambiental, constituindo o problema mais frequentemente debatido pelas entidades locais. Pode-se afirmar que essa disputa, que envolve tanto os órgãos públicos quanto os privados, é um dos aspectos fundamentais a serem considerados no planejamento e no gerenciamento desses recursos. É precisamente a análise do conflito entre os interesses públicos (utilização da água para abastecimento, diluição de esgotos, geração de energia e outros) e os privados (uso dos recursos hídricos para insumo, diluição de despejos industriais, irrigação e outros), que fornecerá os subsídios necessários à elaboração das propostas de recuperação ambiental da bacia.

CRÍTICA ÀS PROPOSTAS EXISTENTES

A partir da análise da situação atual e das projeções contidas nos diversos estudos realizados sobre a bacia, entidades locais e órgãos públicos formularam uma série de propostas de caráter técnico e setorial. Essas projeções sempre foram realizadas com base na relação entre o crescimento das atividades econômicas e os recursos hídricos necessários à manutenção dessas atividades. Porém, como historicamente sempre houve desperdício, ou seja, nunca existiu uma preocupação, por parte dos usuários da água, com a racionalização de seu uso, esses estudos acabaram por incorporar também as projeções dos desperdícios, superdimensionando a utilização dos recursos hídricos.

A partir dessas projeções foram propostos planos principalmente nas áreas de saneamento básico (sistema de tratamento de esgotos urbanos) e de suprimento hídrico (reservatórios de regularização). As propostas foram elaboradas de maneira isolada, não considerando os demais aspectos que direta ou indiretamente afetam os recursos hídricos. Além disso, esses trabalhos desconsideram também a possibilidade de alteração das projeções de demanda hídrica e carga poluidora, por meio de medidas de restrição ou de orientação locacional das atividades, ou ainda de incentivo à utilização de tecnologias mais apropriadas. A maior parte desses trabalhos tenta solucionar os problemas dos recursos hídricos, desvinculando-os dos conflitos existentes, não identifica os agentes econômicos como os responsáveis pela degradação ambiental, nem propõe alternativas concretas para minimizar os impactos dessas atividades sobre o meio ambiente.

PROPOSTA PARA A BACIA DO RIO PIRACICABA

A reversão do quadro atual exige a criação de um conjunto de medidas e instrumentos que orientem a localização das atividades urbanas, industriais e agrícolas, e ordenem a utilização dos recursos hídricos, alterando os prognósticos existentes e possibilitando, no futuro, a redução do consumo e da degradação desses recursos. O incentivo à adoção de tecnologias que possibilitem mudanças nos processos industriais, na apropriação do solo agrícola e no desenvolvimento urbano permitiria o melhor aproveitamento dos recursos hídricos e a redução na produção de poluentes. Por outro lado, a gestão, o planejamento e o desenvolvimento de práticas corretas e sistemáticas de monitoramento e controle deveriam agir como instrumentos permanentes no processo de recuperação, proteção e distribuição dos recursos hídricos.

Na região da Bacia do Piracicaba, a exploração intensa e desordenada dos recursos hídricos, especialmente pelas atividades industriais e agrícolas, tem comprometido o abastecimento de água das cidades, bem como a sua qualidade. Devido às características ambientais da região e à dimensão metropolitana dos conflitos ali presentes, questões como a localização das atividades econômicas, o abastecimento, o tratamento sanitário e a preservação dos mananciais, entre outras, deveriam ser abordadas em escala regional. Considerando-se a prioridade do uso da água para o consumo humano e a necessidade da solução conjunta e regional dos problemas, foram propostos alguns programas de ação, que, executados em sua totalidade, proporcionariam a recuperação, a proteção e a conservação dos recursos hídricos da Bacia do Piracicaba.

Programa 1: planejar o abastecimento de água

Por envolver questões importantes, como a proteção dos mananciais e a priorização da água para o consumo humano, o programa de abastecimento deve direcionar os demais programas formulados, orientando as propostas de recuperação da qualidade das águas, de localização das atividades econômicas e mesmo de monitoramento. Além de exigir um estudo global dos sistemas de abastecimento urbano de todos os municípios que utilizam os recursos hídricos da bacia, este programa incluiria a análise das possibilidades de integração dos sistemas de abastecimento urbano dos municípios da área em processo de conurbação. O programa definiria, ainda, os limites e as formas de proteção das áreas dos mananciais atualmente explorados ou que deverão abastecer a região futuramente.

Programa 2: planejar a recuperação da qualidade das águas

A recuperação da qualidade da água depende diretamente do tratamento não só dos elementos gerados pelas atividades urbanas e industriais, mas também das cargas difusas urbanas e rurais. Quanto à questão do tratamento dos efluentes industriais, é necessário elaborar um programa de controle, principalmente das grandes indústrias poluidoras (usinas, indústrias de bebidas, químicos, papel e outros), buscando não apenas elevar o índice médio de redução, especialmente das indústrias não alcooleiras, como ainda controlar totalmente o lançamento das cargas tóxicas. O sistema de ferti-irrigação merece uma análise acurada, considerando-se o grande volume de vinhoto despejado pelas usinas sobre o solo da bacia (equivalente ao produzido diariamente por uma população de 23 milhões de habitantes), na ocorrência de chuvas, qualquer pequeno problema na sua disposição pode provocar o aumento da deterioração dos corpos d'água da bacia.

Quanto ao tratamento dos efluentes urbanos, é necessária a elaboração de um programa global para a bacia, que apresente soluções integradas para os municípios da área conurbada ou em processo de conurbação. Constituem prioridade na implantação desses sistemas os municípios localizados nas áreas de mananciais ou de proteção ambiental, pois o tratamento de seus efluentes domésticos beneficiaria todos os sistemas de abastecimento da bacia. Esse programa incluiria, ainda, um estudo dos sistemas de tratamento de esgotos em operação, em fase de construção ou de planejamento. A partir desse estudo, poderiam ser executadas algumas ações para melhorar o desempenho dos sistemas existentes ou colocar em funcionamento os que se encontrarem em obras.

Em relação à questão das cargas difusas rurais, a prática da ferti-irrigação e o uso de agrotóxicos na agricultura constituem dois dos principais problemas a serem considerados na elaboração de um plano de recuperação da qualidade das águas da bacia. A reversão da situação atual dependerá da implantação de um programa de desenvolvimento agrícola preservacionista, através do incentivo ao uso de técnicas adequadas às condições ambientais da região e do estímulo ao combate biológico de pragas, e também às práticas agrícolas que favoreçam a retenção de águas no solo. Quanto ao problema do tratamento das cargas difusas urbanas, apesar da escassez de informações, medidas de caráter corretivo poderiam auxiliar na recuperação da qualidade das águas da bacia. Algumas dessas medidas seriam: tornar mais eficientes os sistemas de limpeza pública; impedir a disposição aleatória do lixo doméstico; na pavimentação pública, utilizar preferencialmente materiais que impedissem a impermeabilização do solo; desenvolver estudos sobre sistemas de tratamento de águas pluviais; entre outras.

Programa 3: planejar a localização das atividades econômicas e a utilização dos recursos hídricos

A necessidade de reverter a tendência de crescimento da demanda e da poluição hídrica na bacia exige a criação de um conjunto de medidas que orientem a localização das atividades urbanas, industriais e agrícolas e ordenem a utilização dos recursos hídricos, possibilitando assim a redução nas previsões de consumo e poluição de água. Por isso, devem ser estabelecidos os índices de qualidade e demanda de águas para cada uma dessas atividades.

As restrições à localização das atividades e à utilização da água, seja para consumo ou para despejos, devem ser definidas em virtude das características ambientais e das necessidades de proteção de cada sub-bacia ou microbacia da região. Além disso, a dimensão dos problemas impõe a adoção de medidas que impeçam, de imediato, a instalação de grandes empresas poluidoras e/ou consumidoras de água na bacia. O planejamento da localização industrial não deve levar em conta apenas as necessidades de produção, mas também as disponibilidades hídricas e o potencial de assimilação de poluentes. O incentivo à adoção de tecnologias que possibilitem mudanças nos processos industriais, permitindo redução no consumo de água e na produção de poluentes, constitui uma das alternativas para diminuir a utilização dos recursos hídricos pelo setor industrial.

Com respeito à localização das atividades urbanas, é necessária a elaboração de um programa conjunto entre Estado e municípios, o qual deve adequar os Planos Diretores Municipais às necessidades de recuperação, proteção e conservação dos recursos hídricos da bacia. Os principais objetivos desse programa são: impedir que o crescimento das cidades prejudique os mananciais de abastecimento atuais ou futuros; coibir a expansão urbana além dos limites das áreas de drenagem, onde deverão ser implantados os sistemas de tratamento de esgoto sanitário; e reduzir as perdas dos sistemas de abastecimento público. O planejamento da utilização da água na atividade agrícola tem como meta principal a redução das perdas de água na bacia. Para isso, deverá enfatizar especialmente as questões do disciplinamento na ampliação das áreas irrigadas, da racionalização do uso da água e do aperfeiçoamento dos sistemas existentes.

Programa 4: monitoramento

Para ser adequado às condições ambientais da bacia, o trabalho de monitoramento não pode se limitar à avaliação da qualidade da água; deve considerar também a influência que os diversos setores econômicos exercem sobre os recursos hídricos, por meio do uso do solo e das águas, da concentração ou da expansão de suas atividades e outros. Os resultados de um monitoramento dessa natureza refletiriam todos os impactos das atividades econômicas na bacia e permitiriam que fossem identificadas as alterações de qualidade das águas e os agentes responsáveis por essas alterações, contribuindo para que fosse possível avaliar as modificações decorrentes da implantação desse plano e, consequentemente, possibilitar os ajustes e as correções nos programas propostos.

CONCLUSÃO

Este breve relato já é suficiente para demonstrar que apenas por meio de uma ampla mobilização política, reunindo estados, municípios e, principalmente, a sociedade civil, será possível alterar a situação atual. A execução de um planejamento com essas características requer a criação de um Sistema Descentralizado de Gestão dos Recursos Hídricos, cuja atuação compreenderia o controle, o gerenciamento e a coordenação de todas as ações programadas. Esse sistema de gestão deverá alterar substancialmente a atuação dos órgãos ligados à questão. Para isso, é necessário o amparo de instrumentos legais, que garantam a gestão regionalizada, a participação social no processo de decisão e a integração das ações dos vários órgãos envolvidos.

Para concluir, o sistema de gestão deverá articular-se não apenas com os órgãos governamentais relacionados a aspectos setoriais do desenvolvimento, como produção de energia, saneamento, industrialização, saúde pública, educação, mas também com aqueles envolvidos em questões mais abrangentes, como a economia e o planejamento, além dos vários órgãos municipais e entidades da sociedade civil.

PLANO DE GERENCIAMENTO DA REGIÃO LAGUNAR DE IGUAPE E CANANEIA

*Martinus Filet**

INTRODUÇÃO

A elaboração de um plano de gerenciamento costeiro pressupõe a execução de análise ambiental integrada, por meio do diagnóstico e prognóstico ambiental, resultando em uma proposta de macrozoneamento ambiental. Dessa proposta, contendo as diretrizes de uso dos recursos naturais e da ocupação do espaço territorial, resulta o plano de gerenciamento que deve necessariamente conter a proposta de legislação, incluindo o "sistema" de gestão. Esta é a linha geral de implantação do Programa Estadual de Gerenciamento Costeiro, que, por sua vez, está sendo articulado ao Plano Nacional de Gerenciamento Costeiro, coordenado pela Comissão Interministerial para os Recursos do Mar (CIRM).

APLICAÇÃO NA REGIÃO LAGUNAR DE IGUAPE E CANANEIA

Na região lagunar de Iguape e Cananeia, primeiro dos quatro setores de costa do Litoral Paulista, abordado para efeito do Programa Estadual, buscou-se a aplicação integral da metodologia proposta pela CIRM, complementada com alguns ajustes metodológicos construídos pela Equipe da Divisão de Planejamento do Litoral da Coordenadoria de Planejamento Ambiental da SMA, sem fugir do roteiro básico acima enunciado. Dessa forma, durante 18 meses (1988-1989) foram elaborados, consecutivamente, um conjunto de 11 mapas temáticos básicos e sete mapas intermediários até a proposta de macrozoneamento. A proposta de macrozoneamento na escala 1:50.000 foi obtida a partir de cruzamentos sucessivos dos mapas temáticos, com a contribuição expressiva das Cartas de Dinâmica dos Ecossistemas, Dinâmica Socioeconômica e Dinâmica do Meio Físico (Geológico–Geotécnico), que balizadas pelas Cartas de Poten-

* Secretaria do Meio Ambiente, São Paulo, SP.

ciais Econômicos (Agrícola-Extrativo, Pesqueiro, Minerário e Turístico), permitiram a obtenção do zoneamento ambiental. Nesse zoneamento foram definidas as unidades com usos previstos para agricultura, extrativismo, pesca, aquicultura, turismo, mineração, expansão urbana e outros, articulados organicamente entre si de forma a possibilitar a introdução na região de um processo de desenvolvimento sustentado, estruturado em torno de um modelo (ou cenário) denominado ECO-TURÍSTICO-PESQUEIRO.

O macrozoneamento, apresentado dessa maneira à discussão com a comunidade e com os órgãos públicos atuantes na região, vem permitindo a elaboração de uma Minuta de Lei de Gerenciamento Costeiro, que será submetida à Assembleia Legislativa do Estado e transformada num Plano de Gerenciamento Costeiro prático e adequado à realidade regional. Sua gestão ficará a cargo de um Colegiado Costeiro Regional composto a partir de membros da comunidade organizada, executivos municipais e órgãos estaduais e federais. Tanto a montagem de gestão como o plano serão o desdobramento das discussões ocorridas sobre a proposta de macrozoneamento, cujas diretrizes e regras operativas apresentam bem a dimensão das necessidades de implantação e gestão. A implantação do plano prevê as atividades institucionais correntes e os desdobramentos necessários dos programas públicos existentes, inerentes a cada setor do Estado e municípios.

Novos programas e planos-piloto estão sendo articulados para promover as mudanças necessárias do perfil de desenvolvimento regional, visando adequá-lo ao "espírito" do plano. No que diz respeito à gestão, prevê-se a articulação do Colegiado Costeiro, inicialmente ligado a uma das várias formas de organização preexistentes na Bacia do Rio Ribeira de Iguape, onde a região está inserida (exemplificados no Conselho de Desenvolvimento do Vale do Ribeira, no Comitê de Bacia Hidrográfica e no Consórcio Intermunicipal), podendo obter sua independência de acordo com o grau de amadurecimento das organizações comunitárias e seu efetivo engajamento no Plano de Gerenciamento. Trata-se da conjugação de instrumentos legais, administrativos, políticos e organização comunitária para implantação do primeiro Plano Estadual de Gerenciamento e também em nível nacional.

7 METODOLOGIAS

SENSORIAMENTO REMOTO APLICADO AO ESTUDO DO USO DO SOLO URBANO

Celina Foresti
*Diana Sarita Hamburger**

INTRODUÇÃO

Os diversos níveis de vida e de atividades econômicas que convivem no espaço urbano se manifestam nas diversas localidades, gerando espaços diferenciados. Assim, as distintas atividades econômicas presentes na cidade caracterizam áreas dessa cidade, estabelecendo classes diferenciadas de uso do solo urbano. Da mesma forma, o padrão de vida de uma determinada área assume expressões espaciais. As relações entre os diferentes tipos de ocupação e sua distribuição espacial se dão de forma extremamente completa. Sendo assim, um determinado tipo de ocupação deve ser inferido a partir de indicadores que estão relacionados a um certo tipo de ocupação. A elaboração de sistemas de identificação de classes de uso do solo urbano é essencial ao conhecimento desse ambiente, assim como o desenvolvimento de técnicas voltadas para a obtenção e manutenção dessas informações. O conhecimento da distribuição espacial das diversas formas de ocupação do espaço urbano necessita de um sistema de

* UNESP, Rio Claro, SP/Instituto Nacional de Pesquisas Espaciais (Inpe), São José dos Campos, SP.

informações detalhadas, que possam ser obtidas com grande periodicidade, devido ao caráter extremamente dinâmico desse ambiente.

O sensoriamento remoto em nível aéreo e orbital tem sido utilizado na identificação de tipos de ocupação da terra nas mais diferentes escalas de abordagem. Experimentos envolvendo a definição de classes de uso do solo urbano, utilizando técnicas de sensoriamento remoto, foram desenvolvidos através de diversos sensores e produtos, na tentativa de identificar os mais apropriados para esse tipo de levantamento, conforme as características urbanas que se pretende classificar. A necessidade de minimizar o tempo e os recursos envolvidos faz que diferentes técnicas sejam testadas, para implementar as aplicações do sensoriamento nesses ambientes.

Em uma primeira abordagem, as técnicas de sensoriamento remoto, voltadas para o estudo do uso do solo urbano, podem ser divididas em duas categorias: uma utiliza como base fotografias aéreas e a outra envolve a análise de informações orbitais. As maiores dificuldades para a utilização de dados orbitais na obtenção de informações sobre o ambiente intraurbano envolvem a complexidade do ambiente, que pode apresentar uma grande heterogeneidade de alvos, mesmo em se tratando de tipos semelhantes de ocupação, e as limitações de resolução dos sensores. Já informações obtidas a partir de fotos aéreas apresentam dificuldades no que se refere à periodicidade, devido aos custos e às dificuldades técnicas envolvidos na execução de um levantamento aerofotogramétrico.

CLASSES DE USO DO SOLO URBANO

Para que se possam discutir técnicas de sensoriamento remoto na obtenção de informações sobre classes de uso do solo urbano, é necessário entender primeiro o que são as referidas classes. Há dois critérios básicos pelos quais são analisadas as áreas urbanas. O primeiro é o critério que considera aspectos funcionais e subdivide o ambiente urbano de acordo com as principais atividades desenvolvidas em cada área; as classes básicas nesse tipo de ocupação são: áreas residenciais, comerciais, industriais e outras. O segundo critério é o que considera o nível socioeconômico da área e que em geral funciona como uma subdivisão do critério anterior, dividindo as áreas residenciais de uma cidade de acordo com o padrão de vida de sua população. Outros critérios de subdivisão do ambiente urbano podem ser utilizados conforme o fim a que se destina a classificação; mas frequentemente eles estão, de alguma forma, relacionados com os critérios estabelecidos acima, ou podem se apresentar como subdivisões destes. Um exemplo é a subdivisão de áreas residenciais em áreas unifamiliares ou multifamiliares, que considera a verticalização da área em questão, ou ainda a possibilidade de se distinguirem áreas residenciais de ocupação mais recente das de ocupação mais antiga.

A existência de classes de uso do solo tem como requisito uma relação entre o comportamento socioeconômico-cultural e a ocupação espacial de uma determinada área, e este é um dos pressupostos básicos de qualquer classificação de uso do solo. Vários autores destacam, em seus trabalhos, a existência de diferentes áreas na cidade relacionadas com a ocupação diferenciada destes espaços. Mumbower & Donoghue (1967) destacaram a existência de estudos que demonstram uma tendência crescente das cidades de se fracionarem em áreas homogêneas com características socioeconômicas similares, áreas que diferem umas das outras em composição por fatores, como classe social, salário, ocupação e grupo étnico.

Manso et al. (1978) trataram da determinação de zonas homogêneas por sensoriamento remoto e das relações entre essas zonas e características socioculturais de sua população. Afirmam que modificações político-institucionais, alterações nas relações socioculturais e econômicas geram, com o tempo, alterações no organismo urbano geral e, portanto, na estrutura urbana básica. Os autores acrescentam, ainda, que as cidades brasileiras possuem heterogeneidades histórico-culturais e socioeconômicas e que estas diversidades podem ser observadas ao se analisarem os elementos dos grandes centros urbanos. Consideram que, apesar da necessidade de um maior volume de dados, os resultados obtidos indicam que as diferentes zonas homogêneas possuem disparidades socioeconômicas.

Monsen Jr. (1984) sugeriu um método de diferenciação de feições culturais (não exclusivamente urbanas), afirmando que essas feições são dinâmicas e difíceis de serem identificadas, mas destaca que muitos trabalhos de cientistas sociais são voltados para a delimitação de regiões homogêneas. Lohmann & Altrogge (1988) utilizaram dados de satélite SPOT, fotografias aéreas e mapas temáticos para mapear, caracterizar e descrever a estrutura espacial de Hannover, na Alemanha, e consideraram por pressuposto que: fatores ambientais (ar, água, solo e biosfera) de uma cidade são principalmente resultados da estrutura e do uso dessas áreas.

Jim (1989), no estudo da vegetação urbana, demonstrou que o uso de uma área determina suas características arbóreas; considerou que a utilização de uma área é uma interface entre a decisão humana e os fatores naturais; demonstrou que a disponibilidade de espaço para árvores e a qualidade desse tipo de espaço estão relacionadas com um determinado tipo de uso; considerou ainda que a vegetação urbana reflete o mundo sociocultural e a tradição paisagística dos habitantes; e estabeleceu, assim, a relação entre um aspecto físico-espacial (vegetação) e os diferentes tipos de ocupação.

Esses trabalhos apresentaram a relação entre a distribuição espacial da cidade e sua ocupação, mas indicaram que as relações precisariam ser mais bem estudadas, pois não se conhecia ainda o quanto elas variam de cidade para cidade, ou o quanto podem ser generalizadas. Forster (1985), ao tratar da utilização de dados LANDSAT MSS (sensor com resolução de aproximadamente 80 metros) na avaliação da qualidade residencial, destacou um problema relacionado com a dificuldade de tratar as classes de uso do solo urbano como discretas, visto que o limite entre um tipo de ocupação e outro frequentemente é progressivo.

Considerando então a existência de classes de uso do solo urbano como uma manifestação espacial, é necessário estabelecer como podem ser definidas essas classes em um dado ambiente urbano. Embora não exista um padrão único de classificação do ambiente urbano, para a utilização com dados de sensoriamento remoto, vários trabalhos citam a classificação estabelecida em Anderson et al. (1976). Essa classificação, que foi desenvolvida considerando a utilização de dados de sensoriamento remoto, não foi elaborada apenas para ambientes urbanos. É um sistema que foi desenvolvido visando unificar as diferentes fontes de informação sobre uso da terra e revestimento do solo nos Estados Unidos. Apesar de ser uma classificação específica, a forma como subdivide o meio urbano é representativa das subdivisões do ambiente urbano, presentes em trabalhos que utilizam técnicas de sensoriamento remoto.

O sistema de classificação de uso e revestimento do solo, proposto por Anderson et al. (1976), apresenta quatro níveis de abordagem, detalhando as informações e subdividindo a área do primeiro para o quarto nível. A terra urbana ou construída é definida no primeiro nível como uma categoria específica. O segundo nível de abordagem subdivide a área urbana em sete classes de uso do solo urbano. A caracterização dessas classes considera tanto as atividades desenvolvidas na área quanto suas características físico-espaciais.

A primeira categoria definida é a "*Residencial*". A descrição da categoria já apresenta a variabilidade nas densidades de ocupação das áreas residenciais, introduzindo uma possível subdivisão dessas áreas segundo esse critério. Sendo assim, a classificação de Anderson et al. (1976), que segue um critério de funcionalidade, abre espaço para uma subdivisão que considere o critério socioeconômico.

A segunda categoria definida é "*Comercial e serviços*". Para caracterizar esta categoria, são estabelecidos três aspectos que ajudam a defini-la: as atividades desenvolvidas na área, a distribuição físico-espacial e a localização espacial dessas áreas dentro da cidade. Esse último critério é importante por indicar uma das principais dificuldades de utilização de sistemas de classificação automática na definição de classes de uso do solo urbano por sensoriamento remoto, que é a presença de informações referentes ao contexto e que não podem ser quantificadas como dados espectrais e texturais. Outro problema significativo levantado com relação às áreas de comércio e serviços é que elas não se apresentam de forma pura, ou seja, essas áreas podem conter usos não comerciais. A solução adotada foi definir que elas não devem exceder de um terço do total da área em questão.

A terceira categoria é a *"Industrial"*, definida pelo seu uso, tendo as características físico-espaciais e sua provável localização na cidade baseadas em seu aspecto funcional. É destacada a sua variabilidade conforme o tipo de indústria, que resulta numa grande complexidade na sua caracterização.

A quarta categoria é chamada *"Transporte, comunicações e utilidades"*. Os elementos que caracterizam essas áreas ocorrem em proporções variadas em outras categorias, consequentemente eles somente são considerados como uma categoria específica quando ocupam uma área suficientemente significativa, para que possam ser mapeados na escala em que o trabalho esteja sendo desenvolvido.

A quinta categoria definida é *"Complexos industriais e comerciais"*. São agrupados, sob esta denominação, os usos industriais e comerciais que ocorrem juntos ou em grande proximidade. Geralmente são distritos industriais com organização espacial própria, de fácil identificação por sensoriamento remoto. Isso porque esta categoria costuma apresentar-se como unidade discreta de uso da terra.

A sexta categoria é denominada *"Terra urbana, mista ou construída"*. Esta classe inclui usos diversos quando se apresentam de forma integrada, não podendo ser mapeados separadamente.

A sétima e última categoria chamada *"Terra urbana, diversos ou construída"* corresponde a uma junção de unidades que podem ser classificadas como áreas de uso institucional e terrenos desocupados.

Este último exemplo apresentado acima demonstra os problemas e as dificuldades de se estabelecer uma definição de classes de uso do solo urbano, principalmente quando esta se propõe compatível com a utilização de dados de sensoriamento remoto; entretanto, essa classificação é possível. Além disso, é importante observar que muitas das dificuldades em processos de classificação de categorias urbanas estão relacionadas com problemas na definição das categorias envolvidas, assim como a resolução do sensor, destacando a importância da escala na classificação de áreas urbanas por sensoriamento remoto.

A classificação segundo esses critérios não é apenas visual, mas considera também a necessidade de interpretação por parte do analista, assim como da elaboração de um sistema de referências que relacione elementos identificáveis em fotos ou em imagens com determinados tipos de ocupação. Uma última observação quanto à subdivisão de áreas urbanas em diferentes classes de uso do solo aponta para o fato de que exigências socioeconômicas e valores comunitários no passado influenciam a sua situação atual. Isso quer dizer que a morfologia do tecido urbano está intrinsecamente ligada a especificidades regionais.

MAPEAMENTO DE USO DO SOLO URBANO POR MEIO DE DADOS ORBITAIS

A composição extremamente complexa do espaço urbano, composto de alvos com funções diversas de pequenas dimensões e constituídos de diferentes elementos, tem dificultado a tarefa de identificar o uso do solo urbano e sua distribuição espacial a partir de dados orbitais. As resoluções espacial e espectral dos sistemas sensores orbitais, em operação até 1984, não permitiam que os resultados de uso do solo urbano fossem considerados satisfatórios para, em nível operacional, serem utilizados para fins de planejamento. Isso porque no processo de mapeamento só era possível a obtenção de classes amplas de uso. Os sensores remotos orbitais de segunda geração têm se mostrado cada vez mais adequados a estudos urbanos, em virtude do aumento do poder da resolução espacial, espectral e radiométrica.

A melhora da resolução espacial e da discriminação espectral dos dados TM-LANDSAT, comparativamente aos dados do sensor MSS, facilita a identificação de tipos de uso do solo registrados nesses mesmos dados. Acrescenta-se ainda a obtenção de uma grande melhora nas características geométricas dos dados, que facilitam o reconhecimento das formas de certos alvos urbanos. Com o lançamento do satélite SPOT, em 1986, propiciando sensores com resoluções espaciais de 20 a 10 metros, respectivamente para os modos multiespectral e pancromático, este maior poder de resolução espacial veio possibilitar estudos referentes à estruturação do espaço intraurbano, como, por exemplo, o mapeamento de uso do solo das cidades.

A possibilidade de tratamento digital dos dados orbitais tanto do TM--LANDSAT como do HRV-SPOT permite que se possa tratar desses dados de maneira integrada. Podem ser combinados produtos de diferentes tipos de sensores por meio do registro de imagens. Para os dados digitais, é possível também a aplicação de técnicas de processamento automático de realce, que melhoram a qualidade original dos produtos e facilitam o processo de interpretação da imagem. Discutiremos, a seguir, alguns trabalhos realizados no Instituto de Pesquisas Espaciais que abordam essa temática.

Foresti et al. (1987) aplicaram a transformação IHS para preparar uma imagem colorida com resolução de 10 metros, utilizando a banda pancromática do SPOT e as bandas 4, 3 e 2 do TM-LANDSAT para levantamento de uso do solo urbano. A área escolhida para teste foi o Bairro Alphaville, em Barueri, um dos municípios da Região Metropolitana de São Paulo. A técnica de processamento, utilizada para a integração de imagens pancromáticas SPOT com cores do TM-LANDSAT, melhorou o realce visual das imagens originais e possibilitou uma análise detalhada da estrutura urbana da área-teste.

Assim, através da observação dos padrões texturais, forma e dimensão dos alvos, elementos estes obtidos especialmente pela resolução espacial da imagem pancromática SPOT, foi possível inferir usos diferenciados, como nos setores residenciais, comerciais e industriais. A associação com as cores das imagens TM permitiu avaliar de modo mais preciso as áreas arborizadas intraurbanas, como também identificar novas áreas incorporadas ao tecido urbano, o sistema viário e as grandes instalações industriais.

Uma outra possibilidade interessante diz respeito à integração de dados orbitais e fotografias aéreas. Kurkdjian (1989) aplicou a transformação IHS para integrar, em um produto colorido, dados SPOT-XS e de aerofoto pancromática com resolução espacial de 3,5 metros. O produto final, em escala da ordem de 1:6.000, realçou visualmente os dados originais e permitiu uma análise melhor das classes de uso do solo na área-teste, devido à preservação da resolução espacial da aerofoto e adição da resolução espectral da imagem orbital.

Um outro aspecto interessante a ser discutido é quanto à adequação ou não do tipo de uso do solo urbano. Este problema é evidente sobretudo em áreas de expansão urbana, em que não há planejamento e controle. Foresti et al. (1989) realizaram a integração de dados do satélite SPOT com um modelo digital do terreno para avaliação de impacto ambiental em áreas urbanas. A utilização desse tipo de produto poderá agilizar o processo de planejamento urbano e regional, na medida em que permite identificar de forma rápida e eficiente as áreas inadequadas à expansão urbana, bem como indicar as áreas mais apropriadas para sua ocupação. A inferência dessas áreas pode ser feita diretamente na imagem integrada, e a constatação precisa das áreas-problemas não prescinde de trabalho de campo detalhado, o qual pode ser direcionado e planejado a partir da análise da imagem.

ALGUMAS RELAÇÕES ENTRE A BACIA HIDROGRÁFICA, O MICROCLIMA E O COMPORTAMENTO VEGETAL

*Mário Benincasa**

INTRODUÇÃO

No Brasil, a interferência do homem no sistema solo-atmosfera, visando à exploração agropecuária, via de regra não considera que as atividades a serem cumpridas estarão sempre direta ou indiretamente relacionadas às características da bacia hidrográfica. De forma mais acadêmica, verifica-se que há interesse em se conhecer, por exemplo, o tipo de solo e algumas de suas propriedades mais relacionadas ao uso de máquinas, à exploração de culturas, à prática de irrigação e outros. Apesar disso, tais conhecimentos restringem-se, quase sempre, à parcela de terreno utilizada pelo empreendimento. Raramente considera-se a bacia hidrográfica como unidade para o planejamento de uso dos recursos e, principalmente, para as variáveis inerentes à sua própria conceituação.

Assim, a eficiência de uma determinada máquina de preparo do solo agrícola, além de se relacionar às variáveis comumente consideradas para análise, poderá variar de bacia para bacia hidrográfica, bem como de uma para outra área da bacia. Variáveis como declividade e exposição do terreno à radiação solar, além dos efeitos ao longo do tempo, induzirão efeitos instantâneos expressivos sobre as relações máquina x solo. Por exemplo, a umidade ótima para o preparo do solo, em um ponto da bacia, poderá ser indesejável para outro ponto da mesma bacia. A inobservância desse fato terá consequências não só de ordem ambiental como econômica, ao se considerar a qualidade do preparo do solo e a produtividade vegetal ou o custo/ha para o preparo do solo em microbacias com características distintas, entre outras.

A eficiência de determinada cultura está relacionada às características físicas, químicas e biológicas do meio em que está inserida. A planta e o seu ambiente dependerão da quantidade e da qualidade da radiação solar que participa dos

* UNESP, CEA, Rio Claro, SP.

processos no sistema; nesse sentido, o balanço de radiação da bacia hidrográfica como um todo e as características, como exposição das áreas que a compõe, definirão efeitos particulares sobre o solo, a planta, a atmosfera e suas relações.

O uso eficiente da água na agricultura, independentemente do tipo de irrigação utilizado, está relacionado ao método de medida das variáveis que intervém nos processos de perda d'água do solo por evaporação e por transpiração da planta (evapotranspiração) e aos métodos de estimativa utilizados para a quantificação das perdas no sistema solo-planta entre instantes consecutivos. Nesse sentido, a observação adequada da radiação solar é fundamental por tratar-se de variável que determina as perdas d'água em grande parte, quando comparada às demais somadas. Por outro lado, os métodos de estimativa da evapotranspiração consideram as variáveis levantadas sobre sistemas solo-planta que subentendem a cultura instalada, de modo geral, em áreas de terreno plano horizontal. Apesar de o uso tradicionalizado e frequente, tais métodos evidenciam a necessidade de maior precisão ao serem analisados em virtude das características das bacias hidrográficas; em especial, nas menores (microbacias), onde a amplitude das variáveis é mais acentuada e os efeitos do uso inadequado do solo mais drásticos. Pretende-se aqui apresentar alguns resultados obtidos em estudo, em que se considerou sistemas solo-planta em diferentes condições de exposição do terreno à radiação, próprias do relevo de bacias hidrográficas.

BACIA HIDROGRÁFICA EXPERIMENTAL

Para estudos que envolvem sistemas solo-atmosfera, submetidos a diferentes condições de radiação solar incidente, construiu-se em Jaboticabal (latitude: 1°15'22"S) duas bacias hidrográficas experimentais, com forma aproximadamente "elíptica"; uma com exposições norte e sul, outra com exposições leste e oeste. Em cada exposição simularam-se rampas de terreno, caracterizadas por caixas de alvenaria com dimensões internas de 3,0x3,5x0,5 m e declividades de 0%, 10%, 20%, 30%, 40% e 50%. Tal equipamento permite estudos com diferentes tipos de solos, bem como sua homogeneização, de modo que sejam ressaltados os efeitos diretos e indiretos, devido às relações entre as diferentes condições de relevo e microclima e suas consequências sobre o comportamento de plantas. Foram observados, para efeito desse trabalho, aspectos relacionados ao microclima, em que se considerou a radiação solar global, o balanço, a temperatura e a umidade do solo, e aspectos relacionados ao comportamento do *Sorghum bicolor* (L.) Moench.

Para estimativa da radiação solar incidente sobre cada exposição, fez-se uso de metodologia, que se fundamenta em dados obtidos com sensores instalados na horizontal. O balanço de radiação foi avaliado diretamente pelo uso de radiômetros líquidos. A temperatura do solo foi quantificada utilizando-se termômetros de pares termoelétricos. A umidade do solo foi avaliada na camada 0-20 cm através do método gravimétrico e do potencial matricial a 15 cm de profundidade pelo uso de tensiômetros. O comportamento da planta, em cada condição estudada, foi avaliado pela porcentagem de emergência, de análise clássica de crescimento, da produção de grãos e da variação dos teores de nitrogênio e de carboidrato solúvel ao longo do ciclo.

MICROCLIMA

A radiação solar global incidente sobre superfícies com diferentes exposições, em época de maior demanda de água do solo agrícola, diferiu bastante quando comparada à horizontal, acentuando-se entre exposições opostas (Figura 1). Do mesmo modo, verificam-se existir diferenças expressivas no balanço de energia (Quadro 1). Áreas vegetadas, com 40% de declividade, podem apresentar diferenças superiores a 100%, mesmo no início da época seca. Como reflexo da situação energética, e influenciada pela cobertura vegetal, verifica-se que a temperatura do solo a 5,0 cm de profundidade também apresenta diferenças acentuadas, podendo superar os 14°C, em um mesmo instante, entre as exposições opostas (Figura 2). Esse fato é muito importante, tendo em vista que diferenças de 13°C, em nível do sistema radicular, podem influir no comportamento de plantas. A quantidade de água retida no solo vegetado em um perfil de 20 cm, entre quatro dias do mês de maio, apresentou diferenças da ordem de 4 mm quando a área era horizontal. Para áreas com 50% de declividade, com exposição norte, tais diferenças superaram os 100%. Entre exposições norte e sul, tendem a se acentuar quando comparadas com a horizontal (Figura 3).

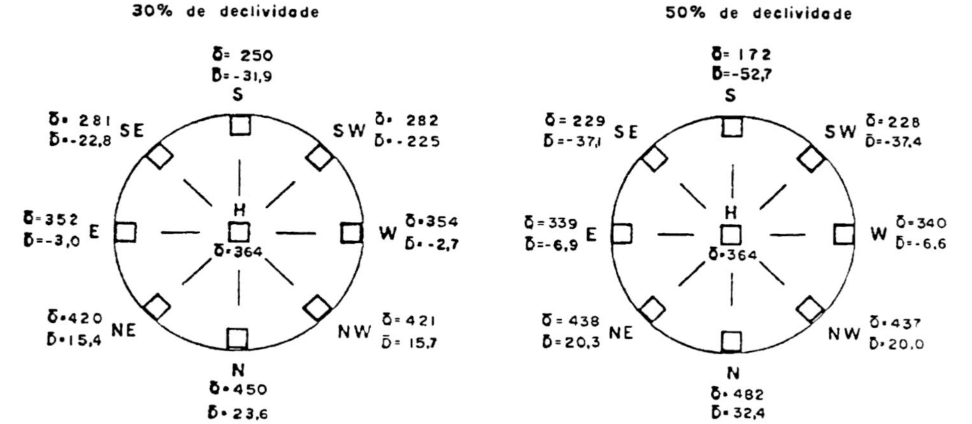

FIGURA 1 – Radiação solar global Q, em cal./om.dia, incidente sobre superfície horizontal (H) e com 30% e 50% de declividade em diferentes orientações, e diferente percentual (D) em relação à horizontal-média do período de abril a agosto (1984-1988).

Quadro 1 – Radiação solar global (Q) e radiação líquida (R1) sobre superfície horizontal (cal./cm^2.dia), diferença percentual da radiação solar líquida entre superfícies com 20% e 40% de declividade e orientação norte e sul, em relação à horizontal (D_H), e entre exposições ($D_{n/s}$), em área cultivada com sorgo (30 dias após o plantio)

Data	Q	R_e	n*	D_H (20%)		$D_{n/s}$	D_H (40%)		$D_{n/s}$
				N	S		N	S	
Abril									
15	419	363	10,1	12,4	-11,9	26,5	17,9	-29,0	66,0
16	397	340	10,1	10,8	-16,3	28,0	16,1	-31,6	71,4
20	414	348	10,6	10,3	-17,8	34,2	17,9	-37,1	55,3
21	400	334	9,7	11,8	-15,9	32,9	19,3	-34,6	82,4
22	417	347	10,4	11,7	-18,2	36,6	21,2	-38,0	95,5
18	268	225	1,8	8,1	- 4,4	13,1	9,1	-31,0	71,4
28	367	274	7,0	13,3	-19,1	40,2	20,2	-36,3	88,6
29	264	205	4,1	6,0	-12,1	20,6	10,5	-22,3	42,2

*n = número de horas de brilho solar.

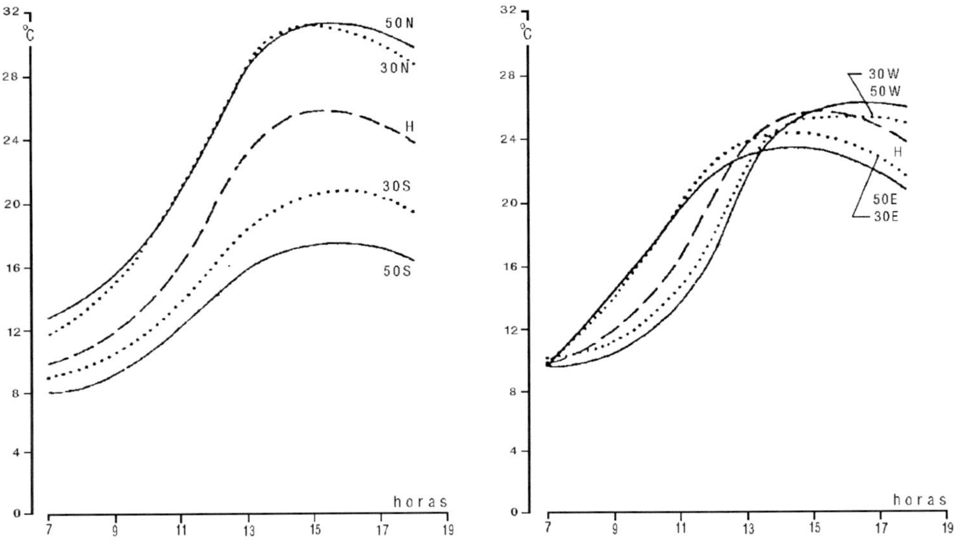

FIGURA 2 – Temperatura do solo vegetado com sorgo a 5 cm de profundidade (14.7.86 – 74 dias após o plantio).

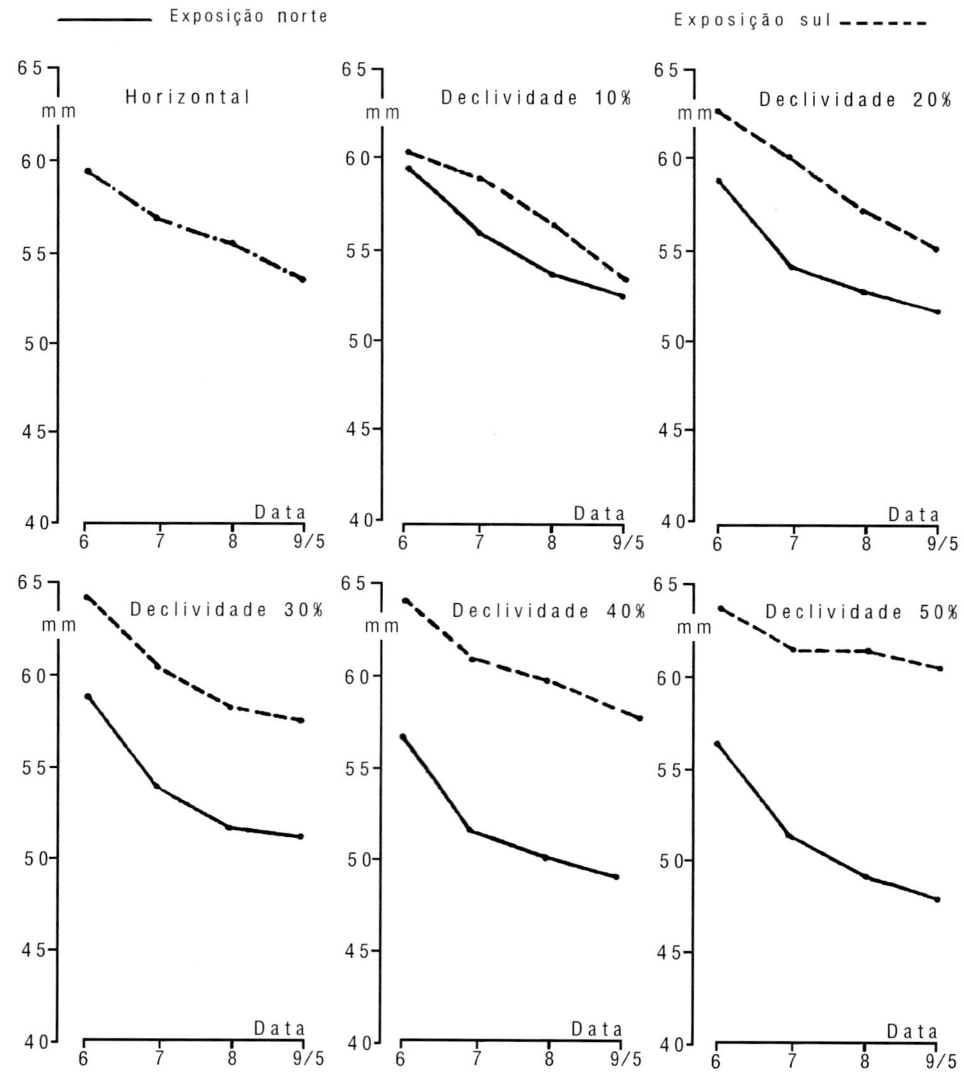

FIGURA 3 – Variação da quantidade de água retida no solo (20 cm) em diferentes declividades e orientações norte e sul e na horizontal, no período de 6 a 9 de maio de 1976, em áreas cultivadas com sorgo (40 dias após o plantio).

COMPORTAMENTO DA PLANTA

Influenciadas pelas condições de exposição do terreno, as plantas assumiram comportamentos diferentes, quer seja pela velocidade de emergência, crescimento e produção final de grãos, quer pelo acúmulo de nitrogênio e sacarose. Com plantio em abril, a emergência de plântulas relacionou-se diretamente com a declividade na exposição sul e inversamente na exposição norte. Sem déficits hídricos drásticos, o crescimento e a produção do sorgo relacionaram-se com a radiação solar incidente. Com plantio em dezembro, os teores de nitrogênio, acumulados na parte aérea do sorgo com o aumento da declividade em todas as exposições estudadas, e o teor de sacarose variaram com a quantidade de radiação solar global incidente entre as exposições norte e sul.

AS TÉCNICAS DAS ANÁLISES DE CUSTO-BENEFÍCIO NA AVALIAÇÃO AMBIENTAL

*Ronaldo Serôa da Motta**

INTRODUÇÃO

Qualquer política ambiental trata necessariamente de conflitos de interesses microeconômicos, na medida em que o uso do meio ambiente é distinto para cada grupo de indivíduos. Por exemplo, a preservação de um parque beneficia diretamente todos os que dele se utilizam como área de recreação. Caso seja proposto um projeto de estrada cortando este parque, os seus usuários serão prejudicados, enquanto os usuários da nova estrada podem ser beneficiados com um melhor tráfego rodoviário. Se o parque representa um sítio natural de importância, poder-se-ia concluir que as gerações futuras também seriam prejudicadas. Ou seja, visualiza-se uma situação na qual há necessidade de se avaliar uma ação econômica que impõe uma troca de bens e serviços ambientais por outros de natureza material. No exemplo acima, objetiva-se comparar uma estrada que oferece menor custo de transporte com a conservação de um parque.

Para se tomar uma decisão, será preciso que ambas as alternativas, estrada ou conservação do parque, sejam comparadas de acordo com uma dimensão única e comum. Esta poderia ser desde o voto de cada beneficiário ou prejudicado até o número de empregos gerados em cada uma das situações. Outra forma de administrar o conflito de interesses seria avaliar se todo o valor econômico gerado pela nova estrada excede ou não ao valor atribuído ao parque a ser conservado. Essa é a contribuição dos economistas para a difícil tarefa de avaliação ambiental. Isto é, transformar todos os benefícios e os custos em valores monetários, para então medir a rentabilidade social de cada opção considerada. Tal prática fundamenta as técnicas da análise de custo-benefício dita social. Não se trata, assim, de considerar esses valores do ponto de vista

* IPEA/Inpe, Rio de Janeiro, RJ.

somente do empreendedor do projeto ou exclusivamente dos prejudicados. Mas, sim, de levar em consideração todos os agentes econômicos em conflito, para que a decisão maximize o bem-estar social e não o de certos grupos de indivíduos. Da mesma forma, a análise econômica não objetiva "criar valores monetários para todas as coisas". Ao contrário, a tarefa dos economistas é a de procurar revelar os valores monetários que os indivíduos atribuem aos bens e serviços que consomem.

O ato de consumir o ambiente pode soar repugnante a certos ambientalistas. Todavia, para os economistas esse ato é a essência da análise econômica, posto que toda e qualquer atividade de produção e de consumo encerra um uso do meio. Devido às suas características de bens e serviços de propriedades comuns, que não oferecem, portanto, exclusividade de propriedade e de consumo, então o uso do meio ambiente é geralmente livre e sem nenhum pagamento. Ou seja, seu consumo não se realiza no mercado e gera efeitos externos que não são internalizados nos preços de outros bens. Logo, em termos individuais (seja o consumidor ou o produtor), não há nenhuma limitação que restrinja o uso excessivo dos bens e serviços ambientais. Se, por outro lado, os impactos ambientais são monetariamente valorados, é possível então obter uma medida melhor dos ganhos e perdas de bem-estar resultantes das atividades econômicas, quando comparadas com as receitas e os custos envolvidos.

A DISPOSIÇÃO PARA PAGAR OU PARA ACEITAR

Conforme salientado, se faz necessário conhecer quanto as pessoas valorizam os bens e os serviços que consomem, entre eles os derivados do ambiente.

A teoria econômica conceitua como disposição para pagamento, a soma de dinheiro que as pessoas estão dispostas a sacrificar para poderem consumir um bem ou serviço. Igualmente, é possível também mensurar aquela soma de dinheiro que as pessoas estão dispostas a aceitar como compensação por não terem acesso ao consumo de um determinado bem ou serviço.

A estimativa dessas disposições do consumidor para gastar ou para aceitar é que determinam as curvas de demanda dos bens e serviços de uma economia. Por exemplo, na curva de demanda expressa a seguir (Figura 1), observa-se que quando o preço eleva-se de P1 para P2, diminui a quantidade a ser consumida de Q1 para Q2. Ou seja, é menor o número de indivíduos dispostos a pagar por P2 que em relação a P1.

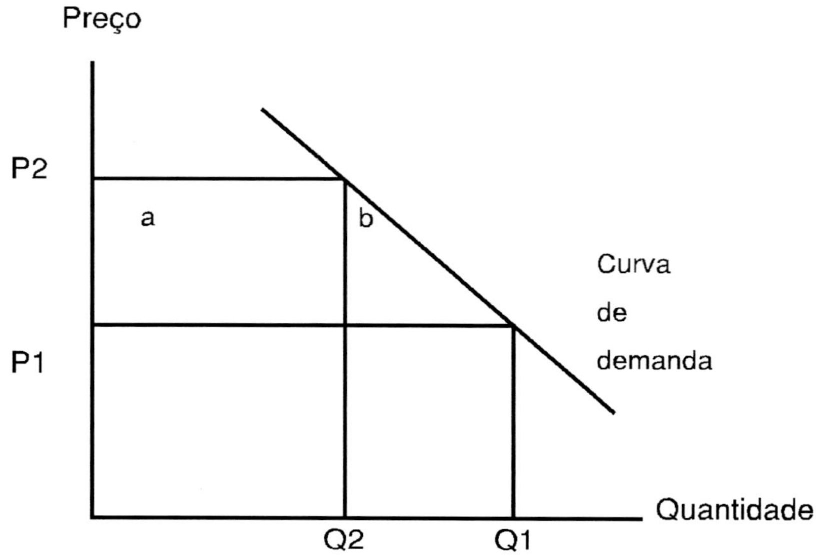

FIGURA 1 – Curva de demanda de um produto genérico.

O EXCEDENTE DO CONSUMIDOR

Observou-se na Figura acima que um aumento de preço reduz a quantidade demandada. Nota-se que o restante dela pagará agora um preço maior. Dessa forma, é possível definir a perda dos consumidores nas áreas a (redução de consumo) e b (maior dispêndio) do gráfico. Inversamente, quando o preço reduz-se de P2, pode-se afirmar que os consumidores ganharam o equivalente à área (a+b). Esta área abaixo da curva de demanda e acima da linha de preço é denominada excedente do consumidor, ou seja, os consumidores estariam dispostos a gastar (a+b) para consumir Q1 em vez de Q2, ou serem compensados por esse montante para reduzir seu consumo de Q1 para Q2. Admita-se, no caso da estrada referida, que o custo de construção decorrente de um projeto para passar a estrada distante do parque seja mais elevado. Não considerando a perda de outros benefícios, poder-se-ia estimar que o serviço de transporte dos usuários dessa rodovia seria prejudicado pela cobrança de um pedágio decorrente dos elevados custos de produção. Assim, para os usuários haveria uma perda em termos do excedente do consumidor. Isto é, um excedente negativo devido aos maiores custos de transporte. Entretanto, caso a estrada realmente cortasse o parque, seriam então os usuários do parque que teriam uma perda de excedente, posto que teriam que abrir mão do consumo daqueles serviços oferecidos até então. Tudo isso sem considerar as perdas para gerações futuras, com a destruição da fauna e da flora desse parque.

Observa-se que em relação aos custos rodoviários é possível estimar as variações do excedente diretamente dos preços vigentes no mercado. Para tal, bastaria calcular os custos resultantes de um novo traçado da estrada em termos de material de construção e de mão de obra. Por outro lado, a maioria dos serviços ambientais em risco, conforme discutido anteriormente, não é transacionada no mercado e, portanto, não tem preços. O fato de não ter não significa, todavia, que não tenha um valor econômico.

VALOR ECONÔMICO DO AMBIENTE

No exemplo acima, admitiu-se que o custo adicional do novo traçado da estrada encerra a única diferença em relação ao primeiro traçado, de forma que outros fatores, como tempo de viagem e segurança, foram mantidos equivalentes. Conforme já discutido, esse custo adicional seria uma boa medida dos custos sociais a serem incorridos para preservar o parque. Quais seriam então os benefícios que justificariam esses custos adicionais? Qual seria o valor atribuído à preservação do parque?

Na literatura econômica distinguem-se três diferentes valores que compõem o valor do ambiente, de acordo com a seguinte expressão: valor total do ambiente = valor de uso + valor de opção + valor de existência. O primeiro deles deriva do uso atual dos bens e serviços ambientais. No caso do parque em questão, esses valores de uso tanto podem ser decorrentes de atividades, como a pesca, a caça ou a náutica, como também se resumirem a uma simples satisfação de apreciar os pássaros, os animais ou a vista de uma montanha. Seja qual for a atividade, a preservação do parque encerra um valor para o indivíduo de acordo com o que estaria disposto a pagar pela preservação dos serviços que recebe pelo uso do parque.

Da mesma forma, há indivíduos que no momento não usufruem diretamente do parque, mas que podem desejar fazê-lo no futuro. Ou seja, a preservação do parque pode incorporar valores de opção para usos futuros, que representariam o quanto os indivíduos estariam agora dispostos a pagar como uma garantia de que os serviços ambientais estariam no futuro disponíveis para eles e seus descendentes. Por exemplo, o valor de opção seria o decorrente da incerteza que os indivíduos teriam em relação à disposição dos atuais usuários em preservar o parque. É possível também um valor de opção que resulte da irreversibilidade da decisão a ser tomada que venha a agredir o meio ambiente. Isto é, o desconhecimento quanto aos impactos ambientais eleva a incerteza, daí seria mais justificável ampliar o conhecimento antes de prosseguir com o projeto impactante. No exemplo do parque em questão, na presença de um risco ambiental carente de melhor investigação, seria o caso de se determinar um valor de opção dessa natureza. Por último, os indivíduos também podem obter satisfação pelo próprio fato de uma espécie animal ou um sítio natural existir independentemente do seu uso atual ou futuro. Ou seja, o valor de existência é aquele que não está relacionado com o consumo direto e sim com a pura existência de um bem ou serviço natural.

TÉCNICAS E MENSURAÇÃO

Conforme discutido, o meio encerra um valor derivado do seu uso atual e futuro e também pela sua própria existência. Esses valores seriam decorrentes da disposição para pagar dos indivíduos que obtêm alguma satisfação de um bem ou serviço ambiental. Antes de apresentar sucintamente algumas técnicas para estimar a disposição para pagar, vale ressaltar que certos bens e serviços ambientais encontram-se de certa forma valorizados no mercado. Por exemplo, o uso de um rio para despejo industrial, que resulte na perda de uma produção pesqueira ou agrícola, pode ser estimado pelo valor dessa produção a preços vigentes no mercado. Trata-se de mensurar o custo econômico de oportunidade, isto é, o custo do uso alternativo de um certo bem ou serviço ambiental. Embora tais procedimentos não permitam estimar os principais custos ambientais, por vezes os valores determinados dessa forma já são suficientes para rejeitar inúmeros projetos e atividades de grande impacto ambiental, sem que haja necessidade de empregar técnicas de cunho mais subjetivo, como as descritas a seguir.

TÉCNICAS DE MERCADO DE RECORRÊNCIA

Embora não exista um mercado de ar puro, é sabido que residências localizadas em áreas urbanas, onde a qualidade do ar é superior, têm seu valor apreciado. Dessa forma, utilizando o mercado de imóveis como um mercado de recorrência, é possível estimar a parcela do diferencial de preços dos imóveis diferentemente localizados, que representam uma disposição para pagar pela melhor qualidade do ar. Isso também se aplica para a poluição sonora. Por exemplo, no caso citado anteriormente, seria possível assumir que as residências vizinhas ao parque fossem apreciadas em relação a outras próximas de pior qualidade ambiental. Todavia, são óbvias as dificuldades em separar as parcelas desse diferencial de preço que refletem o consumo de um serviço ambiental. Outros fatores, como vizinhança, comércio e transporte, também influenciam fortemente os preços.

Outro mercado de recorrência de grande validade é o de turismo. Analisando os custos de viagem realizados pelos indivíduos para visitarem um sítio natural, seria possível estimar quanto as pessoas valorizam esse sítio e assim quanto estariam dispostas a pagar pela sua preservação. No caso do exemplo do parque, poder-se-ia analisar os custos de viagem incorridos pelos visitantes de acordo com as regiões de origem. As mesmas dificuldades de separar as parcelas dos custos, que representam somente o valor do serviço ambiental, também existem. Além disso, essas técnicas só permitem obter uma aproximação do valor de uso, pois os valores de opção e existência podem ser positivos para vários indivíduos que não habitam a vizinhança do parque ou que não pretendem visitá-lo.

TÉCNICAS DE MERCADOS HIPOTÉTICOS

O recurso de mercados hipotéticos tem sido amplamente utilizado em recentes estudos ambientais. Trata-se de criar um mercado hipotético, via pesquisas de questionários, em que para determinadas situações os respondentes atribuem valores às mudanças na oferta ou na qualidade de um certo bem ou serviço ambiental. Basicamente, as perguntas objetivam revelar quanto o respondente estaria disposto a pagar pela preservação ou quanto estaria disposto a ser compensado pela perda de qualidade ambiental.

Todavia, vários vieses podem ocorrer neste tipo de pesquisa, devido às imprecisões das perguntas ou do instrumento de coleta. Também a desinformação do respondente e suas expectativas quanto ao pesquisador influenciam nos valores respondidos. Aqueles que já se beneficiam estrategicamente a subavaliar sua disposição para pagar. Além do mais, os respondentes atribuem valores diferentes para formas distintas de contribuição (tributação, cobrança de entradas, aumento de preços de produtos e outros). Igualmente, valores divergentes podem surgir se o pesquisador sugere ou não intervalos de valores. De qualquer forma, no caso do parque, no exemplo citado, seria plausível uma pesquisa entre os visitantes e os moradores das redondezas para conhecer os valores que eles atribuem para os diversos benefícios que recebem do uso do parque. Novamente, nada asseguraria que todas as parcelas do valor econômico do parque seriam mensuradas, caso a população pesquisada não incluísse aqueles que não são usuários, mas estariam dispostos a pagar pela sua preservação.

COMENTÁRIOS FINAIS

A discussão aqui desenvolvida das técnicas da análise de custo-benefício pode sugerir uma visão pessimista quanto às possibilidades de medir monetariamente os impactos ambientais. Ao contrário, procurou-se nesse texto informar ao leitor da importância da valorização ambiental no processo de planejamento e de definição de políticas ambientais. Em que pesem as limitações existentes na determinação desses valores, tem sido notável o desenvolvimento ocorrido recentemente na aplicação dessas técnicas e a contribuição que diversos estudos dessa natureza vêm oferecendo ao controle racional do ambiente na Europa e nos Estados Unidos. Certamente, pouco, ou quase nada, tem sido realizado no Brasil. Entretanto, com pouca sofisticação e adaptações necessárias, seria possível empregar essas técnicas com sucesso, com o objetivo de oferecer alguns indicadores econômicos que pudessem colaborar no equacionamento das diversas questões ambientais que nos defrontamos.

8 O PAPEL DA ECOLOGIA NA ANÁLISE AMBIENTAL

ECOLOGIA E ANÁLISE AMBIENTAL

*Wellington Delitti**

O conhecimento ecológico tem permeado as atividades humanas desde as épocas mais remotas da história e constitui-se em elemento fundamental para seu sucesso na colonização da Terra. Este saber, aliado ao desenvolvimento de tecnologias, favoreceu o aumento da amplitude ecológica do *Homo sapiens,* que pode estabelecer-se com êxito em regiões tão diversas quanto a floresta pluvial, os desertos áridos, as savanas, as pradarias, os altiplanos, as cordilheiras e até as regiões subpolares. Apesar dessa importância, a Ecologia como ciência é bastante recente na nossa história. O termo ecologia data de 1866, quando Haeckel o propôs a partir dos radicais gregos *Oikos* (casa) + *logos* (estudo), e desde essa época podem ser encontradas diversas definições para o termo, tais como: "História Natural Científica" (Elton, 1927) ou "Estudo da Estrutura e Função da Natureza" (Odum, 1963), ou outros nomes que variam em enfoque, mas convergem todos para a "ciência que estuda as relações dos seres vivos entre si e com o ambiente" (Glossário de Ecologia, 1987).

Apenas no começo do século XX tiveram início os estudos ecológicos sistemáticos, muitas vezes desenvolvidos por especialistas em Zoologia, Botânica, Pedologia, Geografia, entre outros, muitos dos quais não se consideravam

* USP, São Paulo, SP.

ecólogos. Tal situação persiste parcialmente ainda hoje, mas nota-se uma nítida mudança em decorrência dos graves problemas ambientais que passaram a preocupar a sociedade nas últimas décadas, fazendo da Ecologia um polo de atração para um grande número de pesquisadores.

A crise ambiental, que se faz notar no descompasso entre produção e distribuição de alimentos e crescimento das populações humanas, na redução da produtividade terrestre e aquática em decorrência da poluição e mudanças climáticas locais e globais, entre muitos outros, é originada por fatores sociais, culturais, econômicos, políticos e históricos. Suas raízes estão, certamente, na crescente exploração de recursos pelo homem, na sua ignorância a respeito dos processos, que são afetados por essa exploração, e na sua fé inabalável a respeito da capacidade de sua tecnologia para a solução de tais problemas. Na verdade, a tecnologia humana resultou em problemas muito maiores, capazes de quebrar processos básicos da biosfera, e nesse contexto a Ecologia é vista até como "a ciência da sobrevivência" (Collier et al., 1975).

Nota-se que nesse quadro de crise, com sua abordagem holística, a Ecologia tem funcionado como um agente catalisador, promovendo a aglutinação de especialistas de muitas outras ciências em torno de questões maiores, que dificilmente poderiam ser equacionadas por esforços individuais ou pela abordagem reducionista. Nesse processo de união e esforços, há um nítido ganho para todos os envolvidos e pela sociedade, pois acelera-se enormemente o processo de obtenção de dados mais adequados para um gerenciamento ambiental. A própria Ecologia é também favorecida, pois as múltiplas informações necessárias para se "relacionar seres vivos ao ambiente" são obtidas com maior presteza e de forma conveniente para os testes de suas muitas hipóteses. Dentre os conceitos aglutinados, que podem ser encontrados na Ecologia, destaca-se, certamente, o conceito de ecossistema, que considera as porções da biosfera como um todo organizado no espaço e no tempo, onde se desenvolvem simultaneamente seus componentes bióticos e abióticos por relações biunívocas. Dessa maneira, o enfoque ecossistêmico leva à análise de fenômenos de interação e interdependência, sob a abordagem holística, obrigatoriamente distinta do reducionismo.

Quando dentro dos ecossistemas se inclui o homem com toda sua cultura, obtém-se um conjunto que reúne as ciências humanas às ciências do ambiente, sendo esta ligação extremamente complexa quando consideradas todas as suas inter-relações. A análise de sistemas, contudo, é aplicável, e sua utilidade inquestionável. Nos dias de hoje, é o conceito de ecossistema que parece ser dotado de maior poder de aglutinar técnicas e métodos provenientes de diferentes campos da ciência e individualmente incapazes de produzir modelos realistas e globais do funcionamento da natureza. Nesse aspecto, a Ecologia promove um tipo de renascimento científico, em sua aspiração de compreender a economia da natureza e usar essa compreensão para modificar e orientar as atividades do homem na biosfera (Sarmiento, 1984).

A reunião de especialistas com formações diversas tornou-se necessária para diversos estudos de impactos ambientais, mas, sendo recente, em geral é difícil a harmonização dessas equipes pela inexistência de uma base comum de conhecimentos e de uma linguagem que permita o avanço desses trabalhos. Com o objetivo de suprir a lacuna na oferta de profissionais qualificados para este tipo de atividade, a Universidade de São Paulo criou recentemente um Curso de Pós-Graduação em Ciência Ambiental, do qual participam docentes pertencentes a diversas unidades da universidade (Institutos de Biociências, Oceanográfico, de Geociências, Química, Física e outros, e ainda as Faculdades de Economia e Administração, de Arquitetura e Urbanismo, de Saúde Pública, de Filosofia, Ciências e Letras e a ESALQ no município de Piracicaba, SP). Com um corpo discente e um elenco de disciplinas igualmente diversificado, espera-se a formação de profissionais aptos a integrar equipes multidisciplinares, capazes de atuar eficazmente em projetos de análise e gerenciamento ambiental.

Como se sabe, já existem em funcionamento no Brasil seis Cursos de Pós-Graduação em Ecologia (Inpa, UnB, Unicamp, UFSCar, UFRG e USP), cujos objetivos são diferentes daqueles do Curso de Ciência Ambiental, mas igualmente importantes, pois a formação de ecólogos também é indispensável no panorama que se apresenta, uma vez que a Ecologia, como ciência recente, necessita ainda de um grande desenvolvimento em seu corpo teórico, apesar de já ter demonstrado seu papel fundamental para a sociedade e para a análise global do ambiente.

A INTEGRAÇÃO DA TEORIA ECOLÓGICA NA ANÁLISE AMBIENTAL

Harold Gordon Fowler
*Ana Maria Dias de Aguiar**

INTRODUÇÃO

A saúde e o bem-estar da sociedade humana são influenciados por perturbações naturais, como terremotos, estiagens, enchentes, e pelas atividades humanas. Pode-se prever e planejar para minimizar, mas não impedir os efeitos dos eventos naturais. Mas o esquecimento e/ou o fracasso do homem no uso da teoria e princípios ecológicos, para minimizar os efeitos adversos de suas atividades, constituem atualmente o maior problema, porque essas são as influências dominantes sobre comunidades biológicas. O manejo do ambiente demanda um conhecimento dos padrões e processos dos sistemas biológicos para permitir o desenvolvimento de procedimentos de análise e avaliação, que visam à proteção ou à conservação dos recursos biológicos. Internacionalmente, isso necessariamente inclui a monitorização direta de elementos da flora e da fauna.

Porém, o uso da monitorização biológica, ainda aconselhada, predispõe da escolha difícil de bases filosóficas e metodológicas. A inovação de métodos e filosofias para monitorar aspectos biológicos muitas vezes não tem o consenso de profissionais, e conjuntamente com a inércia burocrática, métodos "tradicionais" são favorecidos. Frequentemente, eles somente tratam da análise dos parâmetros físicos ou químicos, sem considerar a integridade biológica, isto é, "a capacidade de sustentar e manter uma comunidade adaptada, integrada e equilibrada de organismos que têm uma diversidade ecológica, composição de espécies e organização funcional semelhante a qualquer hábitat da região". No melhor dos casos, a monitorização biológica é usada somente nos testes de toxicidade, mas esquecida quando se considera outras perturbações da sociedade humana que afetam a integridade biológica.

* UNESP, Rio Claro, SP.

Existe um grande número de "técnicas" utilizáveis para análise ambiental. Como foi destacado nos capítulos anteriores, atualmente prevalece uma ênfase nos aspectos legais e institucionais da análise ambiental, principalmente porque o Brasil tem uma história curta nesse campo de atividade. Porém, existe uma falta de ligação entre os aspectos legais e institucionais com o contexto técnico, científico e teórico da análise ambiental, não somente no Brasil, mas no mundo inteiro. Porém, "não há lei da natureza que nos obrigue a abandonar o método científico somente porque questões da natureza humana são envolvidas". Nessa contribuição, discutem-se os conhecimentos empíricos e teóricos da Ecologia, que podem ser incorporados na análise ambiental, para produzir hipóteses que podem ser testadas e que servem às necessidades dos órgãos de decisão. Discute-se, também, a integração dos parâmetros biológicos com os parâmetros físicos e químicos, pela sua importância na tomada de decisões, baseadas em princípios ecológicos. Para ser eficiente, a análise ambiental precisa incluir os atributos de ecossistemas (função), comunidades (estrutura e organização), populações (dinâmica e estrutura) e indivíduos (saúde). Parte-se da premissa inicial de que atributos biológicos são componentes essenciais de qualquer programa de análise ambiental, e, para incluir esses atributos na análise ambiental, é imprescindível utilizar conceitos e teorias ecológicas que envolvam a escala dos atributos (ecossistemas > indivíduos). Para qualquer problema da análise ambiental, não será necessariamente importante incluir toda a escala, e a análise que incorpora bases ecológicas serve apenas para identificar, mas não controlar problemas.

CONCEITOS ECOLÓGICOS NA ANÁLISE AMBIENTAL

Quais são os objetivos da análise ambiental? Apesar do peso dado aos problemas físicos, explícita ou implicitamente, a análise ambiental trata de problemas relacionados com impactos ou com conservação de unidades vivas, que variam em níveis de organização, desde populações até ecossistemas. Isso implica que a análise ambiental tem que responder as questões formuladas pelos órgãos de decisão e as inquietudes dos cidadãos. Para responder a essas fontes, as questões frequentemente são técnicas, e as previsões têm necessidade de ser transparentes e capazes de ser verificadas. Porém, as restrições legais e institucionais direcionam as questões técnicas e as derivadas da análise.

Depois de definir os objetivos e os critérios para a análise, é necessário desenhar um método que permita uma análise eficiente. A Figura 1 inclui vários requisitos, que são tratados em fases distintas. Primeiro, as fases normativas incluem a formulação das perguntas, as decisões sobre os aspectos ambientais a serem valorizados e a análise final do benefício do desenvolvimento do empreendimento ou da conservação, ou ainda da recuperação. As fases funcionais da análise têm base em perguntas-chave, que requerem métodos científicos, que, por sua vez, produzem predições transparentes. A organização conceitual dessas fases é apresentada em forma diorística na Figura 1.

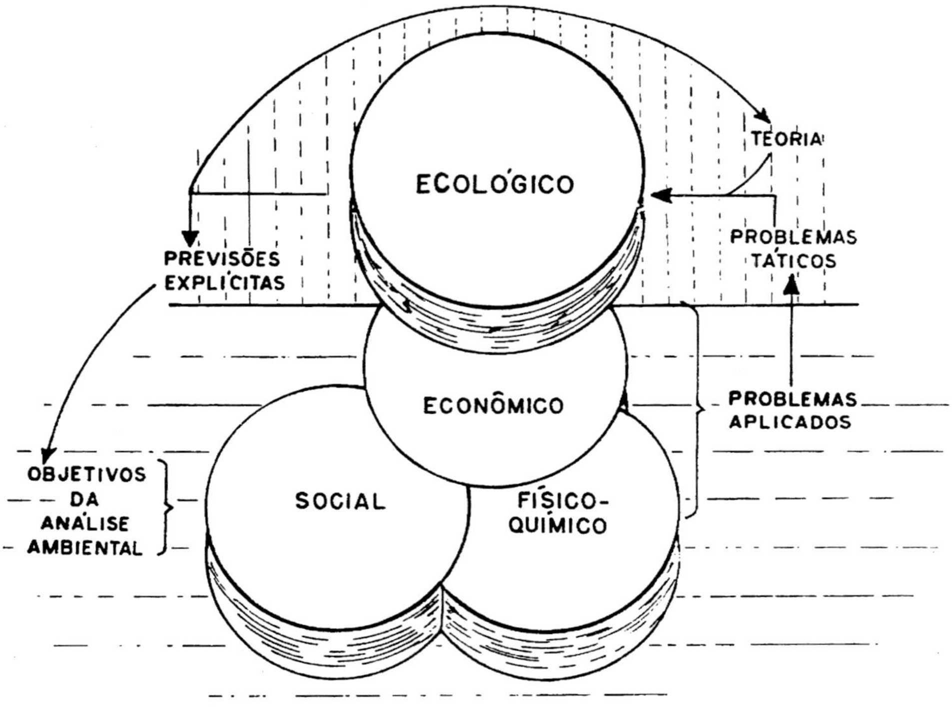

FIGURA 1 – A incorporação da teoria e dos princípios ecológicos no planejamento de programas de análise ambiental.

Se a análise ambiental tem um papel no planejamento efetivo, os órgãos responsáveis precisam definir os objetivos da análise, mas eles são confusos, ou se as dúvidas das pessoas a cargo do planejamento não são tratadas diretamente, ou, ainda, se não se realiza uma análise ecológica rigorosa, a análise ambiental resultante será inadequada. Por isso, é importante considerar as dúvidas e formular os objetivos inicialmente, para depois incorporar os aspectos políticos da fase normativa. Na fase funcional, o papel científico predomina para dar subsídios na previsão do impacto. Destaca-se a necessidade de estabelecer um mecanismo que permita às autoridades sem domínio da Ecologia definir o contexto e sentido da análise técnica. Por isso, a flexibilidade no planejamento depende da formulação de perguntas-chave em forma sequencial (Figura 1). Primeiro, as perguntas aplicadas ao planejamento levam a respostas predizíveis e relevantes ao processo de tomada de decisões somente se têm como fundamento as perguntas com embasamento teórico. Todo esse processo permite a tomada de decisão final com ponderações sobre os critérios ecológicos considerados importantes.

HIERARQUIA E PERGUNTAS-CHAVE

As escalas temporais e espaciais dos processos geológicos e ecológicos importantes para serem consideradas na análise ambiental levam a uma complexidade astronômica (Figura 2). Os sistemas ecológicos são complexos principalmente porque estão definidos em vários níveis de escala. A complexidade é ainda mais evidenciada ao reconhecer que os sistemas ecológicos são compostos de componentes estruturais de níveis múltiplos, como paisagem, solos, clima, flora, fauna e outros, integrados por processos, como competição, decomposição, crescimento e outros. Porque os problemas de análise ambiental diferem em processos e estruturas, os conceitos e os métodos têm que incorporar variáveis diferentes. A teoria de hierarquia se dá com base para estratificar sistemas ecológicos em escalas diferentes.

Sistemas geoecológicos têm taxas características de comportamento que distinguem os níveis dos sistemas (Figura 2). Por exemplo, as populações de espécies evoluem, variam no tempo em abundância e distribuição, e chegam à extinção com taxas mais elevadas do que as comunidades que têm taxas maiores do que os ecossistemas. Assim, as unidades de comunidades, que têm comportamentos mais lentos, atuam sobre as unidades de populações, que têm comportamentos mais rápidos, pelos processos de competição ou predação, que limitam os nichos realizados dessas populações. Unidades com comportamentos mais rápidos ou com menor dispersão espacial são contidas dentro de sistemas com maior dispersão espacial e comportamentos mais lentos. A ordem e o controle de sistemas ecológicos podem ser observados por conjuntos de inter-relações de frequências definidas.

Outra característica de sistemas ecológicos é que restrições existem sobre processos relativamente dependentes de taxas por seus processos relativamente independentes. Assim, as populações têm crescimento dependente de taxa, sob restrições da capacidade de suporte, K, da comunidade independente de taxa. Sistemas maiores com frequências de comportamento mais lento e processos independentes de taxas impõem restrições sobre os seus processos dependentes, embutidos em níveis de organização menor. Porém, não é possível observar ou quantificar as restrições de unidades de frequência baixa, como, em ecossistemas ou sobre um conjunto de processos de frequência alta, por exemplo, as populações. Não se pode prever uma comunidade com conhecimentos detalhados dos processos de natalidade, crescimento ou mortalidade de espécies

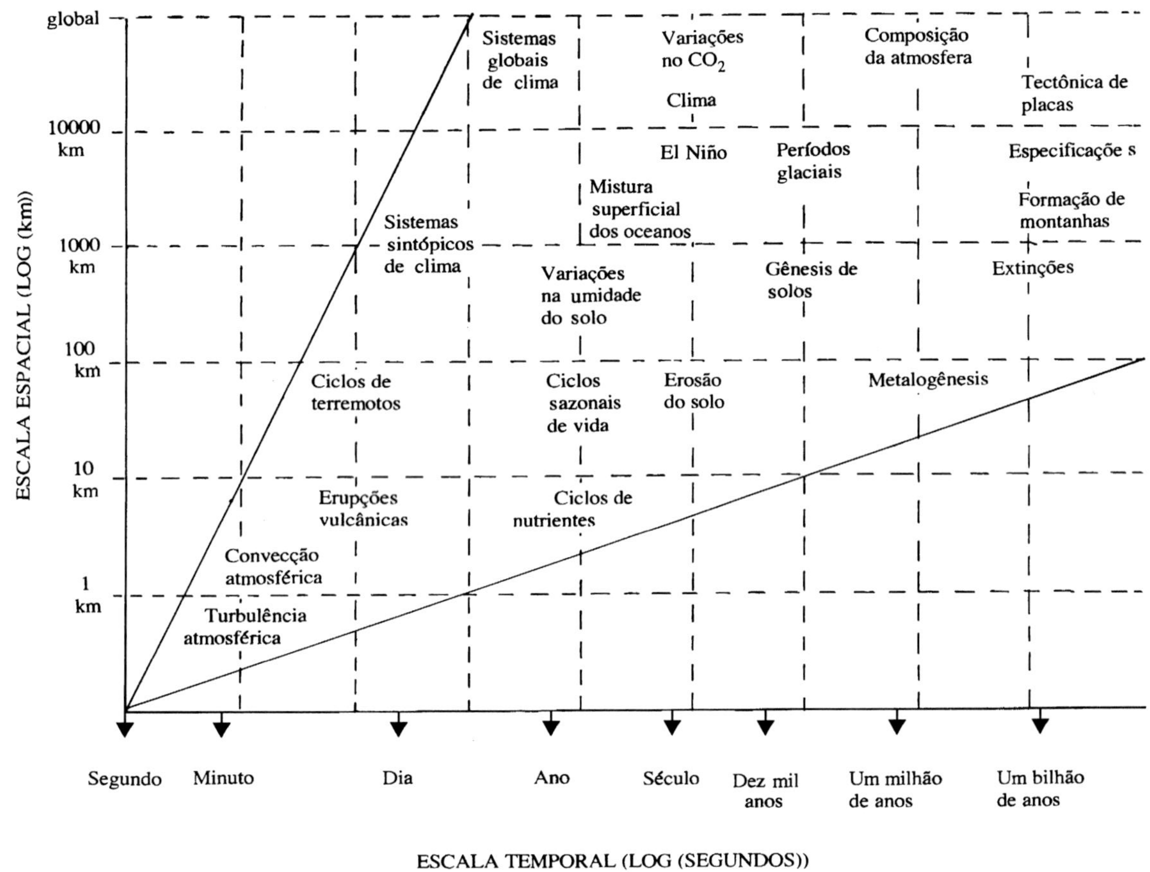

FIGURA 2 – Escalas de frequência espacial e temporal que caracterizam processos e estruturas geoecológicos. Os processos a frequências mais rápidos e estruturas menores em escala têm relação hierárquica subordinada aos processos de frequência mais compridas e estruturas espaciais menores.

individuais, ainda que esses processos não perturbem as restrições da comunidade. Por isso, os critérios usados para agregar populações em comunidades, ou bacias em paisagens, não podem ser os mesmos utilizados para agregar indivíduos em populações, ou riachos em bacias. Essas considerações são válidas para os critérios para desagregar, por exemplo, comunidades em populações e populações em indivíduos.

Os sistemas ecológicos também são caracterizados por superfícies. A superfície de qualquer sistema ecológico é definida pela atenuação dos processos externos sobre os componentes desse sistema. No caso das comunidades, a superfície tem definição nos parâmetros estruturais, como relações espécie-abundância, diversidade, riqueza e outros, e os processos das populações embutidas, como taxas de colonização e emigração e de natalidade. A superfície da comunidade também pode ser definida pelos atributos estruturais e pelos processos do ecossistema no qual está embutida, como, por exemplo, os fluxos de energia e a ciclagem de nutrientes. Ao fazer uma análise das variáveis estruturais dos sistemas, e também dos processos do ambiente e componentes desse sistema, definem-se as superfícies dos sistemas ecológicos.

Para responder às necessidades práticas das autoridades responsáveis pelo planejamento, a análise ambiental precisa incorporar a teoria e a hierarquia geoecológica por meio de fases anteriormente mencionadas em forma sequencial. Isso implica que perguntas-chave têm que ser formuladas ligando aquelas das autoridades aplicadas a respostas, com valor preditivo relevante à tomada de decisões. As perguntas precisam, necessariamente, ser táticas e com bases teóricas, as quais permitem as considerações ecológicas com peso apropriado. A lógica do processo da tomada de decisão a partir dessas informações é necessária e baseia-se no enquadramento teórico da pergunta aplicada (Figura 3).

Para ilustrar a incorporação da teoria e os princípios ecológicos na análise ambiental, considera-se como exemplo a produção de perguntas táticas transformadas em perguntas aplicadas: *Que impacto terão as aplicações sucessivas de vinhaça sobre a fertilidade do solo?*

Esse exemplo apresenta vários aspectos teóricos em comum, enfocando-se o mesmo nível de hierarquia ecológica. Por exemplo, considerando-se a comunidade, pode-se optar pela mudança no tempo, ou a sua sucessão. Ao enfocar a sucessão, posteriormente enfoca-se a dinâmica, provavelmente por meio de modelos "markovianos", ou em outros aspectos teóricos, como a persistência de espécies, às suas estruturas, às redes tróficas e outros. Na ausência de dados empíricos suficientes, pode-se até partir de modelos lógicos (Figura 4) ou substituir aspectos superficiais da organização hierárquica usando atributos quantitativos ou semiquantitativos, como os da Tabela 1, e, junto com uma amostragem de concordância entre profissionais, incorporá-los em modelos "inteligentes" ou "espertos". Sempre deve ser lembrado que o nível de hierarquia estudado pode afetar mais níveis inferiores do que superiores (Figura 2).

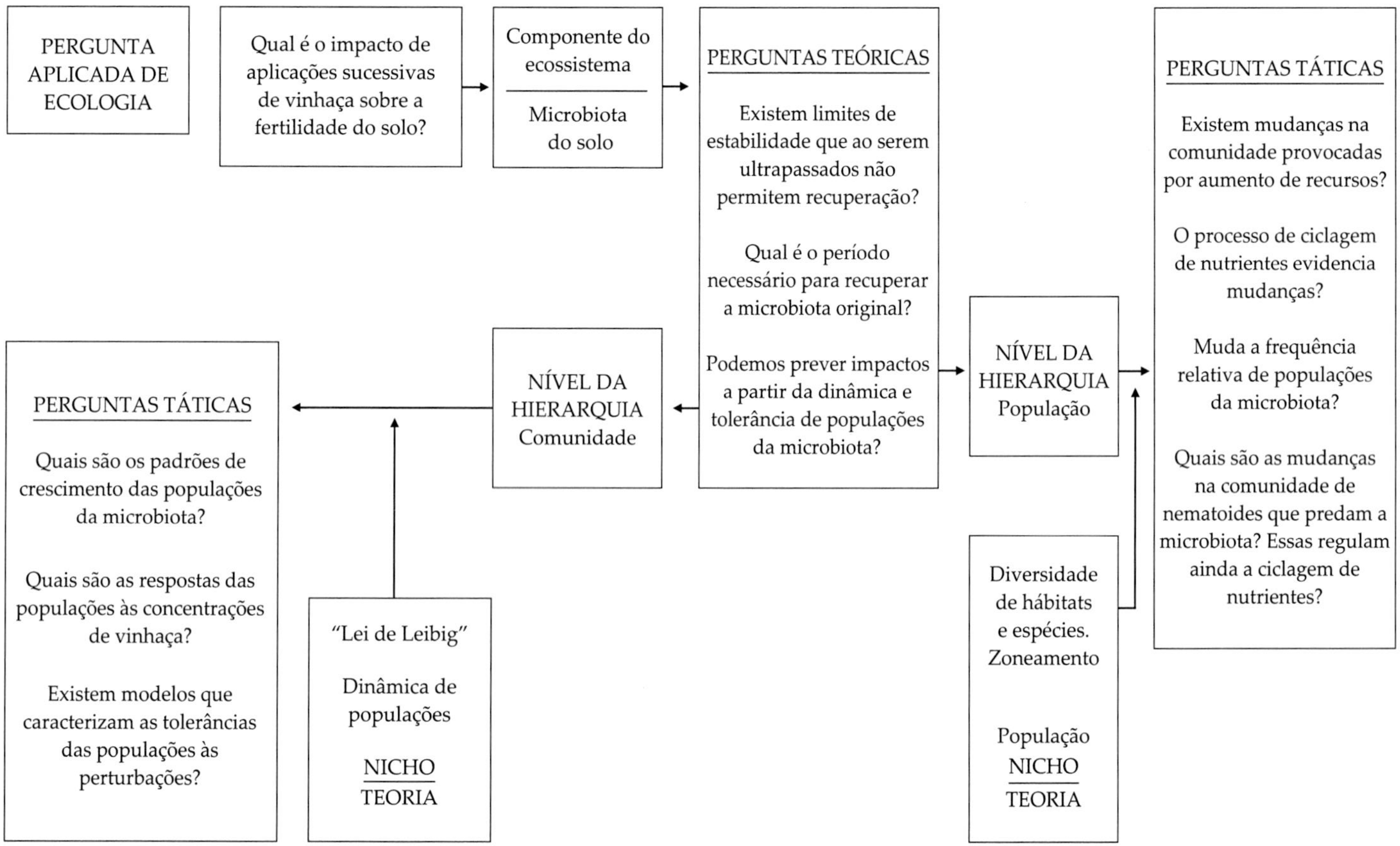

FIGURA 3 – A incorporação de conceitos ecológicos, por meio da formulação de perguntas táticas usando teoria ecológica, resultando em previsões que respondem as questões aplicadas na análise ambiental.

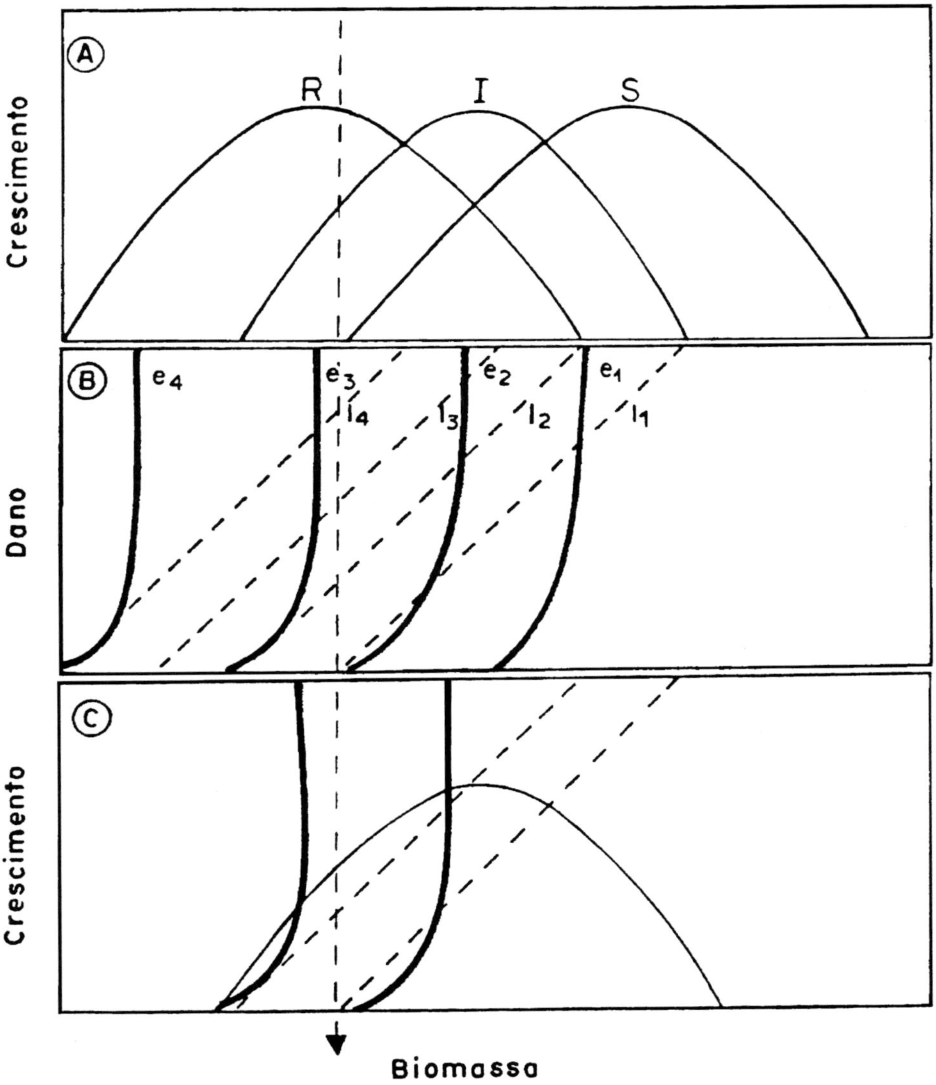

FIGURA 4 – Um modelo, desenvolvido com as técnicas de Noy-Meir (1975), para a interação de aplicações sequenciais de vinhaça com populações da microbiota do solo. As populações neste modelo seguem um crescimento logístico, resultando em uma curva simétrica. Outros padrões de crescimento podem ser usados. A linha descontínua representa "reservas" ou a capacidade de recuperar populações depois de uma perturbação. Os danos associados com aplicações sequenciais (números) na parte inferior podem ser funções lineais (retas) ou exponenciais (curvas) da biomassa. Com dados empíricos, o número de aplicações sucessivas pode tolerar a espécie e pode ser estimado.

Tabela 1 – Os critérios usados em 17 estudos de avaliação de hábitats para conservação de animais. Qualquer desses critérios pode ser usado na avaliação como critério na formulação das perguntas táticas

Critério	Frequência de uso
Diversidade ecológica	16
Raridade: condições virgens	13
Área (superfície)	11
Perigo de intervenção humana	8
Valor estético ou educacional	7
Valor científico; populações	3-6
Outros critérios	1-2

DISCUSSÃO

A Ecologia tem maturidade suficiente para proporcionar um marco empírico ou teórico para resolver qualquer questão na análise ambiental? Sem dúvida, a resposta para esta pergunta é NÃO. Porém, existem tendências positivas que indicam que a Ecologia teórica e aplicada estão se aproximando, o que permite suas integrações na análise ambiental. Mas quanto implica a integração da Ecologia nos custos finais da análise ambiental? Os custos da análise necessariamente aumentarão porque os dados ecológicos são os mais difíceis de serem obtidos e de serem interpretados. As análises que são dirigidas por perguntas-chave baseadas na teoria ecológica resultarão, entretanto, em análises mais específicas e com maior relevância para as questões de planejamento. Isso implica que o uso quase exclusivo de listas de espécies atualmente na análise ambiental não tem qualquer valor além de relações-públicas.

Se as predições que podem ser feitas têm amplos intervalos de confiança, com custos maiores, por que é necessário incluir considerações ecológicas na análise ambiental? Por que o bem-estar depende dessas considerações, independente da escala? E também por que as predições não são piores do que as dos economistas que não conseguem prever a inflação com dados numerosos e modelos poderosos, ou de geólogos que não conseguem prever a altura de um barranco, que resultaria na queda de uma estrutura sobre argila, com 50% de certeza? A medição simples de parâmetros físicos ou químicos de água, como DBO (demanda bioquímica de oxigênio), pH, ou concentrações de efluentes, não consegue incorporar a predição de integridade biológica da água.

Como qualquer profissional científico, os profissionais de análise ambiental possivelmente não conseguem incorporar todos os fatores que podem influir nas predições de análise. Essas fontes adicionais de erro são: 1. dificuldades de relacionar todos os componentes de um sistema; 2. a falta de previsão das interações entre problemas menores; 3. por não incluir aspectos que estão por fora da área de especialidade do profissional ou que ele considera que não são técnicos; 4. por não considerar a fragilidade das premissas da teoria, ou não dar atenção suficiente ao problema de amostragem estatística; e 5. por excluir conscientemente aspectos considerados subjetivamente como não importantes, visando com isso simplificar a análise.

Essas considerações destacam a importância de pesquisas interdisciplinares, enfocando perguntas-chave de natureza ecológica em níveis de organização estrutural diversa. A ligação entre os processos de uma escala e a estrutura de níveis superiores, como desmatamento e climas, deve sempre ser considerada, apesar de que as frequências dos conjuntos das taxas dos processos são diferentes e podem ser independentes. Para concluir, ressalta-se que pode e deve ser incorporada a teoria ecológica na análise ambiental, e isso deve ser feito para permitir a geração de predições explícitas. Mas são os cidadãos que estabelecem os valores dos critérios e atributos que são estudados, e, democraticamente, não se deve, pelas razões discutidas anteriormente, insistir em propagar uma teoria a respeito de teorias alternativas. O papel do pesquisador é defender e explicar as premissas e predições à sociedade e não liderar grupos de "ecologistas" ou "ambientalistas", porém assessorá-los, para manter o rigor profissional e diminuir os entraves políticos que podem desacreditar a análise ambiental consciente. Por isso, os aspectos ecológicos devem ter o mesmo peso na decisão política que os aspectos sociais, econômicos ou físico-químicos.

9 MINERAÇÃO E AMBIENTE

*Francisco F. A. Fonseca**

INTRODUÇÃO

A alteração do equilíbrio ecológico e o impacto da atividade humana sobre a ecosfera terrestre começou a se transformar em assunto de preocupação dos cientistas e pesquisadores durante a década de 1960, ganhou dimensão política a partir do início dos anos 70, e é hoje o assunto mais polêmico do mundo. A partir da Revolução Industrial e do uso dos combustíveis fósseis, a humanidade se transformou no principal fator de alteração geológica do planeta, mas só recentemente se deu conta disso.

As atividades humanas, as chamadas atividades econômicas, alteram o ambiente, e as duas básicas são a mineração e a agricultura. É delas que o homem extrai os recursos naturais que alimentam toda a economia. Sem elas nenhuma das atividades subsequentes podem existir. A mineração, evidentemente, causa impacto ambiental considerável; entretanto, este não é maior do que o das demais atividades básicas. Podem-se distinguir dois aspectos gerais do impacto ambiental, a densidade e a sua extensão. A comparação da mineração com a agricultura permite distinguir com clareza o significado desses aspectos. Na mineração, o impacto é muito denso e pouco extenso. A mineração altera intensamente a área minerada e as áreas vizinhas, onde são feitos os depósitos

* Cia. Vale do Rio Doce, Rio de Janeiro, RJ.

estéreis e de rejeito. As áreas alteradas, entretanto, não têm extensão geográfica muito grande, são áreas geograficamente restritas. Com a agricultura, acontece exatamente o oposto. O impacto ambiental da agricultura é pouco denso e muito extenso, compreendendo uma erradicação da vegetação natural, que é substituída pela artificial. Assim, em áreas pequenas ocorre um impacto pouco significativo. Mas quando essa substituição é feita em áreas geograficamente extensas, o impacto global é muito grande, maior do que o da mineração sobre o ambiente. O impacto desta última é menor do que o acarretado pela geração de energia, urbanização e pelo sistema de transportes. A contribuição da mineração para a poluição do ar e da água pode ser localmente significativa, mas globalmente é menor do que a poluição provocada pelas indústrias básicas, pela urbanização e mesmo pela agricultura.

RECUPERAÇÃO DE ÁREAS MINERADAS

A mineração a céu aberto causa uma destruição completa da área da jazida e das áreas vizinhas. A "paisagem lunar" deixada no rastro de algumas minerações a céu aberto é responsável pela ideia de que se trata de uma atividade de enorme impacto ambiental. Entretanto, é possível conduzir a operação de lavra no sentido de recuperar a aparência e o equilíbrio natural das áreas lavradas. Ao tratar do impacto da mineração a céu aberto sobre a área da jazida e da recuperação da área minerada, devem-se distinguir três casos: áreas e jazidas onde é possível a volta a uma situação igual, ou muito próxima, à anterior da existência da mina; áreas e jazidas onde a mineração altera irreversivelmente a paisagem e não é possível a volta à situação anterior; áreas e jazidas onde, a critério da sociedade e/ou das autoridades, existem outras razões que recomendem que a mineração não se implante.

As jazidas que se enquadram no primeiro caso são principalmente as jazidas em terrenos pouco acidentados e quando o corpo mineral é extenso, porém pouco espesso. No Brasil, os casos típicos são as jazidas de carvão no Sul e as de bauxita na Amazônia. Se houver o cuidado de retirar separadamente o solo superficial e posteriormente voltar a colocá-lo sobre a área minerada, é possível replantar a superfície e recuperar a paisagem anterior. A maior parte das minerações brasileiras, entretanto, se enquadra no segundo caso, de áreas que ficam irremediavelmente alteradas pela mineração. As minerações de ferro, de calcário e de granito situadas nas regiões Centro-Sul, Sul e Nordeste, que representam o grosso da massa de rochas mineradas no Brasil, estão neste caso. Em geral são corpos minerais situados em topografia elevada, e uma vez minerados não há como reconstituir a topografia. A mineração desmancha o "morro", e no lugar fica um "buraco". Nesses casos, a principal coisa a fazer para "recuperar" as áreas mineradas é minimizar a poluição hídrica e a erosão provenientes dessas áreas.

Finalmente, temos o terceiro caso de áreas que não devem ser mineradas. Provavelmente, seria muito rentável, por exemplo, minerar calcário no maciço da gruta de Maquiné ou implantar uma pedreira de granito na Gávea ou no Corcovado. Não é preciso explicar por que isso não pode ser feito. É claro que se deve levar em conta também a natureza do bem mineral a ser produzido. Não se pode comparar minerais raros e valiosos com minerais abundantes e rochas comuns. O nióbio de Araxá, o manganês do Amapá ou o ouro de Serra Pelada, provavelmente, seriam minerados em qualquer lugar que estivessem, mesmo que esse lugar fosse o Pão de Açúcar. Por outro lado, é difícil estabelecer "critérios de racionalidade" para bloquear áreas que não devem ser mineradas. A visibilidade a partir de um centro urbano pode pesar mais do que o verdadeiro "valor paisagístico" de uma área.

MINERAÇÃO E DEVASTAÇÃO FLORESTAL

A maioria dos ecologistas considera que a destruição das florestas é o mais sério dos problemas ambientais no Brasil. A maior parte do território é (ou era) coberta de florestas tropicais. A maior parte dessas florestas cobre (ou cobria) solos pobres em nutrientes. É interessante lembrar que as florestas tropicais se desenvolvem perfeitamente sobre solos pobres. Nas regiões do Brasil onde a floresta cobria solos férteis, como São Paulo e Norte do Paraná, por exemplo, o desflorestamento deu lugar a uma agricultura rica e desenvolvida. Nas regiões onde o solo era pouco fértil, a erradicação da floresta deu lugar aos pastos de baixa produtividade, que compõem a paisagem de pobreza humana e degradação ecológica, típica de grandes áreas do interior do nosso país.

A mineração não provoca, diretamente, devastação da floresta. Indiretamente, entretanto, ela pode atrair outras atividades para a região, como a pecuária e o carvão vegetal, mas o impacto direto da mineração sobre a floresta é insignificante. Na região do Quadrilátero Ferrífero de Minas Gerais, por exemplo, onde a mineração é praticada a séculos (e que não era originalmente uma região totalmente coberta de florestas), existe hoje uma cobertura florestal maior do que em outras regiões próximas (médio Rio Doce e Centro-Oeste de Minas, por exemplo), que eram regiões florestadas até poucas décadas atrás e que hoje estão completamente devastadas pela agropecuária, a maior causadora da devastação florestal no Brasil.

É interessante observar que as empresas de mineração podem às vezes funcionar como protetoras de áreas de floresta no entorno das minas. O caso mais típico é o da Serra dos Carajás, no Pará. Toda a região no entorno está sendo devastada por madeireiros, por projetos agropecuários pouco produtivos e por planos de colonização malconduzidos e implantados em solos inadequados. Entretanto, no centro do distrito mineiro, onde estão situadas as grandes jazidas de ferro, manganês e cobre, a Cia. Vale do Rio Doce está protegendo uma área de mais de 700 mil hectares, que está se transformando na única reserva significativa de floresta virgem em toda a região.

A mineração de bauxita da Cia. Rio Norte, no Trombetas, é outro exemplo. Está situada em uma área menos pressionada que a de Carajás, mas que também já está começando a ser devastada. Ela funciona ainda como protetora de uma grande área de floresta no entorno da mina. Os exemplos não se restringem à Amazônia. A maior floresta remanescente na região da Grande Belo Horizonte é a Mata do Jambeiro, que permaneceu protegida por estar nas terras das Minerações Brasileiras Reunidas. Na Amazônia, particularmente, pode-se afirmar com toda segurança que a mineração é a atividade econômica que menos destrói a floresta. As áreas mineradas são muito pequenas diante dos vastos espaços da Amazônia. As minerações em terras altas, como as de ferro e bauxita, têm um impacto absolutamente insignificante sobre a floresta.

EXAUSTÃO DAS RESERVAS

Até uns quinze anos atrás, diante da perspectiva do crescimento acelerado do consumo, existia no mundo uma preocupação com a limitação das reservas de alguns minerais. A diminuição do ritmo de crescimento econômico (depois da crise do petróleo) e o aparecimento de outros problemas ecológicos mais imediatos relegou a preocupação com as reservas minerais para um segundo plano. De qualquer forma, é evidente que as gerações futuras terão que aprender a viver sem muitos dos minerais que hoje se desperdiçam com facilidade.

Alguns minerais usados pela humanidade são superabundantes (ferro, alumínio, calcário, carvão). Outros, entretanto, têm reservas limitadas (não ferrosos, metais de liga, fluorita, petróleo). A abundância na natureza é um dos parâmetros que determina a disponibilidade e o custo de um bem mineral, mas não é o único. As características geológicas das jazidas e a consequente maior ou menor facilidade de produção é mais determinante para a disponibilidade e para o custo do que a abundância na natureza. O petróleo, por exemplo, é hoje o mais importante dos recursos minerais. Representa 70% do valor monetário da produção mineral mundial. O petróleo, entretanto, é muito menos abundante do que o outro combustível fóssil, o carvão mineral. O que determina a maior importância econômica do petróleo em relação ao carvão é a facilidade de produção e de uso e não a abundância. Outro exemplo é o mercúrio, um dos metais mais raros da crosta terrestre, mesmo em relação à platina; entretanto, como ocorre concentrado em jazidas de fácil exploração, é relativamente barato e será provavelmente o primeiro metal a ser completamente exaurido pelo homem.

Atualmente, nenhum país ou sociedade está no caminho de perseguir uma política de racionalização do uso dos minerais escassos, e o assunto às vezes é até descartado como utópico pelos antiecologistas. No futuro não muito distante, entretanto, a racionalização do uso será imposta ao homem pela natureza em condições mais difíceis do que as atuais, pois as jazidas mais fáceis já não existirão.

ALTERAÇÕES DA ATMOSFERA

Muitos cientistas são de opinião que a principal alteração que a atividade humana está provocando na Terra é a alteração da composição da atmosfera. Os teores de alguns gases, como o gás carbônico e o metano, estão aumentando. Além disso, estão sendo introduzidos na atmosfera gases artificiais, como os clorofluorcarbonos. A produção mundial destes últimos é hoje da ordem de 700 mil toneladas por ano. Sob a ação da radiação ultravioleta, esse gás libera cloro nascente, que reage com o ozônio na estratosfera, provocando a rarefação da camada que protege a Terra da radiação ultravioleta do Sol. O gás carbônico, o metano e os clorofluorcarbonos têm capacidade de retenção de calor muito maior do que as do nitrogênio e do oxigênio. A consequência de sua acumulação na atmosfera seria de um aumento da temperatura média do clima, o famoso "efeito estufa".

O teor de gás carbônico na atmosfera aumentou de 290 ppm, no ano de 1960, para 350 ppm nos dias atuais e continua crescendo exponencialmente. Segundo o Worldwatch Institute (entidade não governamental financiada por fundações privadas e pela ONU), a humanidade está introduzindo mais de 25 bilhões de toneladas por ano de gás carbônico na atmosfera. Aproximadamente três quartas partes deste gás carbônico é proveniente da queima de combustíveis fósseis, e o quarto restante, da queima de florestas. O Brasil é responsável por 1,4 bilhões de toneladas desse total, em nosso caso apenas 13% vem de combustíveis fósseis e 87%, da queima de florestas. Grande parte desse gás carbônico passa da atmosfera para o mar. De outra forma, o aumento do teor na atmosfera seria muito maior do que o observado. O metano é produzido principalmente por atividades agrícolas e agropastoris, e a sua produção é mais difícil de quantificar.

Quanto ao gás carbônico, a sua fonte original é basicamente a produção de petróleo e a mineração de carvão. No contexto mundial, o Brasil é um minerador de carvão e um produtor de petróleo relativamente modesto. A principal contribuição brasileira para a alteração da atmosfera tem sido a destruição das florestas. De qualquer forma, como é possível que a humanidade tenha que parar de usar combustíveis fósseis bem antes da exaustão das reservas, convém acompanhar o desenrolar dos acontecimentos.

CONSIDERAÇÕES FINAIS

Sâmia Maria Tauk-Tornisielo

Existe atualmente uma necessidade de padronização da terminologia referente à análise ambiental e da atuação de equipes multidisciplinares. Na prática, estas últimas muitas vezes estão longe de se aproximarem a uma interdisciplinaridade, devido aos problemas de formação, de valorização diferentes das questões ambientais, desconhecimento ou falta de metodologia adequada para quantificar determinados parâmetros e a dificuldade de interagi-los para entender melhor os mecanismos que regem o(s) ecossistema(s) envolvido(s) nas obras ou nos empreendimentos. A Economia, como ciência, é um suporte estratégico da análise ambiental, e está ainda longe de poder subsidiar a determinação da relação custo-benefício da atividade antrópica, indispensável em qualquer diagnóstico ou estudo de impacto ambiental.

Enfatiza-se que além da multi e interdisciplinaridade, as questões ambientais têm que ser observadas e analisadas sob a ótica da transdisciplinaridade, isto é, inseri-las juntamente com os aspectos socioeconômicos e culturais.

Algumas dificuldades ainda existem na aplicação da Legislação Ambiental e nos EIAs/Rimas.

Existem divergências quanto à aplicação da legislação ambiental devido à sua redação ou quanto aos seus fins. Especificamente, a competência das comissões que executarão os EIAs/Rimas e a sua "independência" do empreendedor.

Há falta de adequação dos modelos e roteiros de EIAs/Rimas para naturezas distintas e dimensões diferentes das obras ou dos empreendimentos, e para cada caso deverá ocorrer um modelo ou roteiro específico.

Verifica-se, ainda, que não existe um desenvolvimento lógico para análise ambiental, pois ela deveria ser formulada a partir de uma hipótese sobre o impacto ambiental, a partir da qual, por sua vez, os critérios seriam selecionados e estabelecidos, e posteriormente haveria a quantificação de parâmetros, esta última deficitária, principalmente quanto ao meio biológico.

O homem através de milhares de anos sofreu diferentes desafios, e no seu instinto guarda a característica de conquistador, entretanto, embora com os grandes avanços científicos e tecnológicos existe, no momento, um grande desafio denominado "gigante Golias", que é o programa de ecodesenvolvimento. A conquista não poderá ocorrer com as "armas tradicionais", a não ser que o homem encontre "uma funda", que consiste no avanço das teorias da Ciência Econômica para atender o ecodesenvolvimento, da melhor interação homem-ambiente e de uma revisão de seu papel social. Segundo Buarque (1990), "os riscos que se apresentam à humanidade, criados pela civilização, restituem para o homem a aventura de retomar seu destino e controlá-lo. O que antes ele fazia temendo aos deuses, aos quais já não teme, com medo das pragas, que já controla, submetido ao desconhecido, que já conhece, agora o homem terá que fazer diante dos riscos que criou. Terá que enfrentar um deus maluco chamado homem, uma praga que ele criou chamada poder científico e tecnológico e tentar desvendar um desconhecido chamado ele mesmo, seu sistema econômico, sua relação com a natureza, a essência de seu projeto civilizatório. E dominá-lo".

REFERÊNCIAS BIBLIOGRÁFICAS

AB'SABER, A. N. Províncias geológicas e domínios morfoclimáticos no Brasil. Geomorfoclimáticos no Brasil. *Geomorfologia*, v.20, 1970.

ALBINO, A. L. D. *Estudo sobre a fauna de peixes da Bacia do Rio Jacaré-Guaçu (Estado de São Paulo) com uma avaliação preliminar dos efeitos de dois barramentos.* São Paulo, 1987. 168p. Tese (Mestrado) – Departamento de Ciências Biológicas, Universidade Federal de São Carlos.

ALLEN, F. T. H., STARR, T. B. *Hierarchy:* perspectives for ecological complexity. Chicago: University of Chicago Press, 1982.

ALMEIDA, A. F. de. *Avifauna de uma área desflorestada em Anhembi, Estado de São Paulo, Brasil.* São Paulo, 1981. 272p. Tese (Doutoramento) – Instituto de Biociências, Universidade de São Paulo.

ALMEIDA JÚNIOR, J. M. G. de. *Carajás:* desafio político, ecologia e desenvolvimento, CNPq. São Paulo: Brasiliense, 1986. p.407, 494, 499, 621.

ALMEIDA, W. F. de. Cubatão: área crítica da poluição. In: SIMPÓSIO NACIONAL DE DIREITO DO MEIO AMBIENTE, 3, 1982, São Paulo. *Anais...* 1982. 163p.

AMARAL, A. *Serpentes do Brasil, iconografia colorida/Brazilian Snakes:* A Color Iconography. São Paulo: Melhoramentos, Edusp, 1986. 246p.

ANDERSON, J. R. et al. *Sistemas de classificação de uso da terra e do revestimento do solo para utilização com dados de sensoriamento remoto.* Trad. H. Stang. Rio de Janeiro: IBGE, 1976.

ANDRADE, M. A. de. Observações preliminares sobre a avifauna cavernícola no Brasil. *Bol. Soc. Sul-Riograndense Ornitol.* v.4, p.16-9, 1983.

ANDREI, E. *Compêndio de defensivos agrícolas.* São Paulo: s.n., 1985. 448p.

ARGEL-DE-OLIVEIRA, M. M. Avifauna de uma área de exploração agropecuária. In: CONGRESSO BRASILEIRO DE ZOOLOGIA, 12, 1985, Campinas. *Resumos...* Campinas: Sociedade Brasileira de Zoologia, 1985. p.276-7.

ARRUDA, S. T., GHILARDI, A. A., PRATES, H. S. *Caracterização das propriedades e dos pomares citrícolas do Estado de São Paulo.* São Paulo: Instituto de Economia Agrícola, 1988. 26p. (Relatório de Pesquisa, 9/88).

ASSOCIAÇÃO BRASILEIRA DE GEOLOGIA E ENGENHARIA. *Mineração e meio ambiente no Estado de São Paulo:* encontro técnico. São Paulo: ABGE, 1985. 40p.

ASSUMPÇÃO, C. T. de. *An ecological study of the primates of Southern Brazil with a reappraisal of* Cebus apella *races.* Edinburgh, 1987. (PhD-Thesis).

ASSUMPÇÃO, C. T. de, LEITÃO FILHO, H. F., CESAR, O. Descrição das matas de Barreiro Rico, Estado de São Paulo. *Revista Brasileira de Botânica,* v.5, p.53-66, 1982.

AULETE, C. *Dicionário Contemporâneo da Língua Portuguesa.* 3.ed. Rio de Janeiro: Delta, 1974.

AZEVEDO, E. de. A *Região Metropolitana no Brasil e seu regime jurídico.* São Paulo: SEP, 1976.

BACIA DO PIRACICABA. Diretrizes para planejamento. *Relatório Técnico n.1,* SMA/CPLA, out. 89.

BAKER, V. R., KOCHEL, P. C., PATTON, P. C. *Flood Geomorphology.* New York: John Wiley & Sons, 1988.

BARRELA, W. *Estrutura da comunidade de peixes da Bacia do Rio Jacaré-Pepira (SP) em diferentes biótipos.* Campinas, 1989. 173p. Dissertação (Mestrado) – Instituto de Biociências, Universidade de Campinas, 1989.

BASSIELO, A. I., MATSUOKA, S. *Manejo de variedades de cana-de-açúcar para as condições ecológicas da Região Centro-Sul.* Araras: SP, Planalsucar, 1988. 69p.

BASTOS, E. R., CHAIA, V. L. M., FERRANTE, V. L. S. B. Modernização agrícola no circuito da violência. *Rev. Perspect.,* v.1, n.3, p.18-30, 1987.

BELTRÃO, M. C. M. C. Datações arqueológicas mais antigas do Brasil. *Anais da Academia Brasileira de Ciências,* v.46, n.2, p.212-51, 1974.

BENINCASA, M. *Efeitos de rampas com diferentes declividades e exposições norte e sul de uma bacia hidrográfica sobre o microclima e a produtividade biológica do* Sorghum bicolor *(L.) Moench.* Jaboticabal, 1976. 109p. Tese (Livre-Docência) – Faculdade de Ciências Agrárias e Veterinárias, Universidade Estadual Paulista.

BENINCASA, M. et al. Algumas influências da topografia sobre o microclima e comportamento de *Sorghum bicolor* (L.) Moench. *Ciência e Cultura,* v.35, p.495-501, 1983.

BENINCASA, M. M. P. et al. Emergência e crescimento inicial de sorgo sacarino (*Sorghum bicolor* (L.) Moench.) sob diferentes exposições do terreno. *Científica*, v.16, n.2, p.157-72, 1988.

BERTONI, J. E. A. et al. Composição florística e estrutura fitossociológica do Parque Estadual de Vaçununga, Santa Rita do Passa Quatro, SP. Gleba Praxedes. In: CONGRESSO BRASILEIRO DE BOTÂNICA, 31, 1988, Belém. *Resumos...* Belém, 1988. 223p.

BERTRAND, G. Paisagem e Geografia Física Global – Esboço metodológico. Trad. O. Cruz. São Paulo: IG/USP, v.13, p.27, 1972. (Série Caderno de Ciências da Terra).

BONTEMPO, M. *Relatório Orion* – Denúncia. Porto Alegre: L&PM, 1986. 124p.

BORDREUIL, C. Influence de l'urbanisation sur la pluviometrie de la Region Marsellaise. *La Meteorologie Appliquée*, v.9, p.9-100, 1977.

BRANCO, S. M. *Ecossistêmica uma abordagem integrada dos problemas do meio ambiente*. São Paulo: Edgard Blücher, 1989. 141p.

BRANCO, S. M., ROCHA, A. A. *Poluição, proteção e usos múltiplos de represas*. São Paulo: Cetesb/Edgard Blücher, 1977. 185p.

BRASIL. Instituto Brasileiro de Geografia e Estatística. *Anuário Estatístico do Brasil*. Rio de Janeiro: FIBGE, 1983. 901p.

________. Leis, decretos, legislação federal. *Controle da poluição ambiental*. São Paulo: Cetesb/Secretaria do Meio Ambiente, 1989. 142p.

________. Ministério das Minas e Energia. *Projeto* RADAM-BRASIL, folhas SF-23/24. Rio de Janeiro: Vitória, Brasília, 1983. Mapa 1:1.000.000.

________. Ministério das Minas e Energia. Departamento Nacional da Produção Mineral. *Anuário Mineral Brasileiro*, 1988. Brasília: DNPM, 1988. 374p.

________. Ministério das Minas e Energia. Departamento Nacional da Produção Mineral. PROSIG, sistema código de mineração, listagem de dados essenciais, classificada por DS/ano/número do processo. Brasília, DNPM, 1.3.1989. 3v.

BRUNO, E. S. *História do Brasil geral e regional*. São Paulo: Cultrix, 1967. v.5.

CÁCERES, O. TUNDISI, J. G., CASTELLAN, O. A. M. Resíduos de inseticidas organoclorados na Represa do Broa e nos seus rios tributários. *Ciência e Cultura*, v.32, n.12, p.1659-62, 1980.

CÁCERES, O., et al. M. Resíduos de pesticidas clorados em água das cidades de São Carlos e Araraquara. *Ciência e Cultura*, v.33, n.12, p.1622-6, 1981.

________. Residues of organochlorocy pesticides in reservoirs in São Paulo State. *Ciência e Cultura*, v.39, n.12, p.259-64, 1987.

CADERNOS FUNDAP. Planejamento e gerenciamento ambiental. In: MONOSOWISKI, E. *Políticas ambientais e desenvolvimento no Brasil*. São Paulo, ano 9, v.16, p.15-24, 1989. 94p.

CADERNOS FUNDAP. Planejamento e gerenciamento ambiental. In: GRINOVER, L. *O planejamento físico-territorial e a dimensão ambiental*. São Paulo, p.25-32, 1989. 94p.

CALDARELLI, S. B. Aldeias tupi-guarani no vale do Rio Mogi-Guaçu, Estado de São Paulo. *Revista de Pré-História*, v.5, p.37-124, 1983.

________. Os caçadores do Tietê. *Ciência Hoje*, v.4, n.19, p.40-3, 1985.

CAMARGO, A. M. M. P. de, SANTOS, Z. A. P. S. *Mudança na composição agrícola e paulista:* o caso da soja, da laranja e da cana-de-açúcar. São Paulo: Instituto de Economia Agrícola, 1985. 57p. (Relatório de Pesquisa, 10/85).

CAMARGO, J. C. G. *Estudo biogeográfico comparativo de uma área de mata latifoliada tropical de encosta de uma área reflorestada no Estado de São Paulo*. Rio Claro, 1988. 484p. Tese (Doutoramento) – Instituto de Geociências e Ciências Exatas, Universidade Estadual Paulista.

CAMARGO, J. C. G., TAVARES, A. C. A influência da cidade de Rio Claro na temperatura e na umidade do ar. *Geografia*, v.10, n.20, p.149-68, 1985.

CAMARGO, J. C. G. et al. Estudo fitogeográfico da vegetação ciliar do Rio Corumbataí, SP. *Biogeografia*, v.3, p.1-14, 1971.

CANDIDO, A. *Os parceiros do Rio Bonito*. São Paulo: Duas Cidades, 1971.

CARAMASHI, E. P. *Distribuição da ictiofauna de riachos das Bacias do Tietê e do Paranapanema, junto ao divisor de águas (Botucatu, SP)*. São Carlos, 1986. 245p. Tese (Doutoramento) – Departamento de Ciências Biológicas, Universidade Federal de São Carlos.

CARDOSO, S. M. de. *O Programa Nacional do Álcool e seus impactos na agricultura paulista*. São Paulo: Instituto de Economia Agrícola, 1980. 36p. (Relatório, 8/80).

________. Súmula das recomendações aprovadas para os produtos fitossanitários. Brasília: SDSV/DIVIFI/SECOF, 1988. 373p.

CARVALHO, M. E. C. *As áreas verdes de Piracicaba*. Rio Claro, 1982. 192p. Tese (Mestrado) – Instituto de Geociências e Ciências Exatas, Universidade Estadual Paulista.

CASADEI, S. Gestão de recursos hídricos. In: SEMINÁRIO PERSPECTIVAS DOS RECURSOS HÍDRICOS NO ESTADO DE SÃO PAULO, 1987, São Paulo. *Anais*... São Paulo: DAEE/ FCTH/FUNDAP, 1987.

CASTRO, O. M. de. *Caracterização química e física de dois latossolos em plantio direto e convencional*. Campinas: IAGr., 1987. 23p. (Boletim Científico, 1).

CASTRO, P. R. C. de. *Ecofisiologia da produção agrícola*. Piracicaba: Associação Brasileira para Pesquisa da Potassa e do Fosfato, 1987. 294p.

CAVALHEIRO, F., CAETANO, F. H. Funções da arborização urbana. In: SEMINÁRIO SOBRE COEXISTÊNCIA DE SISTEMAS ELÉTRICOS E ARBORIZAÇÃO URBANA, Campinas, CPFL, 1984.

CELESTE, M. F. *Estudo dos processos de contaminação por praguicidas organocloros em ambiente aquático:* o caso da Represa do Ribeirão do Lobo (Brotas, Itirapina, SP). São Carlos, 1986. 252p. Tese (Mestrado) – Departamento de Ciências Biológicas, Universidade Federal de São Carlos.

CERON, A. O., GERARDI, L. H. de O. Bases geográficas para planejamento rural no Estado de São Paulo. *Geografia,* v.6, n.11-2, p.105-59, 1981.

CESAR, O. *Composição florística, fitossociológica e ciclagem de nutrientes em mata mesófila semidecídua (Fazenda Barreiro Rico, município Anhembi – SP).* São Paulo, 1988. 223p. Tese (Livre-Docência) – Departamento de Botânica do Instituto de Biociências, Universidade Estadual Paulista.

CETESB. *Níveis de contaminação por mercúrio na água, sedimento e peixes da Represa de Barra Bonita e seus rios formadores:* Piracicaba e Tietê (São Paulo, Brasil). São Paulo, 1986. 115p.

________. *Plano de proteção ambiental da Bacia do Rio Jacaré-Pepira.* (Trabalho em Elaboração).

________. *Controle de poluição das águas subterrâneas na zona de recarga do aqüífero Botucatu.* São Paulo, 1984. 2v.

________. *Qualidade das águas interiores do Estado de São Paulo.* São Paulo, 1985.

________. *Qualidade das águas interiores do Estado de São Paulo.* São Paulo, 1986. 134p.

________. *Níveis de contaminação por mercúrio na água, sedimento e peixes da Represa de Barra Bonita e seus rios formadores:* Piracicaba e Tietê. (São Paulo, Brasil). São Paulo, 1986b. 114p.

________. *Qualidade das águas interiores do Estado de São Paulo.* São Paulo, 1987. 134p.

________. Qualidade das águas no Estado de São Paulo. *Águas e Energia Elétrica,* ano 5, v.14, p.11-22, 1988.

CETESB/DAEE-EMPLASA. *Planejamento ambiental:* uso do solo, bacias do Rio Piracicaba, do Rio Capivari e do Rio Jundiaí, SP, 1986.

CHERKASSY, H. A globalização e o setor. Editorial. *Celulose e Papel,* v.5, n.20, p.3, 1989.

CHEVALLERIE, H. Ökologie der Strassenbaume. *DBZ (Wiesbaden),* v.7, n.291, p.893-6, 1976.

CHIARINI, A. R. *Resenha histórica do município de São Pedro.* Prefeitura Municipal de São Pedro, 1981.

CHIARINI, J. V., COELHO, A. G. S. Cobertura vegetal e natural e áreas reflorestadas do Estado de São Paulo. *Boletim do Instituto Agronômico.* Campinas, v.193, p.1-35, 1969.

CHRISTOFOLLETTI, A. Geografia Física. *Boletim de Geografia Teorética,* v.11, n.21-2, p.5-18, 1981.

________. Definição e objeto da Geografia. *Geografia,* v.8, n.15-6, p.1-28, 1983.

CODIVAP. *Caracterização e avaliação dos conhecimentos existentes sobre a região do Vale do Paraíba e diagnósticos resultantes.* Pindamonhangaba, 1971.

COLLET, G. C. *Sondagens no Abrigo da Glória, Ipeúna, SP.* São Paulo: Sociedade Brasileira de Espeleologia, 1980.

________. Abrigos Roncador, da Santa, Gavião, Lajeado. Município de Analândia, Estado de São Paulo. Relatório encaminhado à SPHAN, São Paulo, 1981.

________. Abrigo Santo Urbano, Corumbataí, SP. São Paulo, Grupo Bagrus de Espeleologia, 1982. (Relatório).

________. Prospecção sistemática espeleo-arqueológica no Estado de São Paulo. *Revista Paulista de Arqueologia,* v.1, 1982.

________. Proteção da arte rupestre no Brasil. Descrição de um processo destinado a estabilizar e a consolidar a superfície de um arenito friável o qual estão gravados petróglifos pré-históricos. La Habana. Comunicação apresentada ao 1º SIMPÓSIO SOBRE ARTE RUPESTRE DA UNESCO, 1986.

COLLIER, B. D., COX, G. W., JOHNSON, A. W., MILLER, R. C. *Dynamic Ecology.* New Jersey: Prentice Hall, 1975.

CONGRESSO DOS MUNICÍPIOS DO ESTADO DE SÃO PAULO, 26, 1982, São Paulo. *Mineração, meio ambiente e o planejamento municipal.* São Paulo: Associação Brasileira de Geologia de Engenharia, 1982. 24p.

CONTI, J. B. O novo clima urbano. *Shopping News,* São Paulo, out. 1981.

CONTRERAS, H. Da AE-Rio, bomba atômica brasileira. *Jornal da Tarde,* São Paulo, 21 jul. 1987. 5p.

COORDENADORIA DE PLANEJAMENTO AMBIENTAL/SMA. Regulamentação da Área de Proteção Ambiental de Ilha Comprida, SP. Relatório, 190p., Anexo 1. 15 mapas, Anexo II. 207p.

________. Proposta de macrozoneamento da região lagunar de Iguape, Cananeia. *Síntese,* SP, 1989. 50p.

________. Bacia do Piracicaba: Diretrizes para planejamento. *Relatório Técnico nº 1,* SP, 1989. 71p.

________. Tendências de industrialização do interior do Estado de São Paulo, SP, 1989. 104p.

________. Termo de referência para o macrozoneamento ambiental do Litoral Norte do Estado de São Paulo, SP, 1989. 15p.

________. Termo de referência. APAs: Áreas de Proteção Ambiental Estaduais, levantamentos e análises dos quadros ambientais e propostas físico-territoriais de zoneamento ambiental para as APAs Estaduais, 1989. 13p.

________. Estudo de Impacto Ambiental (EIA), Relatório de Impacto Ambiental (Rima), Manual de Orientação, São Paulo, 1989. 48p.

COPERSUCAR. Relatório do Projeto 006-11-50-84-009/02 realizado na Usina Barra Grande, Lençóis Paulistas. São Paulo, 1985. 21p.

COSTA, C. C. C. et al. *Fauna do Cerrado:* lista preliminar de aves, mamíferos e répteis. Rio de Janeiro: IBGE, 1980. 224p. (Série Recursos Naturais e Meio Ambiente, 6).

COSTA, M. B. B. da. *Nova síntese e novo caminho para a agricultura:* "adubação orgânica". São Paulo: Ícone, 1985. 12p.

COTIN NETO, D. *Balanço hídrico em bacia hidrográfica situada em região de recarga do aquífero Botucatu.* São Carlos, 1987. 129p. Tese (Doutoramento) – Escola de Engenharia, Universidade de São Paulo.

DAEE. Assessoria de recursos hídricos. Plano estadual de recursos hídricos. *Águas e Energia Elétrica,* v.5, n.13, p.26-7, 1988.

________. Estudo de águas subterrâneas, região administrativa de Bauru, levantamento de reconhecimento de solos no Estado de São Paulo. Rio de Janeiro: Serviço Nacional de Pesquisas Agronômicas, 1960. 634p. (SNPA, Boletim 12).

________. Estudo de águas subterrâneas, região administrativa de Campinas (5). São Paulo, 1981.

________. Assessoria de recursos hídricos, água subterrânea, reserva estratégica. *Águas e Energia Elétrica,* v.5, n.13, p.14-24, 1988.

DALPONTE, J. C. Levantamento dos mamíferos silvestres de Guareí, SP. Relatório ao Instituto de Pré-História da USP, 2. S.d., SP.

________. Levantamento dos mamíferos silvestres da Bacia do Rio Guareí, SP. Relatório ao Instituto de Pré-História da USP, 4. S.d. p.50-68.

DANSEREAU, P. *Ecologia aplicada ao ordenamento.* Lisboa: Centro de Eng. Biol. e Centro de Est. Geogr., 1978. 138p.

DE FILLIPO, R. *Ciclo sazonal do fitoplâncton, fatores climáticos e hidrológicos na Represa de Barra Bonita, São Paulo.* São Carlos, 1987. 90p. Tese (Mestrado) – Departamento de Ciências Biológicas, Universidade Federal de São Carlos.

DEMATTÊ, J. L. I. Manejo de solos podzólicos arenosos para a cultura da cana-de--açúcar, Região Quatá (SP). In: CONGRESSO BRASILEIRO DE CIÊNCIA DO SOLO, 21, 1988. Campinas: Sociedade Brasileira de Ciência do Solo, 1988.

DERSA. PAC – Plano de Ação Comercial da hidrovia Tietê-Paraná: relatório 5 - Potencial mercadológico da hidrovia, relatório final da primeira fase. São Paulo, 1987. 74p. (Documento de Trabalho, n.12, versão preliminar).

________. Resumo executivo. São Paulo, 1988. 10p. (Documento de Trabalho, 19).

________. SITIC – Sistema Integrado de Terminais de Carga do Estado de São Paulo. Zonas de Tráfego de Botucatu/Piracicaba: caracterização geral, avaliação e consolidação de dados de movimentação. São Paulo, 1988. 37p. (Documentos de Trabalho, n.04/III).

________. SITIC – Sistema Integrado de Terminais de Carga do Estado de São Paulo. Detalhamento dos terminais: zonas de tráfego de Araçatuba e Botucatu/Piracicaba. São Paulo, 1989. 164p. (Documento de Trabalho, n.13/IV).

DORST, J. *Prima che la natura muoia* (reportando-se às pesquisas científicas de Aubreville, Étude Ecolique des Principales Formations Vegétales du Brésil, Nogent-sur-Marne, 1961). Trad. do original francês: *Avant que Nature Meure.* Milano: Labor, 1969. p.178, 180.

DUARTE, U. *Geologia ambiental da área de São Pedro, SP–Vetor águas subterrâneas.* São Paulo, 1980. Tese (Doutoramento) – Instituto de Geociências, Universidade de São Paulo.

EITEN, G. A vegetação do Estado de São Paulo. *Boletim do Instituto Agronômico (Campinas)*, v.7, p.1-22, 1970.

ELTON, C. *Animal Ecology.* London: Sidgwick & Jackson Ltd., 1927.

ENCONTRO DE GEOLOGIA E HIDROGEOLOGIA, 1º. *O grupo Bauru do Estado de São Paulo:* Publicação especial, coletânea de trabalhos e debates. São Paulo, Sociedade Brasileira de Geologia, 1981. 91p.

ENGEA. *Avaliações, Estudos do Patrimônio e Engenharia Ltda.* Área de Proteção Ambiental – APA de Corumbataí, Botucatu, Tejupá, perímetro de Corumbataí, Projeto, SP, 1989. 51p.

________. "Zoneamento ambiental; parâmetros e restrições de uso e ocupação do solo no perímetro de Corumbataí – APA de Corumbataí – Botucatu – Tejupá." Processo SMA n.045/89. Contrato de serviços de consultoria n.0000006/89, G.S. 1989-1990.

ENGE-RIO. *Área de preservação (APA) de Corumbataí:* relatório. Rio de Janeiro: ENGE-RIO/FEPASA, 1989. 4p.

ERIKSEM, W. Die Stadt als Okosystem. In: Fragenkreise, Paderborn e Munich: Ferdinand Schoning & Blutenburg Verlag, 1983. 39p.

FAETH, S. M., KANE, T. V. Urban biogeography: city parks as islands for Diptera and Coleoptera. *Oecologia*, v.32, p.127-33, 1978.

FAO. *Oficina Regional para América Latina y el Caribe. Generación de tecnologías adecuadas al desarollo rural.* S.l.p., 1987. 35p.

________. *Oficina Regional para América Latina y el Caribe. La Madera:* combustible para promover el desarollo. S.l.p., 1987. 22p. (Série: Recursos Naturales n.1).

________. *Oficina Regional para América Latina y el Caribe. Extension rural:* partiendo de lo posible para liegas a lo eseable. 2.ed. S.l.p., 1988. 50p.

FEPASA. O *mercado da FEPASA.* São Paulo, 1986. 23p., cap.2.

________. *Situação atual e principais restrições.* São Paulo, 1986. 37p., cap.3.

FERRARI, A. *Agrotóxicos:* a praga da dominação. O custo ambiental e social de uma agricultura dependente. Porto Alegre: Mercado Aberto, 1985. p.43, 44.

FERRI, M. Ecologia dos cerrados. In: SIMPÓSIO SOBRE O CERRADO, 1977, Belo Horizonte, São Paulo: Itatiaia, Edusp, 1977. v.4, p.15-33.

FORESTI, C. et al. Integração de imagens pancromáticas HRV-SPOT e TM-LANDSAT para estudos de uso do solo urbano na Área Metropolitana de São Paulo,

Brasil. In: SIMPÓSIO LATINO-AMERICANO DE PERCEPTIÓN REMOTA, 1, 1987. p.411-17, Bogotá.

FORESTI, C. et al. Integração de dados do satélite SPOT. In: CONGRESSO BRASILEIRO DE CARTOGRAFIA, 14, 21-26 maio, 1989, Gramado. *Anais*... Gramado: SBC, 1989. v.2.

FORSTER, B. C. An examination of some problems and solutions in monitoring urban areas from satellite platforms. *International Journal of Remote Sensing*, v.6, n.1, p.139-51, 1985.

FOWLER, H. G. Social insects as urban pests: an analysis of seasonality and human perception. *Material und organismen*, v.18, p.93-105, 1982.

________. Human effects on next survivership of urban synanthropic wasps. *Urban Ecology*, v.2, p.137-43, 1983.

FOWLER, H. G., ROMAGNANO, L. F. T. di, BERNARDI, J. V. E. Evolução, competição e o nicho ecológico na teoria e na prática. In: SEMINÁRIO REGIONAL DE ECOLOGIA, 6, 1987, São Carlos. *Anais*... São Paulo, 1987. p.319-38.

FREUDENBURG, W. R. Perceived risk, real risk: social science and the art of probabilistic risk assessment. *Science*, v.242, p.44-9, 1988.

FREUDENBURG, W. R., ROSA, E. A. *Publics Reactions to Nuclear Power:* are there critical masses? Boulder: Westview Press, 1984.

FROLINI, D. S. *Memórias de Barra Bonita*. Prefeitura Municipal de Barra Bonita, 1984.

FUKUI, L. F. G. *Sertão e Bairro Rural*. São Paulo: Ática, 1979.

FUNDAÇÃO PREFEITURA FARIA LIMA – CEPAM. Superintendência do Desenvolvimento Administrativo. *Plano de desenvolvimento regional integrado:* região de governo de São Carlos. São Paulo, 1986. 238p.

FUNDAÇÃO SEADE. *Projeção da população para os municípios e distritos da região II de planejamento da SABESP, segundo a situação de domicílio até o ano 2010*. São Paulo, 1989. (ver 2. tabs.).

________. Áreas planejadas para localização industrial: tabela de distritos industriais. São Paulo, 4p.

GASPARINI, D. *Município e distrito:* criação e espaço físico. São Paulo: CEPAM, 1984.

GEISER, R. The influence of topography. In: *Climate Near the Ground*. Harvard University Press, USA, 1957. p.194-259.

GILPIN, A. *Dicionário de Termos do Ambiente*. Trad. do inglês "Dictionary of Environmental Terms" por Álvaro de Figueiredo. Lisboa: Don Quixote, 1980. 20p.

GLOSSÁRIO DE ECOLOGIA. São Paulo: ACIESP, 1987.

GOLDEMBERG, J. Rumo à bomba atômica. *Afinal (São Paulo)*, n.151, 1987. 5p.

________. Energia nuclear, sim ou não? Rio de Janeiro: JO Editora, 1987. 41p.

GOMES BRAGA, S. C. Sistema PERHI. *Águas e Energia Elétrica*, v.5, n.14, 1988.

GOODLAND, R., IRWIN, H. *A selva amazônica:* do inferno verde ao deserto vermelho. São Paulo: Edusp, Itatiaia, 1975. 60p.

GORDINHO, M. C. A *casa do Pinhal.* São Paulo: Ed. da Autora, 1985.

GUAZELLI, M. R. et al. Qualidade das águas no Estado de São Paulo. *Águas e Energia Elétrica,* v.5, n.14, 1988.

GUEDES, J. S. A. O governo mais perto do povo. *Boletim do Interior,* n.12, p.10-12, 1984.

GUERRA, A. T. *Dicionário geológico, geomorfológico.* 7.ed. Rio de Janeiro: IBGE, 1987. 446p.

GUNN, P. *As políticas e a realidade de assentamento industrial em São Paulo.* São Paulo: FAU/USP, n.8, 1985.

HAECKEL, E. Generelle Morphologie der Organismen. Berlin: Reimer, 1967.

HAMSAGAR, R. S. *Petrochemicals and the environment:* a balanced view with special reference to pesticids. New Delhi: Hindustan Insecticides Ltd., 1982. 11p.

HENRY, R. O crescimento potencial do fitoplâncton da Represa de Barra Bonita (Rio Tietê, SP): uma comparação sazonal dos efeitos de enriquecimento artificial em amostras de seus tributários. *Ciência e Cultura,* v.38, n.9, p.1553-64, 1986.

HENRY, R., SIMÃO, C. A. Aspectos sazonais na limitação potencial por N, P e Fe no fitoplâncton da Represa de Barra Bonita (Rio Tietê, São Paulo). *Rev. Bras. Biol.,* v.48, n.1, p.1-14, 1988.

HENRY, R. et al. Primary production and effects of enrichment with nitrate and phosphate on phytoplankton in Barra Bonita Reservoir (State of São Paulo, Brazil). *Int. Rev. Gest. Hydrobiol.,* v.70, n.4, p.561-73, 1985.

HOBBS, R. J. Markov models in the study of post-fire succession in heathland communities. *Vegetatio,* v.56, p.17-31, 1984.

HOOKE, J. M. *Geomorphology in Environmental Planning.* Chichester: John Wiley & Sons, 1988.

HOWARD, L. *The climats of London deduced from meteorological observation made in the metropolis and at various places around it.* London: J. and Arch. Corwhilz & Co., 1983. 3v.

HURTER, S. J., ESTON, S. M. de, HAMZA, V. M. Coleção brasileira de dados geotérmicos. Série 2 – *Fontes termais.* São Paulo: IPT, 1983. 111p.

IBAMA. III SEMINÁRIO NACIONAL SOBRE UNIVERSIDADE E MEIO AMBIENTE - *Informe Final.* Brasília, 1988.

________. Programa Nacional do Meio Ambiente (PNMA). Brasília, 1989.

IBGE. *Censo agropecuário.* Rio de Janeiro, 1975.

________. Censo demográfico: famílias e domicílios: IX recenseamento geral do Brasil, 1980. Rio de Janeiro: IBGE, 1983. v.1, t.6, n.19, 264p.

________. *Censo demográfico* de São Paulo: VIII recenseamento geral, 1970. Rio de Janeiro: IBGE, v.1, t.18, 1973.

IBGE. *Censo industrial,* dados gerais: IX recenseamento geral do Brasil, 1980. Rio de Janeiro: IBGE, v.3, t.2, Parte 1, n.19, 1984. 357p.

________. *Censo dos serviços:* IX recenseamento geral do Brasil, 1980. Rio de Janeiro: IBGE, v.5, n.19, 1984. 336p.

IEA – Instituto de Economia Agrícola. *Prognóstico agrícola 86/87.* São Paulo, 1988. 260p.

________. 88/89. São Paulo, 1987-1988.

________. *Desempenho da agricultura paulista,* 7p.

IGUE, K. et al. Adubação orgânica. *Inf. Pesq. (Curitiba),* v.8, n.59, p.1-33, 1984.

IPT – Instituto de Pesquisas Tecnológicas do Estado de São Paulo. *Avaliação preliminar dos problemas causados pela mineração no meio ambiente no Estado de São Paulo.* São Paulo, 1986. 13p.

________. *Avaliação preliminar dos problemas causados pela mineração no meio ambiente no Estado de São Paulo.* O impacto no meio físico e nas relações socioeconômicas. São Paulo, 1980. 50p.

________. *Mapa geológico do Estado de São Paulo:* escala 1:500.000. São Paulo, IPT: Divisão de Minas e Geologia Aplicada, 1981a. 2v.

________. *Mapa geomorfológico do Estado de São Paulo:* escala 1:1.000.000. São Paulo, IPT: Divisão de Minas e Geologia Aplicada, 1981b. 2v.

________. *Mapa de jazidas e ocorrências minerais do Estado de São Paulo:* escala 1:500.000. São Paulo, IPT: Divisão de Minas e Geologia Aplicada, 1981c. 3v.

________. *Orientação para o combate à erosão no Estado de São Paulo, Bacia do Baixo Tietê.* São Paulo, 1989. 3v. (Relatório n.26.989).

ITAPEMA. Setor debate seus caminhos. *Celulose e Papel,* v.5, n.22, p.10-1, 1989.

IVANCKO, C. M. de M. et al. *Distribuição espacial das várzeas no Estado de São Paulo.* Campinas: IAGr. 1985. 15p. (Boletim Científico, 2).

JIM, C. Y. Tree canopy cover, land use and planning implications in urban Hong Kong. *Geoforum,* v.20, n.1, p.57-68, 1989.

________. Tree canopy characteristics and urban development in Hong Kong. *The Geographical Review,* v.79, n.2, p.210-55, 1989.

JOLY, C. A., LIEBERG, S. A., SPIGOLON, J. R. Recuperação da mata ciliar do Rio Jacaré-Pepira (Brotas, SP) com base no estudo fitossociológico relictos desta formação. In: CONGRESSO BRASILEIRO DE BOTÂNICA, 31, 1988, Belém. *Resumos...* Belém, 1988. 423p.

JORNAL "Comércio de São Pedro". Álbum ilustrado de Comércio de São Pedro, 1984.

KARR, J. R., DUPLEY, D. R. Ecological perspective on water quality goals. *Environmental Management,* v.5, p.55-68, 1981.

KIEMSTEDT, H., GUSTEDT, E. Landschaftsaplanung in der Bundesrepublik Deutschland. In: Int. Konf. *The Contribution of Landscape Planning to Environmental Protection.* Hannover, 1990.

KOFFLER, N. F. *A profundidade do sistema radicular e o suprimento de água às plantas no cerrado.* Piracicaba, Patajós, 1989. 1-2p. (Informações Agronômicas, 33).

KOTCHETKOFF-HENRIQUES, O. *Composição florística e estrutura de uma mata mesófila semidecídua na cabeceira do Rio da Cachoeira, Serra de Itaqueri, Itirapina, SP.* Campinas, 1989. Dissertação (Mestrado) – Instituto de Biologia, Universidade Estadual de Campinas.

KOTCHETKOFF-HENRIQUES, O., JOLY, C. A. Estudo florístico da mata ciliar do Rio Passa Cinco, Serra do Itaqueri, Itirapina, SP. In: CONGRESSO BRASILEIRO DE BOTÂNICA, 31, 1988, Belém. *Resumos...* Belém, 1988.

KURKDJIAN, M. L. N. O. Integração de imagem SPOT multiespectral e aerofoto pancromática para estudo do uso do solo urbano. In: SIMPÓSIO LATINO-AMERICANO DE PERCEPTIÓN REMOTA, 4, 1989. Bariloche, Tomo I, p.414-21.

LAGO, M. As enchentes no Estado de Santa Catarina. *Ciência Hoje,* 1989.

LANDSBERG, J. E. The climate of towns. In: *Man's role in changing the face of earth.* S.l.: Ed. William L., 1956. p.585-601.

________. Micrometeorological temperature on the differentiation through urbanization. In: SYMPOSIUM ON URBAN CLIMATES AND BUILDING CLIMATOLOGY, Bruxelas, 1970.

LEE, N., WOOD, C. Environmental impact assessment of projects in ECC countries. *Journal of Environmental Management,* v.6, p.57-71, 1978.

LEPSCH, I. F. *Manual para levantamento utilitário do meio físico e classificação de terras no sistema de capacidade de uso.* Campinas: Sociedade Brasileira de Ciência do Solo, 1983. 175p.

LEPSCH, I. F., OLIVEIRA, J. B. de. Explicações sumárias sobre a nova nomenclatura das legendas de mapas pedológicos de São Paulo. Campinas, *Boletim Técnico,* 117, IAGr., 1987. 36p.

LINO, C. F., ALLIEVI, J. *Cavernas brasileiras.* São Paulo: Melhoramentos, 1980. 168p.

LODGE, G. M. Establishment of warn and cool seasen native perennial grasses on the North-West slopes of New South Waler. II Establishment and seedling survival in the field. *Australian Journal of Botany,* v.29, p.121-33, 1981.

LOHMANN, P., ALTROGGE, G. The use of SPOT and color infrared aerial photography for urban planning. In: International Archives of Photogrammetry and Remote Sensing, v.XXIX, part VII, Comissão 7, INTERNATIONAL SYMPOSIUM ON PHOTOGRAMMETRY AND REMOTE SENSING, XIXth Congress, *Proceedings...* Kyoto, 1988. p.196-205.

LOMBARDO, M. A. *A ilha de calor da Metrópole de São Paulo.* São Paulo: Hucitec, 1985. 24p.

LUTZEMBERGER, J. A. *Pesadelo atômico.* São Paulo: Ched Editorial, 1980. 49p.

MACEDO, R. K. de. *Viabilização ambiental de atividades transformadoras do meio:* um modelo de avaliação e gerenciamento de impactos ambientais. 1986-1989. 300p. (Não editado).

MACHADO, A. B. M. Conservação da natureza e educação. In: *Anais* do CONGRESSO NACIONAL SOBRE ESSÊNCIAS NATIVAS. 14p.

MACHADO, P. A. L. *Direito Ambiental Brasileiro.* São Paulo: Rev. dos Tribunais, 1982.

MAGALHÃES, B. *Expansão geográfica do Brasil colonial.* São Paulo: Nacional, 1978.

MAGALHÃES, J. P. *Recursos naturais, meio ambiente e sua defesa no Direito brasileiro.* Rio de Janeiro: Ed. FGV, 33p.

MAGLIO, I. C. Acertos e desacertos do Rima. *Revista Ambiente,* v.2, n.2, p.107-10, 1988.

________. Impactos ambientais: acertos e desacertos. *Ambi,* dezembro, 1988. CETESB, 7p.

MAIER, M. H. *Geoecologia, Hidrografia, Hidroquímica, clima e processos antrópicos da Bacia do Rio Jacaré-Pepira (SP).* Santa Catarina, 1983. 171p. Tese (Doutoramento) – Departamento de Ciências Biológicas, Universidade Federal de Santa Catarina.

________. Ecologia da Bacia do Rio Jacaré-Pepira (47°55′ 8°55′W; 22°30′ 21°55′S – Brasil): Qualidade da água do Rio Principal. *Ciência* e *Cultura,* v.39, n.2, p.164-85, 1987.

MAIER, M. H., TOLENTINO, M. Ecologia da Bacia do Rio Jacaré-Pepira (47°55′ 48°55′ W e 22°30′ – 21°55′S): Fisiografia (geomorfologia, geologia, pedologia e hidrologia) e uso do solo. *B. Inst. Pesca,* v.13, n.1, p.121-33, 1986.

________. Aspectos climáticos e limnológicos da Bacia do Rio Jacaré-Pepira, São Paulo, Brasil. *Acta Limnol. Brasil,* v.2, p.261-300, 1988.

MAIER, M. H., TAKINO, M., TOLENTINO, M. Ecologia da Bacia do Rio Jacaré--Pepira: influências do uso do solo, da água e da descarga de efluentes sobre a qualidade da água (São Paulo - Brasil). *B. Inst. Pesca,* v.13, n.1, p.153-78, 1986a.

________. Ecologia da Bacia do Rio Jacaré-Pepira: íons dominantes (São Paulo – Brasil). *B. Inst. Pesca,* v.13, n.1, p.135, 1986b.

MANSO, A. P., OLIVEIRA, M. de L. N. de, BARROS, M. S. S. *Determinação de zonas homogêneas através de sensoriamento remoto.* São José dos Campos: INPE, 1978. (INPE-147-RPE/021).

MANTOVANI, W. *Análise florística e fitossociológica do estrato herbário-subarbustivo do cerrado na reserva biológica de Mogi-Guaçú em Itirapina, SP.* Campinas, 1987. 203p. Tese (Doutoramento) – Instituto de Biologia, Universidade de Campinas.

MARCUS, M. G., DETWYLER, T. R. *Urbanization and Environment*. Belmont/Cal.: Duxbury Press, 1972. 286p.

MARGULES, C., USHER, M. B. Criteria used in wildlite conservation potential: a review. *Biological Conservation*, v.21, p.79-109, 1981.

MARGULIS, S. Economia dos recursos naturais. In: MARGULIS, S. (Ed.) *Meio ambiente:* aspectos técnicos e econômicos. São Paulo: IPEA, 1990.

MARTINS, C. E. Regiões administrativas: uma nova política, CEPAM. *Bolm. Interior*, 1984.

MARTINS, F. R. O balanço hídrico sequencial e o caráter semidecíduo da floresta do Parque Estadual de Vassununga, Santa Rita do Passa Quatro (SP). *Rev. Bras. Estat.*, v.43, n.170, p.353-91, 1982.

________. *O método de quadrantes e a fitossociologia de uma floresta residual do interior do Estado de São Paulo.* São Paulo, 1979. 239p. Tese (Doutoramento) – Instituto de Biociências, Universidade de São Paulo.

MATHEUS, C. E., TUNDISI, J. G. Estudo físico-químico e ecológico dos rios da bacia hidrográfica do Ribeirão e Represa do Lobo. Limnologia Manejo de represas. Série Monografias em Limnologia, v.I, tomo 1, p.419-71, 1988.

MELLO NÓBREGA, H. *História do Rio Tietê.* Belo Horizonte, São Paulo: Itatiaia, Edusp, 1981.

MENEZES, F. A. de F. Agrotóxicos. *Rev. Perspect.*, v.1, n.3, p.45-9, 1987.

MEZZALIRA, S. Os fósseis do Estado de São Paulo. *Bolm. Inst. Geogr. Geol.*, v.45, p.1-132, 1966.

MILANO, M. S. *Avaliação da arborização de Curitiba.* Curitiba, 1984. Tese (Doutorado) – Universidade Federal do Paraná.

________. *Avaliação da arborização de Maringá.* Curitiba, 1989. Tese (Doutorado) – Universidade Federal do Paraná.

MILLER JÚNIOR., T. O. *Duas fases paleoindígenas da Bacia de Rio Claro, Estado de São Paulo:* Um estudo em metodologia. Rio Claro, 1968. 180p. Tese (Doutoramento) – Faculdade de Filosofia, Ciências e Letras.

________. *Sítios arqueológicos da região de Rio Claro, Estado de São Paulo.* Rio Claro: FFCL, 1969a. 180p.

________. Pré-história da região de Rio Claro, SP: tradições em divergência. *Cadernos Rio-Clarenses de Ciências Humanas*, v.1, p.22-52, 1969b.

________. Arqueologia da Região Central de São Paulo. *Dédalo*, v.16, p.13-118.

MONBELG, P. *Pioneiros e fazendeiros de São Paulo.* São Paulo: Hucitec, 1984.

MONSEN JÚNIOR., R. P. Socioeconomic units as a basis for remote sensing interpretation of cultural phenomena. *Canadian Journal of Remote Sensing*, v.10, n.2, p.167-89, dec., 1984.

MONTAGNER, P. A agroindústria paulista e a crise dos anos oitenta. *Rev. Perspect.*, v.1, n.3, p.15-7, 1987.

MONTEIRO, C. A. F. Teoria e clima urbano. São Paulo, 1975. 219p. Tese (Livre--Docência) – Departamento de Geografia, Universidade de São Paulo.

MONTEIRO, C. A. F., TARIFA, J. R. *Contribuição ao estudo do clima de Marabá,* 1973.

MORAES, A. C. R. de. *Achegas para um Programa de Educação Ambiental em nível de pós-graduação.* Agosto de 1988.

MORAES, A. T. C. C. *Biótopos na área de proteção ambiental das* cuestas *de São Pedro e Analândia.* Rio Claro, 1985. 180p. Tese (Mestrado) – Instituto de Geociências e Ciências Exatas, Universidade Estadual Paulista.

MORAIS, J. L. Os artefatos em sílex de Santa Bárbara d'Oeste, SP. *Revista do Museu Paulista,* v.28, p.101-14, 1981-1982.

MOREL, E. *Amazônia saqueada:* Que país é este? São Paulo: Global, 1984. 63p.

MOTA, S. *Planejamento urbano e preservação ambiental.* Fortaleza: UFC, 1981. 242p.

MUKAI, T. *Competências constitucionais em matéria ambiental.* 4p. (Trab. dat.).

MÜLLER, G. *A dinâmica da agricultura paulista.* São Paulo: SEADE, 1985. 125p. (Série São Paulo, 80, v.2).

MÜLLER, P. Okologische Krityerien für die Raum-Stadtplanung. In: Umwelt-Saar. Saarbrücken, 1981. 242p.

MUMBOWER, L., DONOGHUE, J. Urban poverty study. *Photogrammetric Engineering,* v.3, n.6, p.610-18, 1967.

MUZILLI, O. *Cafeicultura baseada em sistemas integrados de produção no Norte do Paraná.* Londrina: IAPAR, 1987. 31p. (Circular IAPAR, 49).

________. *Manejo do solo como alternativa para minimizar fatores ambientais adversos à cultura do trigo em áreas semitropicais brasileiras.* Londrina: IAPAR, 1985. 17p. (Circular IAPAR, 42).

MYERS, J. P. et al. Conservation strategy for migratory species. *Am. Scientist,* v.75, p.19-26, 1987.

NASCIMENTO, C. M. do. *Atlas climatológico do Estado de São Paulo, 1977-1986.* Campinas: Fundação Cargill, 1988. 93p.

NAVAS-PEREIRA, D. et al. *Níveis de contaminação por metais pesados e pesticidas na água, sedimentos e peixes na Represa de Barra Bonita.* São Paulo: CETESB, 1985. 21p.

NISHIZAWA, T., YAMASHITA, S. On attenuation of solar radiation in the large cities. *Jap. Prog. in Clim.* (*Tóquio*), 66-70, nov., 1967.

NOBLE, I. R., SLAYTER, R. O. The use of vital attributes to predict successional changes in plant communities subject to recurrent disturbances. *Vegetation,* v.43, p.5-23, 1980.

NOVARETTI, W. R. T. *Efeitos de diferentes níveis de populações inicial de Meloido gyno Javanica em duas variedades de cana-de-açúcar (Saccharum* spp*) cultivadas no Estado de São Paulo.* Piracicaba, 1981. 114p. Tese (Mestrado) – ESALQ, Universidade de São Paulo.

NOVARETTI, W. R. T. et al. Nematoides parasitas de cana-de-açúcar. In: SEMINÁRIO DE TECNOLOGIA AGRONÔMICA, 2, 1984, Piracicaba. *Anais*... Piracicaba: Copersucar, 1984.

________. Aspectos dos problemas de nematoide em cana-de-açúcar e seu controle. In: SEMINÁRIO DE TECNOLOGIA AGRONÔMICA, 3, 1986, Piracicaba. *Anais*... Piracicaba: Copersucar, 1986.

NOY-MEIR, I. Stability of grazing systems: an application of predator-prey graphs. *Journal of Ecology*, v.63, p.459-81, 1975.

ODUM, E. P. *Ecology Holt*. New York: Renehart & Winston, 1963.

O'KEEFFE, J. H., DANILEWITZ, D. B., BRADSCHAW, J. A. An expert system approach to the assessment of the conservation status of rivers. *Biological Conservation*, v.40, p.69-84, 1987.

OLIVEIRA, J. B. Diferença e distribuição de solos, em diversos níveis categóricos de duas áreas aparentemente homogêneas de oxissolo. *Bragantina*, v.34, n.21, p.309-48.

OLIVEIRA, J. B., MENK, J. R. F. *Latossolos roxos do Estado de São Paulo*. Campinas: Instituto Agronômico, 1984. 135p. (Boletim Técnico, 82).

OLIVEIRA, J. B., MENK, J. R. F., ROTTA, C. L. *Levantamento pedológico semidetalhado dos solos do Estado de São Paulo. Quadrícula de Campinas*. Rio de Janeiro: IBGE, 1979. 169p.

OLIVEIRA, J. B., PRADO, H., ALMEIDA, C. L. F. *Levantamento pedológico semidetalhado do Estado de São Paulo. Quadrícula de Descalvado*. Rio de Janeiro, Aeroporto Cruzeiro, 1982. Mapa 1:100.000.

OLIVEIRA, J. B., SOUZA, M. H. A. *Alguns aspectos ecológicos da vegetação na região perimetral da Represa do Lobo (Brotas - Itirapina, SP)*. São Paulo, 1977. 369p. Tese (Doutoramento) – Instituto de Biociências, Universidade de São Paulo.

OLIVEIRA, J. B. et al. *Levantamento de Araras*. Campinas: Instituto Agronômico, 1982. 180p.

PÁDUA, H. B. de, PIVA-BERTOLETTI, S. A. E., BOLDRINI, C. V. Qualidade das águas do Estado de São Paulo para desenvolvimento e preservação de peixes. *Rev. DAE*, v.44, n.138, p.181-98, 1984.

PAGANO, S. N. *Estudo florístico fitossociológico e de ciclagem de nutrientes em mata mesófila semidecídua no município de Rio Claro*. Rio Claro, 1985. 201p. Tese (Livre-Docência) – Departamento de Botânica, Instituto de Biociências, Universidade Estadual Paulista.

PAGANO, S. N., CESAR, O., LEITÃO-FILHO, H. F. Composição florística do estudo arbustivo-arbóreo da vegetação do cerrado da Área de Proteção Ambiental (APA) de Corumbataí, Estado de São Paulo. *Rev. Bras. Biol.*, v.49, p.37-49, 1989.

________. Estrutura fitossociológica do estado arbustivo-arbóreo da vegetação de cerrado da Área de Proteção Ambiental (APA) de Corumbataí, Estado de São Paulo. *Rev. Bras. Biol.*, v.49, p.49-59, 1989.

PALLESTRINI, L. Cerâmica há 1.500 anos – Mogi-Guaçú, Estado de São Paulo. *Revista do Museu Paulista,* v.18, 1981-1982.

PARAGUASSU, A. B. et al. Erosão: feições ocorrentes nas nascentes de rios. In: SIMPÓSIO REGIONAL DE GEOLOGIA, 5, 1985, São Paulo. *Atas...* São Paulo: SBG, 1985. v.1, p.301-7.

PASQUAL, A. D. *Pragas, praguicidas & a crise ambiental* – Problemas e soluções. Rio de Janeiro: Fundação Getúlio Vargas, 1979. 37p.

________. *Percalços econômicos, sociais e ecológicos da agricultura industrial moderna e perspectivas novas para uma agricultura racional.* São Luís, 1988. 228p. (Curso de Agricultura Orgânica, módulo I. Projeto Nordeste).

PAULINO, A. Y. D. Agrotóxicos no Estado de São Paulo em favor da vida? *Rev. Perspect.,* v.1, n.3, p.41-4, 1987.

PEARCE, D. W., MARKANDADYA, A. *Environmental Policy Benefits:* Monetary Evaluation. Paris: OECD, 1989.

PEDRO JÚNIOR, M. J. *Disponibilidade de radiação solar global para o Estado de São Paulo.* Campinas: IAGr., 1989. 13p. (Boletim Técnico, 123).

PENTEADO, M. M. *Geomorfologia do setor centro-ocidental da depressão periférica paulista.* São Paulo: USP, 1976. 86p. (Série Teses e Monografias, n.22).

PEREZ FILHO, A. Relações solo-relevo na porção centro-oriental do Estado de São Paulo. São Paulo, 1987. 183p. Tese (Doutoramento) – Departamento de Geografia, Universidade de São Paulo.

PERRONI, J. C. A. et al. Ocorrências de fluoreto nos aquíferos da Bacia do Paraná no Estado de São Paulo. In: SIMPÓSIO REGIONAL DE GEOLOGIA, 5, 1985, São Paulo. *Atas...* São Paulo: SBG, 1985. v.2, p.503-14.

PETER-OLOB, J. Valuing environmental damage. *Oxford Review of Economic Policy,* v.6, n.1, 1990.

PINTO, L. F. Jari: *Toda a verdade sobre o Projeto de Ludwing: as relações entre Estado e multinacional da Amazônia.* São Paulo: Marco Zero, 1986. 27p.

PINTO, O. M. de O. *Catálogo das aves do Brasil.* 2ª parte. Ordem Passeriformes. São Paulo: Departamento de Zoologia da Secretaria da Agricultura, Indústria e Comércio, 1944. 700p.

PLANALSUCAR – Programa Nacional de Melhoramento de cana-de-açúcar. *Relatório Anual.* Piracicaba, 1982.

PLANALSUCAR. *Relatório Anual, 1983.* Piracicaba, 1983. 164p.

________. *Relatório Anual, 1985.* Piracicaba, 1986. 1v.

________. *II Painel de avaliação de variedades de cana-de-açúcar.* Araras, 1988. 1v.

PLATE, E. Auswirkung der Urbanisierung auf den Wasserhaushalt. In: *Wasserwirtschaft,* v.66, n.1/1, p.7-14, 1976.

PREFEITURA MUNICIPAL DE PIRACICABA. *Guia Receptivo de Piracicaba.* 1989.

PREFEITURA MUNICIPAL DE SÃO PEDRO. *Isto é, Senhor,* 1981.

QUEIROZ, M. L. P. *Bairros rurais paulistas.* São Paulo: Duas Cidades, 1973.

QUICHERAR, L. *Novíssimo Dicionário Latino-Português etimológico, prosódico, histórico geográfico, mitológico, biográfico.* 3.ed. Rio de Janeiro, Paris: H. Carnier.

RAIJ, B. V. *Recomendações de adubação e calagem para o Estado de São Paulo.* Campinas: IAGr., 1985. 107p. (Boletim Técnico n.100).

RAPOPORT, E. H. Espécies transportadas por el hombre: un tipo distinto de contaminación. In: SEMINÁRIO SOBRE METODOLOGIAS PARA LA EVALUACIÓN DE IMPACTOS AMBIENTALES, 1977, S. Carlos de Bariloche: CIFCA. 1977. 67p.

REBOUÇAS, A. C. *Recursos hídricos subterrâneos da Bacia do Paraná:* análise de pré-viabilidade. São Paulo, 1976. Tese (Livre-Docência) – Instituto de Geociências, Universidade de São Paulo.

REBOUÇAS, A. C. et al. Efeitos da infiltração de vinhoto de cana no aquífero Bauru. Resultados preliminares. In: CONGRESSO BRASILEIRO DE ÁGUAS SUBTERRÂNEAS, 4, 1986, Brasília. *Anais...* Brasília, 1986. p.184-93.

REDFORD, K. H., FONSECA, G. A. B. da. The role of gallery forest in the zoogeography of the cerrados nonvolant mammalian fauna. *Biotropica,* v.18, p.126-35, 1986.

RIBEIRO, D. *Os índios e a civilização.* Petrópolis: Vozes, 1977.

RICHTER, G. Formen und Funktionen des Stadtgruns. In: ________. *Handbuch Stadtgrun.* Munique, Viena, Zurique: BLV, 1981. p.33-76.

RIZZINI, C. T. A flora do cerrado. In: FERRI, M. G. SIMPÓSIO SOBRE O CERRADO, 1971, São Paulo: Blucher, Edusp, 1971. p.105-54.

ROA, G. *Subsídios técnicos para uma política de armazenamento de grãos.* Campinas: Fundação Cargill, 1979. 52p.

RODRIGUES, R. R. *Apresentação da metodologia para recomposição de áreas marginais.* Piracicaba: Departamento de Botânica, ESALQ–USP, s.d., 14p.

RÜEGG, E. F. et al. *Impacto dos agrotóxicos sobre o ambiente, a saúde e a sociedade.* São Paulo: Ícone, 1986. 10p.

SAES, F. A. M. *As ferrovias de São Paulo.* São Paulo: Hucitec, 1981.

SALATA, J. C., CONDE, A. J., DEMATTÊ, J. L. I. Influence of the type of jurron on the development of the root system on sugar cane yield. In: INTERNATIONAL CONGRESS SUGAR CANE, 29, Jacarta – Indonésia, 1986.

SALIS, S. M., JOLY, C. A. Estudo florístico e fitossociológico de um relicto de mata ciliar do Rio Jacaré-Pepira, Brotas, SP. In: CONGRESSO BRASILEIRO DE BOTÂNICA, 31, 1988. Belém. *Resumos...* Belém, 1988. p.460.

SÃO PAULO (Estado). Empresa Metropolitana de Planejamento da Grande São Paulo. *Sumário de Dados da Grande São Paulo – 1989.* São Paulo: EMPLASA, 1990. 317p.

SÃO PAULO (Estado). Sistema de Estudo de Análise de Dados do Estado de São Paulo. *Anuário Estatístico do Estado de São Paulo*. São Paulo: Fund. SEADE, 1989. 656p.

________. Leis, decretos. Legislação estadual. São Paulo: CETESB/Secretaria do Meio Ambiente, 1989. 162p. (Série Documentos, set.).

________. Secretaria do Meio Ambiente. *Áreas naturais sob proteção no Estado de São Paulo*. São Paulo: SMA/CPRN, 1989. (Série Cartográfica, 1989).

SARMIENTO, G. *Los ecosistemas y la ecosfera*. Barcelos: Blume, 1984.

SCHÄFFER, A. *Fundamentos de ecologia e biogeografia das águas continentais*. Porto Alegre: Editora da Universidade, 1985. 532p.

SCHUMM, S. A. *The fluvial system*. Chichester: John Wiley & Sons, 1977.

SCOONES, I. Ecological impact assessment: the case of onshore oil in Briton. *Journal of Environmental Management*, v.27, p.11-23, 1988.

SEADE. *Anuário Estatístico do Estado de São Paulo, 1983*. São Paulo: SEP, 1984.

SECRETARIA DO MEIO AMBIENTE. *Política ambiental do meio ambiente*, SP, 1987. 19p.

________. *São Paulo. Manual de orientação*. São Paulo, 1989. 48p.

SECRETARIA DO MEIO AMBIENTE/CPLA. *Bacia do Piracicaba – Diretrizes para planejamento* – Relatório Técnico, n.1 – Análise dos estudos existentes e proposta para discussão, São Paulo, 1989.

SECRETARIA DO MEIO AMBIENTE/CPLA-EMPLASA. *Regulamentação e implantação da APA da Bacia Hidrográfica do Rio Piracicaba-Juqueri Mirim* — Produto I – Avaliação do quadro ambiental, São Paulo, 1990.

SEMA. I SEMINÁRIO NACIONAL SOBRE UNIVERSIDADE E MEIO AMBIENTE. *Informe Final*. Brasília, 1988.

________. II SEMINÁRIO NACIONAL SOBRE UNIVERSIDADE E MEIO AMBIENTE. *Informe Final*. Brasília, 1988.

SERÔA DA MOTTA, R. Análise de custo-benefício do meio ambiente. In: MARGULIS, S. (Ed.) *Meio ambiente:* Aspectos técnicos e econômicos. IPEA, 1990.

SHOPLEY, J. B., FUGGLE, R. F. A comprehensive review of current EIA methods and techniques. *Journal of Environmental Management*, v.18, p.25, 1984.

SICK, H. *Ornitologia brasileira:* uma introdução. Brasília: UnB, 1985. 2v.

SIEGLER, I. A. A *fauna urbana de Uberlândia (MG) com destaque à avifauna:* um estudo de biogeografia ecológica. Rio Claro, 1981. 177p. Tese (Mestrado) – Instituto Brasileiro de Geografia e Estatística, Universidade Estadual Paulista.

SILVA, C. R. L. da. *A crise energética e o Proálcool:* algumas considerações. São Paulo, Instituto de Economia Agrícola, 1983. 18p. (Relatório de Pesquisa, 11/83).

SILVA, F. *Mamíferos silvestres do Rio Grande do Sul*. Porto Alegre: Fundação Zoobotânica do Rio Grande do Sul, 1984. 246p. (Publicações Avulsas FZB, 7).

SILVA, R. B. G. *Estudo hidroquímico das águas subterrâneas do aquífero Botucatu no Estado de São Paulo.* São Paulo, 1983. 134p. Tese (Doutoramento) – Instituto de Geociências, Universidade de São Paulo.

SILVA R. B. G., KIMMELMANN, A. A., REBOUÇAS, A. C. Estudo hidrográfico e uso tópico das águas subterrâneas do aquífero Botucatu: resultados parciais para a Região Norte da Bacia do Paraná. In: SIMPÓSIO REGIONAL DE GEOLOGIA, 5, 1985, São Paulo. *Atas...* São Paulo: SBG, 1985. v.2, p.489-502.

SILVA, N. A. M., FERRANTE, V. L. S. B. Roupa nova para um velho sonho: assentamentos de trabalhadores rurais e reforma agrária. *Rev. Perspect.*, v.1, n.3, p.32-40, 1987.

SILVA, O. A., MENDES, J. A. Fenologia de espécies arbustivas e arbóreas de uma reserva de cerrado no município de Corumbataí–SP. In: CONGRESSO BRASILEIRO DE BOTÂNICA, 31, 1988, Belém. *Resumos...* Belém, 1988. 396p.

SILVIA, F. A. Informes preliminares sobre a Arqueologia de Rio Claro. PRONAPA, Belém: MPEG, v.1, p.79-88, 1967.

________. Arqueologia pré-histórica da região de Rio Claro. In: *Pré-História Brasileira.* São Paulo: IPH-USP, 1968. p.157-66.

SIMÃO, A. M. *Aditivos para alimentos sob o aspecto toxicológico.* 2.ed. São Paulo: Nobel, 1986. 37p.

SIMÕES, M. G., FITIPALDI, F. C. *As conchas fósseis da região de Rio Claro, SP.* Rio Claro: Arquivo do Município, 1988. 75p.

SIMPÓSIO NACIONAL DE CONTROLE DE EROSÃO, 4, 1987, *Anais...* Marília: ABGE/DAEE, 1987. 571p.

SIMPÓSIO REGIONAL DE GEOLOGIA, 6, 1987, Rio Claro. *Atas...* São Paulo: Sociedade Brasileira de Geologia, 1987. 2v.

SIMPÓSIO SOBRE FERTILIZANTES NA AGRICULTURA BRASILEIRA, 1984. *Anais...* Brasília: EMBRAPA, 1984. 642p.

SINERG – SISTEMA DE INFORMAÇÕES DAS REGIÕES DO GOVERNO. *Indicadores de desempenho econômico das regiões de governo e dos municípios do Estado de São Paulo.* São Paulo: SEPCAR, 1987.

________. *Hierarquia das regiões e dos municípios do Estado de São Paulo.* São Paulo, 1987. 256p.

SOCIEDADE BRASILEIRA DE GEOLOGIA. *A formação Bauru no Estado de São Paulo e regiões adjacentes*: mesa-redonda, coletânea de trabalhos e debates. São Paulo: SBG, 1980. 129p.

SOCIEDADE BRASILEIRA DE ESPELEOLOGIA. Comissão de Cadastro, Espeleometria e Províncias Espeleológicas. Cadastro Nacional de Cavidades Naturais. Índice de dados sobre as cavernas do Brasil. S.l.p., 1989. 222p.

SOTCHAVA, V. B. O estudo de geossistemas. *Métodos em questão,* n.16, IG-USP, 1977. 52p.

STOCKE, V. *Cafeicultura.* São Paulo: Brasiliense, 1986.

SUKOPP, H. Wandel von Flora und Vegetation unter dem Einfluss des Menschen. *Berihte uber Landwirt (Hamburgo, Berlim)*, v.50, n.1, 1972.

SUKOPP, H., KUNICK, W. Die GrossStadt als Gegenstand Okolagischer Forschung. *Zeit der T.U. Berlin (Berlin)*, v.5, p.710-6, 1973.

SUMMERS, J. B. *Toxic substances in agricultural water supply and drainage:* defining the problems. Denver: U.S. Committee on Irrigator and Drainage, 1986. 357p.

________. Toxic substances in agricultural water supply and drainage: searching for solutions. Denver: U.S. Committee on Irrigator and Drainage, 1987. 167p.

SZTUTMAN, L. Exportação agrícola e agroindustrial. *Rev. Perspect.*, v.1, n.3, p.8-14, 1987.

TARIFA, J. R. Análise comparativa da temperatura e umidade na área urbana e rural de São José dos Campos (SP). *Geografia*, v.2, n.4, p.59-80, out. 1977.

TROPPMAIR, H. A cobertura vegetal primitiva do Estado de São Paulo. *Biogeografia*, v.1, p.1-10, 1969.

________. Estudo biogeográfico de liquens como vegetais indicadores de poluição aérea da cidade de Campinas (SP). *Geografia*, v.2, n.4, p.1-38, out. 1977.

________. *Metodologias simples para pesquisar o meio ambiente.* Rio Claro: s.n., 1988. 232p.

________. *Biogeografia e meio ambiente.* 3.ed. Rio Claro: s.n., 1989. 258p.

TROPPMAIR, H., MACHADO, M. L. A. Variação da estrutura da mata galeria na Bacia do Rio Corumbataí (SP) em relação à água do solo, do tipo de margem e do traçado do rio. *Biogeografia*, v.8, p.1-28, 1974.

TROPPMAIR, H., CAMARGO, J. C. G., FERREIRA PINTO, S. A. Contribuição ao estudo fitogeográfico e ecológico da vegetação ciliar do alto e médio Rio Corumbataí (SP). *Cad. Ciênc. Terra*, v.5, p.14-19, 1970.

TUNDISI, J. G. *Produção primária,* "standing-stock", *fracionamento do fitoplâncton e fatores ecológicos em ecossistemas lacustres artificiais (Represa do Broa, São Carlos).* Ribeirão Preto: USP, 1977. 409p.

________. O modelo Broa. In: SIMPÓSIO SOBRE A COMUNIDADE VEGETAL COMO UNIDADE BIOLÓGICA, TURÍSTICA E ECONÔMICA, 1978, São Paulo. *Anais...* São Paulo: Aciesp, 1978. p.99-113.

________. *Typology of reservoirs in Southern Brazil. Verh. Int. Verein. Limnol.*, v.21, p.1031-9, 1981.

________. *Limnologia e manejo de represas.* São Paulo: Academia Brasileira de Ciências, 1988. 2v.

UCHÔA, D. P., GARCIA, C. D. R. Subsídios à Arqueologia pré-histórica da região de Rio Claro. Comunicação apresentada à X REUNIÃO DA A.B.A. São Paulo, 1PH-USP, 1976. 2p.

UNIV. FREIBURG, UNIV. HOKENHEIM. *Freiraume in Stadtlandschaften.* Ludwigsburg, Esslingen: Urg. + Ulmer, 1977.154p.

USTERI, A. *Flora der Umgebung São Paulo.* Jen: Gustav Fischer Verl., 1911. 271p.

USTERI, A. *Guia Botânico da Praça da República e do Jardim da Luz*. São Paulo: PMSP, 1919. 62p.

VANZONINI, P. E. Notas sobre os ofídios e lagartos de Cachoeira das Emas, no município de Pirassununga. Estado de São Paulo. *Rev. Bras. Biol.*, v.38, p.377-400, 1948.

VAROLI, E. *Aves de caça do Estado de São Paulo*. São Paulo: Saraiva, 1949. 142p.

VEIGA FILHO, A. A., GATTI, E. U., MELLO, N. T. C. de. *A produção de alimentos e outros aspectos conflitantes na política agrícola atual*: o caso do Proálcool: uma visão especulativa. São Paulo: Instituto de Economia Agrícola, 1984. 14p.

VERLENCIA, W. *Itirapina de ontem, Itirapina de hoje*. Campinas: Palavra Muda, 1987.

VERONEZ, V. S., CARVALHO, S. L. de, MEIRELLES, C. F. A. *Estudo geográfico e ecológico da área da Custa de São Pedro*. Rio Claro: UNESP, 1979. 39p.

VIADANA, A. G. *Análise da qualidade hídrica do alto e médio Corumbataí (SP) pela aplicação de bioindicadores*. Rio Claro: UNESP, 1985. 115p.

VIEIRA, M. J. *Solos de baixa aptidão agrícola, opções de uso e técnicas de manejo e conservação*. Londrina: IAPAR, 1987. 68p.

WAGGNER, P. E. Meteorological data and the agricultural problem. In: Reading Symposium, UNESCO, 1968. Agroclimatological Methods, p.25-37.

WASSINK, E. C. Simple equipament for comparative studies on growth and morphogenesis of plants in field experiments, with special reference to the light factor. In: Copenhagen Symposium, UNESCO, 1968. *Functioning of terrestrial ecosystems at the primary production level*, p.435-58.

WERNIK, E., PASTORE, E. L., PIRES NETO, A. As cavernas em arenito. *Not. Geomorfol.*, v.13, n.26, p.55-67, 1963.

WHITAKER, V. A., TUNDISI, J. G. Ciclo sazonal do ferro na Represa do Lobo (Broa) e tributários. Limnologia e manejo de represas. Série Monografias em Limnologia, v.I, tomo v.1, p.371-418, 1988.

WILHEIM, J. Environment impact studies in Brazil. In: INTERNATIONAL SEMINAR IN DEVELOPMENT COUNTRIES. New Delhi: PNUD, nov., 1988.

WILLIS, E. O. Algumas aves de hábitats especiais da região de Itirapina (SP). In: CETESB. *Diagnóstico da Área de Proteção Ambiental de Corumbataí*. São Paulo, 1984.

________. The composition of avian communities in remanescents wood lots in Southern Brazil. Pap. Av. *Zoologia*, v.33, p.1-25, 1979.

WILLIS, E. O., ONIKI, Y. Levantamento preliminar de aves em treze áreas do Estado de São Paulo. *Revista Brasileira de Biologia*, v.41, p.121-35, 1981.

ZOLOTUKHIN, I. G., LISOVSKII, G. M. Productivity and biochemical composition of eadish plants reared under radiation of different intensity and spectral composition. *Soviet Plant Physiology*, v.30, p.494-9, 1984.

SOBRE O LIVRO

Coleção: Natura Naturata
Formato: 16 x 23 cm
Mancha: 30 x 49 paicas
Tipologia: Palton 10.5/13
Papel: Offset 75 g/m^2 (miolo)
Cartão Supremo 250 g/m^2 (capa)
1ª edição: 1991
2ª edição: 1995

EQUIPE DE REALIZAÇÃO

Produção Gráfica
Sidnei Simonelli (Gerente)
Edson Francisco dos Santos (Assistente)

Edição de Texto
Fábio Gonçalves (Assistente Editorial)
Maria Cristina Miranda Bekesas (Preparação de Original)
Bernadete dos Santos Abreu (Revisão)
Oitava Rima Prod. Editorial (Atualização Ortográfica)

Editoração Eletrônica
Oitava Rima Prod. Editorial

Projeto Visual
Lourdes Guacira da Silva

Impressão e acabamento
psi7
psi7.com.br
book7
book7.com.br